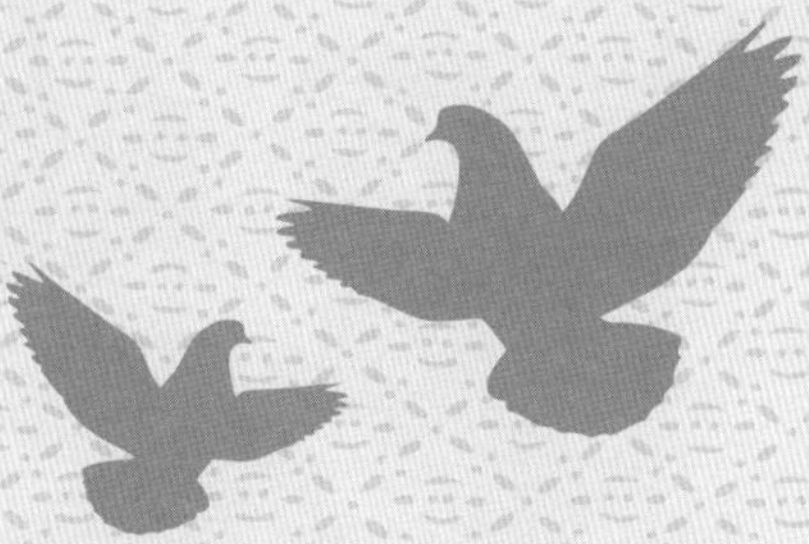

葬儀・法要・相続の手続きとしきたりのすべてがわかる大事典

監修
清水勝美
冠婚葬祭コンサルタント

永岡書店

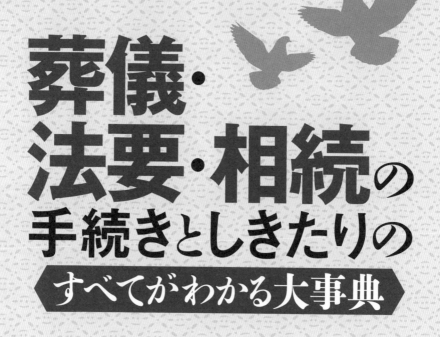

多様化する葬儀スタイル

家族構成やライフスタイルの変化によって、葬儀の考え方は大きく変わってきています。
家族葬や直葬が増えている昨今、伝統的なしきたりや新しいマナーを知っておくことは大切です。

家族葬

一般葬

密葬

直葬

直葬

葬儀式をしないで、火葬場《かそう》でお別れをすること。直葬にかかる費用は棺《ひつぎ》、遺体を運ぶ車両費、火葬場の利用料金などで、20万円前後。通夜や告別式の会場費はもちろん、僧侶を呼ばない場合は、お布施《ふせ》の費用もかかりません。

家族葬

家族・親族のみ、場合によってはごく親しい友人も加えた少人数で故人を見送る葬儀。一般葬とは異なり、参列者へのおもてなしは不用ですので、静かにゆっくりと故人とお別れできることがメリットです。都市部や、形式的な葬儀を好まない若い人たちの間で増えている葬儀スタイルです。

密葬

遺族や近親者だけで行う葬儀のこと。ただし、多くの場合、後日あらためて本葬を行います。一般の方には、火葬が終わるまでは亡くなったことを伝えず、本葬のときに通知します。

一般葬

生前お付き合いのあった方々に広く知らせ、参列していただきます。僧侶の読経《どきょう》、焼香《しょうこう》など宗教儀礼のほか、通夜《つや》ぶるまい、精進落《しょうじんお》としなど参列者へのおもてなしも含まれます。最近では、葬儀も簡略化を好まれるようになり、費用もかさむことから、伝統的な一般葬は減少傾向にあります。

近年では、伝統的な葬儀は減少傾向にあります。この背景には、核家族化やライフスタイルの変化により、地域とのつながりが希薄になってきたことや住宅事情などがあげられます。

葬儀を行う方法にも変化が起こっています。特に都心部では、身内だけで通夜・葬儀を行う「家族葬《かぞくそう》」が増えてきています。通夜や葬儀を行わず火葬だけを行う「直葬《ちょくそう》」も登場しています。その背景には、葬儀になるべくお金をかけたくない、親戚やご近所付き合いがわずらわしいなど、価値観の変化があるようです。

葬儀は、亡くなった家族や大切な人を見送る最後の儀式です。葬儀スタイルが多様化して選べる時代だからこそ、納得のいく見送り方ができるよう、しきたりやマナーの基本、葬儀事情について知っておきましょう。

危篤から葬儀までの流れ（仏式のケース）

臨終から通夜、葬儀・告別式、法要までの大まかな流れを把握しておきましょう。
ここでは、仏式を例にしています。

危篤になる前に

突然のことでもあわてないために、できれば危篤《きとく》になる前に葬儀社を選び、費用や葬儀の段取りを確認しておくことが望ましいでしょう。

危篤

＞＞＞ 36ページ

●最期を看取ってもらいたい人への連絡

家族、近親者、本人の友人・知人など、つながりの深い人に連絡をします。

●遺言を残す

本人が遺言《ゆいごん》書を書けない場合、3人以上の証人が立ち会っていれば口授で遺言を遺すことができます（一般危急時遺言という）。

Check

自宅で亡くなったら…

現代の日本では病院で亡くなる人が8割超。自宅で亡くなった場合はすぐに医師に連絡します。医師が死因を特定するまでは、家族であってもご遺体を勝手に動かすことはできません。主治医がいない場合は110番通報し、警察医を呼んでもらいます。

臨終 ⋙ 38ページ

● 末期《まつご》の水《みず》

医師が死亡を確認したら末期の水をとります。

※末期の水＝臨終《りんじゅう》に立ち会った遺族や友人が、本人の口に水を含ませて別れを告げる儀式

● 湯灌と遺体の処置・死化粧《しにげしょう》・死装束《しにしょうぞく》

病院で亡くなった場合は、看護師さんが、遺体の処置、死化粧、着替えといったエンジェルケアをしてくれます。その後、遺体は霊安室《れいあんしつ》に移されます。

● 死亡連絡

菩提寺《ぼだいじ》がある場合は、住職に連絡し、枕経《まくらきょう》（ご遺体を自宅に安置してお経をあげていただく）の依頼をします。

死亡診断書を受け取る ⋙ 38ページ

医師から死亡診断書を受け取ります。名前など間違いがないかを確認し、訂正がある場合はその場で直してもらいます。役所での死亡届の手続き（火葬許可証・埋葬許可証）や生命保険の請求などで必要となるので、何枚かコピーをとっておきましょう。

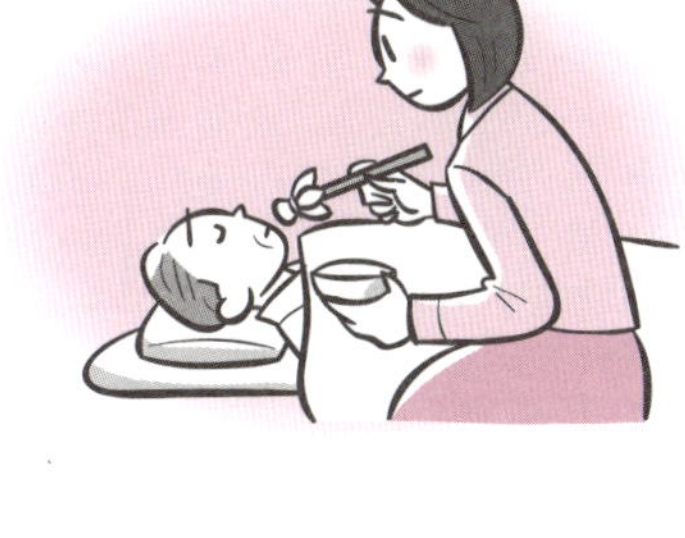

◆末期の水
臨終に立ち会った遺族や友人が、本人の口に水を含ませて別れを告げる儀式。

葬儀社に連絡・遺体の搬送 >>> 52ページ

葬儀社に連絡し、遺体を霊安室から自宅、または葬儀会館に移動させなければなりません。あらかじめ葬儀社が決まっていない場合は、病院が契約している葬儀社に搬送してもらうこともできます。

遺体の安置 >>> 70ページ

● **枕飾り**《まくらかざ》

自宅に搬送した遺体は、すぐには納棺《のうかん》せず安置しておきます。遺体の枕元に枕飾り（P71・72参照）という小さな祭壇を用意します。通常は葬儀社が用意してくれます。

● **枕づとめ**

僧侶を迎えて読経《どきょう》（枕経）をしてもらいます。これを枕づとめといいます。このときに、戒名《かいみょう》や、お通夜、葬儀の相談をしておくとよいでしょう。

● **納棺**

枕づとめの後、家族や近親者で納棺をします。最近は葬儀社で納棺することも多いようです。釘《くぎ》打ちは出棺《しゅっかん》までしてはいけません。

◆**枕飾り（仏式）**
遺体を安置する際に、故人の枕元に置く飾り。

● **葬儀の形式・規模・日程の決定**

僧侶や家族、親戚の都合、火葬場の空き状況などを考慮して、日程を決めます。葬儀の形式や規模については、遺言やエンディングノートなどで故人の遺志を確認して決めます。

● **喪主《もしゅ》・世話役の決定**

葬儀社や僧侶との打ち合わせなど、素早い判断が必要なため、喪主は早めに決めておきます。通常は故人ともっとも縁の深い人が務めます。喪主の補佐役として、会計や受付、進行等をとりまとめる世話役も決めておきます。

● **寺院への依頼**

菩提寺へ連絡をします。

● **葬儀社の選定**

あとで後悔のないよう慎重に、信頼のできる葬儀社を選びます。

● **葬儀社との打ち合わせ**

予算をはっきりと伝え、葬儀の日程・内容、宗教・宗派等を決めます。通常、斎場《さいじょう》と火葬場は葬儀社が手配してくれます。

Check

死亡届、火葬許可申請書の提出

死亡届は、死後７日以内に役所に提出しなければなりません。病院でもらう死亡診断書と死亡届は１枚の用紙になっています。必要事項を記入して「故人の本籍地」か「届け人の現住所」か「死亡した場所」のいずれかの役所の戸籍係に提出します。代理人提出でもＯＫです。

通夜の準備 ∨∨∨ 73ページ

式場の設営や祭壇の飾りつけは葬儀社が行ってくれます。喪主や遺族は、遺影の手配、喪服の準備、弔問客《ちょうもんきゃく》を迎える準備、通夜ぶるまいの手配などをします。

通夜 ∨∨∨ 79ページ

❶ 受付開始

弔問の受付は通夜開始時刻の30分前。

❷ 僧侶の出迎え

僧侶が到着したら世話役が控え室に案内します。

❸ 遺族・関係者の着席

喪主と遺族は通夜が始まる15分前には着席。

◆ 抹香による焼香

仏式の通夜、葬儀・告別式では抹香《まっこう》による焼香が行われる。

④ **弔問客着席**
参列者は到着順に着席（式場係が誘導）。

⑤ **僧侶入場**
進行係の案内で僧侶が入場。参列者は黙礼《もくれい》。

⑥ **僧侶読経**
読経は通常30〜40分程度。

⑦ **焼香《しょうこう》**
喪主、遺族、親戚、来賓、弔問客の順。

⑧ **僧侶法話**
焼香後、僧侶が法話や説教をする場合もあります。

⑨ **僧侶退場**
参列者は黙礼で見送ります。

⑩ **喪主あいさつ**
参列者にあいさつして、通夜ぶるまいへ促します。

⑪ **通夜ぶるまい**
故人を偲《しの》んでの会食を行います。

◆ **通夜ぶるまい**
通夜ぶるまいは式次第のあと、弔問客を案内してお酒や料理をふるまうこと。

Check

最近の通夜の傾向

本来、通夜とは、葬儀の前日に故人の親族や親しかった人が集まり、夜を徹して故人との別れを惜しむ儀式でした。しかし最近では、通夜は告別式に参加できない人のお別れの場となっているようです。告別式は日中に行われることが多く、仕事があって参列できない人が、夜の通夜のほうに出席するというわけです。

葬儀・告別式 >>> 90ページ

一般的な葬儀・告別式の流れ

あの世へ送り出す儀式である葬儀と、友人や知人が故人にお別れをする告別式を、現在では同時に行うのが一般的です。

葬儀

1. 受付
2. 遺族と参列者入場・着席
3. 僧侶入場
4. 開式の辞
5. 読経・引導

◆読経
仏式の通夜や葬儀では、僧侶による読経が行われる。

略式の葬儀・告別式の流れ（例）

葬儀のあと僧侶は一度退場し、告別式であらためて入場するのが本来ですが、それを省略し、葬儀・告別式を同時に行います。

1. 遺族と参列者入場・着席
2. 僧侶入場
3. 開式の辞
4. 読経・引導
5. 弔辞拝受・弔電朗読

6 弔辞拝受・弔電奉読
7 読経
8 遺族、近親者焼香（読経中）
9 僧侶退場
10 休憩（20分程度）

告別式

11 開式の辞
12 読経
13 参列者焼香（読経中）
14 僧侶退場
15 閉式の辞

6 読経
7 遺族、近親者焼香（読経中）
8 参列者焼香（読経中）
9 僧侶退場
10 閉式の辞

◆**祭壇（仏式）**
伝統的な仏式の通夜や告別式・葬儀は、故人の祀られた白木《しらき》祭壇を前にして行われる。

Check

葬儀と告別式の違いは?

葬儀と告別式は、本来は別のものです。葬儀は、遺族や近親者が故人の冥福を祈り、あの世に送るための儀式。告別式は友人や知人が焼香をして故人にお別れをする儀式。告別式は葬儀が終わってからあらためて行われていました。しかし最近では、同時に行うのが一般的になっています。

出棺 >>> 93ページ

- **最後のお別れ**……故人と対面して最後のお別れをします。
- **釘打ち**……棺のふたを閉じて「釘打ち」をします。
- **喪主のあいさつ**……会葬者にあらためてお礼のあいさつをします。
- **出棺**……火葬場に向かいます。
- **火葬**

骨揚げ >>> 97ページ

参列者全員で、火葬炉の前に集まり、お骨を拾い上げて骨壺《こつつぼ》に収めます。

遺骨迎え・初七日法要 >>> 98ページ

火葬場から持ち帰った遺骨は、僧侶に「還骨回向《かんこつえこう》」の読経をしてもらい、付七日《つけなのか》（当日行う法要）を行います。

精進落とし >>> 99ページ

僧侶や、世話役、近所の人たちなど、葬儀を手伝ってくれた人たちをねぎらうための会食の場を設けます。

Check

火葬許可証を提出

火葬場に火葬許可証を提出します。僧侶が同行している場合は読経が行われ、焼香の後最後のお別れをし、火葬の間、控室で待機します（40分〜1時間）。

埋葬許可証を受け取る

火葬許可証に日付を入れた「埋葬許可証」を持ち帰ります。通常は、葬儀社が代行してくれます。

葬儀後に行うこと・手続き

葬儀後も、家の片付けや芳名帳《ほうめいちょう》、香典帳《こうでんちょう》などの整理、葬儀社の支払い、あいさつ回りなどしなければならないことがたくさんあります。

あいさつ回り >>> 137ページ

僧侶やお世話になった方々へのあいさつ回りをします。

四十九日までに行うこと

故人が世帯主だった場合は、「世帯主変更届」を役所に提出。公共料金の名義変更、生命保険などの支払請求、年金、一時金の支払い請求なども行います。

本位牌の準備	四十九日《しじゅうくにち》までに本位牌《いはい》を用意しておき、四十九日の日に仏壇に収めます。
お仏壇の用意	できれば四十九日までに仏壇を用意します。
四十九日法要	親族一同が集まり、僧侶にお経をあげていただきます。
納骨	四十九日の日に行うことが多いといえます。

落ち着いてから行うこと ＞＞＞ 136ページ〜

葬儀直後のあわただしさが落ち着いたら、まずは寺院等へのあいさつとお礼に行きましょう。とはいえ、ゆっくりできるというわけではありません。そのほかの手続きも、なるべく早く行います。

- 寺院等へあいさつとお礼
- お世話になった人へのあいさつとお礼
- 形見分け
- 香典返し
- 戸籍謄本の取得（相続人の調査）
- 住民票の写し・印鑑証明の取得
- 電気・ガス・水道・電話等の支払い方法変更・停止
- 葬祭費・埋葬料の支給申請（2年以内）

Check
必要に応じて行う各種手続き

- □ 生命保険の受取（2年以内）
- □ 高額医療費の請求申請
- □ 復氏届
- □ 婚姻関係終了届
- □ 改葬許可申請
- □ 未支給年金の受給手続き
- □ 遺族年金の受給手続き
- □ 寡婦年金の受給手続き
- □ 死亡一時金の受給手続き
- □ 児童扶養手当の受給手続き
- □ 相続の手続き
- □ 確定申告
- □ 相続税申告
- □ 名義変更

喪主・遺族のチェックリスト

悲しみの最中ではありますが、喪主や遺族にはやらなければならないことがあります。基本的には葬儀会社や寺院の指示に従いますが、遺族でなければできないこともあるのでしっかり準備しましょう。

死亡直後～通夜準備

- □ 近しい親族に連絡
- □ 当面の生活費と葬儀予備費の準備
- □ 葬儀会社を決める
- □ 死亡届の申請および火葬許可証の受理、火葬場の予約
- □ 寺院と打合せ（日時・場所・人数など）
- □ 神棚と仏壇の正面を半紙で封じる（宗教によって慣習が異なる）
- □ 日程が決まったら親戚、知人、寺社、教会等に連絡
- □ 遺影用の写真の準備
- □ 喪服・数珠などの準備
- □ 世話役代表・各係を選出（受付・案内・会計・接待・食事・車両など）
- □ 生花・花輪・供物の準備
- □ 通夜ふるまいの準備
- □ 遠方からの弔問者の宿泊先の手配

通夜当日

- □ 玄関脇に塩を盛る
- □ 香典を管理する人を選出
- □ 僧侶（神主、神父、牧師）に挨拶
- □ 精進落としの接待

葬儀～埋葬

- □ 喪主、遺族代表の挨拶文
- □ 参列者の確認、座席の配置
- □ 弔辞の依頼
- □ 司会者との打合せ
- □ 香典の保管
- □ 必要なら追加の昼食の手配など
- □ お車代を用意
- □ 火葬場や墓所へ地図、電話番号を準備
- □ 火葬場で埋葬許可証を受け取る
- □ 当日に埋葬する予定の場合は石材店や墓所に連絡
- □ 四十九日の予定を寺社、教会に確認

葬儀後

- □ 香典と芳名帳の確認
- □ 香典返し用のリスト作成
- □ 香典返しの手配
- □ お世話になった方へのお礼の品を手配
- □ 葬儀会社、寺社、教会への支払い
- □ 保険金請求書の送付依頼
- □ 役所で必要書類をとる
- □ 病院に清算
- □ 年金の手続き
- □ 銀行口座等の手続き
- □ 形見分け
- □ 遺品の整理

喪服のマナー

喪《も》服《ふく》は本来は「喪に服する」人、すなわち遺族のための装いですが、葬儀に参列する人も喪服を着ることが一般的です。

女性の正式礼装

喪主《もしゅ》や親族をはじめ、会葬者を迎える側は、通夜、葬儀・告別式を通じて正式礼装でのぞむのが基本です。また、洋装の喪服を着用するケースも増えていますが、喪主や世話役を務める場合には和装にすることが多いようです。なお、和装と洋装に格の差はありません。

和装

着物・羽織

黒無地の染め抜き五つ紋《もん》付《つ》き。冬は羽二重《はぶたえ》か一越《ひとこし》ちりめん、夏は駒絽《こまろ》や平《ひら》絽《ろ》など。紋は実家の女紋《おんなもん》か婚家の紋を。

半襟《はんえり》・長襦袢《ながじゅばん》

白。

帯

袋帯の黒無地か地紋《じもん》のある黒。お太鼓《たいこ》を小さめに結ぶ。

帯締め

黒の平打ちひもか組みひも。端を下向きにし、帯《おび》留《どめ》はつけない。

帯揚げ

黒を用いる。

足袋《たび》

白。

草履《ぞうり》・バッグ

黒の布製が正式。

洋装

上着

黒無地のアフタヌーンドレス、ワンピースかスーツ、アンサンブルなど。夏でも長袖《ながそで》が基本で、中に着るワンピースやブラウスは、襟《えり》元《もと》の詰まったシンプルなデザインのもの。

スカート

正座したときに膝頭がしっかりと隠れるくらいの長めのもの。

素材

光沢がなく、肌が透けない生地。

ストッキング

黒無地。柄ものやタイツは避ける。

髪型

ロングヘアはきちんとまとめる。つやのない黒のリボンなどを使い、髪飾りはできるだけ使わない。ショートやセミロングもできるだけシンプルに。

メイク

派手なメイクは避けるが、ノーメイクも失礼。ファンデーションとナチュラルカラーでつやのない口紅をつける。マニキュアはきちんと落として。

靴

基本は革製で、金具などの飾りのないもの。光沢がない革製も可。

小物とアクセサリー

バッグ

黒。布製で金具の目だたないもの。革製なら光沢のないもので、爬虫類《はちゅうるい》の革は避ける。

アクセサリー

結婚指輪以外はつけないのが正式。真珠《しんじゅ》は許される場合もある。

写真協力／東京ソワール　ブランド名：プチソワール　プライス：参考商品

問合せ先：(株)東京ソワール
〒107-0062 東京都港区南青山1-1-1
お客様相談室 ☎03-3475-1251(代) 平日10時～17時
http://www.soir.co.jp/

男性の正式礼装

正式礼装を着用するのは、葬儀当日の喪主《もしゅ》、遺族、近親者、葬儀委員長などです。最近では、遺族でも略礼装となるブラックスーツを着るケースが増えています。

洋装

モーニングコートは昼間の服装なので、夕刻から行われる通夜《つや》では着用せず、ブラックスーツを着用します。

上下

モーニングコート。

ベスト

白襟ははずす。

シャツ

白無地のワイシャツ、立て襟。カフスボタンはブラックオニキス(黒曜石)。

ネクタイ

黒無地の結び下げ。(ネクタイピンはつけない)

靴下

黒無地。

靴

光沢のない黒で、シンプルなデザインの革靴。

その他

ポケットチーフはしない。

和装

着物・羽織

冬は羽二重《はぶたえ》、夏は平絽《ひらろ》の黒無地の着物、五つ紋《もんつ》付きの羽織。

袴

仙台平《せんだいひら》または博多平《はかたひら》。

半襟《はんえり》・長襦袢《ながじゅばん》

白またはグレーか、地味な色合いのもの。

帯

地味な色の角帯《かくおび》。

足袋《たび》

白。

草履《ぞうり》

鼻緒《はなお》は黒または白。

その他

扇子は持たない。

略礼装（洋装）

女性

一般会葬者として葬儀や告別式に参列するとき、特に若い人は、正式礼装ではなく略礼装でかまいません。通夜では、正式礼装はかえって失礼になることもあります。

上着

濃紺や濃いグレー、黒などの地味なワンピースかスーツ。襟元《えりもと》の詰まったシンプルなデザインのもの。

バッグ

黒または茶や紺などの地味な色で金具などの飾りのないもの。布製が基本だが、光沢がない革製も可。

ストッキング

黒かナチュラルカラーのストッキングを。タイツは避ける。

アクセサリー

結婚指輪以外のアクセサリーはつけない。

靴

基本は革製で、金具などの飾りのないもの。光沢がない革製も可。

男性（ブラックスーツ）

ブラックスーツは本来略礼装ですが、礼装として通用するくらい広く着用されています。最近では、遺族や近親者が着用するケースが増えていますし、一般の会葬者もブラックスーツを着用するケースがほとんどです。

上着

ダブルでもシングルでもよい。

シャツ

白無地のワイシャツ。カフスボタンはブラックオニキス（黒曜石）

ネクタイ

黒無地の結び下げ。（ネクタイピンはつけない）

靴下

黒無地。

靴

光沢のない黒で、シンプルなデザインの革靴。

子どもの服装

幼稚園や学校の制服があれば、それが正式礼装となります。制服がなければ、黒や紺などで柄のない地味な服装に。

服装＆身だしなみについては P75（遺族）・76、222・223（弔問者）でも解説しています。

はじめに

『論語《ろんご》』の第二篇で孔子《こうし》は、「孝《こう》」について問われたとき「礼にたがわないこと」と答えています。特に、親の死においては、葬儀の具体的な形（礼）を得て心を尽くすことが「孝」であると。このように「葬」についての根本的精神は現代でも変わりません。

逝《ゆ》く人を偲《しの》び、生前に感謝し、冥福《めいふく》をひたすら祈る。何年たっても故人との縁を思いやり祈る。そうした心に形を与えるのが葬儀であり法要《ほうよう》です。そこで本書は、自分のために、そして家族のために、死について考えること。さらに、「多様化する葬儀」というテーマにもふれてみました。今どきの葬儀と気になる葬儀費用。戒名《かいみょう》の本来意味するもの。伝統的な葬儀のほかにも、密葬《みっそう》、無宗教葬、家族葬、偲ぶ会、お別れ会などさまざまな別れの儀式。こういった新しい儀式は、厳粛《げんしゅく》さ、折り目正しさのなかにも温かみのあるお見送りをしたいという考えから生まれたものです。

お墓はどうしますか？「○○家の墓」よりも個人の意向を重んじたい、少子化で先祖代々の墓を維持しにくくなったというような「今どきの埋葬《まいそう》」。さらには、お墓の改葬や移動、ペットのお墓、散骨《さんこつ》、樹木葬《じゅもくそう》など、「新たな埋葬スタイル」にもふれました。

また、家庭祭壇や仏壇の安置のしかたなども含めて、「埋葬新時代」に対応しています。このように選択範囲が増えた分だけ、元気なうちから配偶者や子どもと話し合っておく必要がありそうですね。また、いざというときのために、葬儀・法要のあいさつ、遺言《ゆいごん》の基本と遺産相続《いさんそうぞく》についても概要を紹介しています。

あらゆる民族、文化を問わず多様化、簡易化がすすむ現代においても、人間にとって見失ってはならない本質は残されています。現在の自分が今日ある命は、数多くの祖先から引き継がれているということを忘れないでください。人を思う心、人に感謝する心も引き継ぐべきものです。なぜなら、逆の立場からいえば、「自分のことのように思ってくれる人がいる」ということなのですから。

本書は、葬儀に関わるすべての悩みに答える、「命の大切さを考える」ための実用書です。

冠婚葬祭コンサルタント　**清水　勝美**

〈もくじ〉

第1章 伝統的な葬儀のしきたりと進行について

第2章 葬儀後の手続きと届け出について

第3章 法要と追悼のしきたりと進行について

第4章　お墓と仏壇の基礎知識
―選び方・建て方・祀り方―

第5章 弔問と会葬者の心得とマナー

第6章 家族が困らないための終活の基礎知識

第8章 葬儀・法要のあいさつ＆手紙の実例集

※本書は2015年10月現在のデータをもとにしています（期日が明記されているデータ等は除く）。

第1章

伝統的な葬儀のしきたりと進行について

- 危篤から納棺まで
- 仏式通夜の流れと進め方
- 仏式葬儀・告別式の準備と進行
- 出棺・火葬・遺骨迎え・初七日法要
- 神式通夜祭～帰家祭
- キリスト教式通夜～葬儀
- 密葬を行う

危篤を告知されたら

最期を看取ってもらいたい人に少しでも早く確実に連絡するために、誰に連絡したらいいのかを日ごろから確認しておくことが大切です。

危篤の連絡

医師から危篤《きとく》を告げられたら、最期を看取《みと》ってもらいたい人には、できるだけ早く連絡をしなければなりません。一刻を争う状況ですから、早朝でも深夜でも、仕事中であっても失礼にはなりません。

●連絡をする範囲

連絡をする際に、もっとも優先順位が高いのは家族や近親者です。近親者は三親等くらいを目安に、付き合いの深さなどを加味して決めましょう。次いで、本人の親しい友人や知人、勤務先などの順です。血族だからといってあまり親しくない人に連絡をとっても、かえって迷惑になることもあります。「本当に会いたいと思っているかどうか」を第一に考えることが大切です。

迷った場合には連絡すべきでしょう。会うかどうかは本人が決めればいいこと。あとになって「なぜ連絡をくれなかったのか」としこりを残すよりは、とりあえず連絡をとったほうが無難です。疎遠になってしまった肉親などがいれば、最期くらいは会ってもらうといいかもしれません。

連絡の範囲

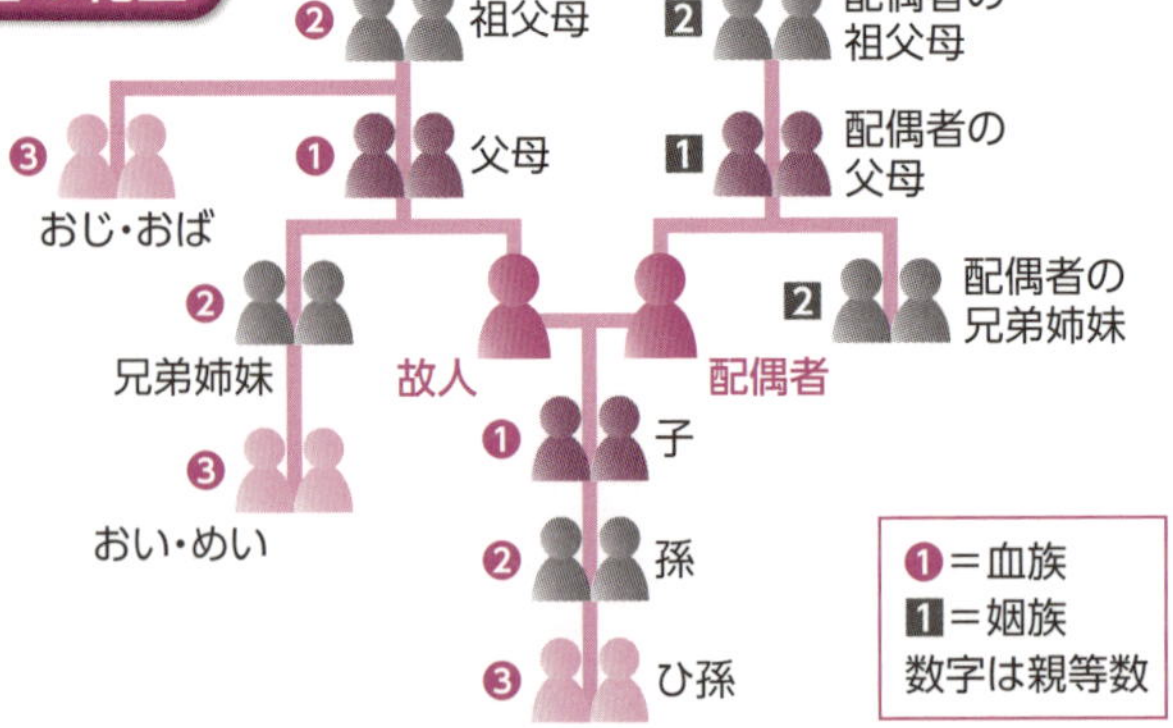

基本は電話での連絡

もっとも確実で早い連絡手段は「電話」です。あいさつは最小限にとどめ、「いつ」、「誰が」、「どこで（病院名・部屋番号・電話番号）」、「どのような原因で」危篤状態になったのかをはっきりと伝えます。混乱していて要領よく伝えられないこともありますので、要点をメモにしておくといいでしょう。

本人が不在の場合には、電話に出た人に伝言を頼む、留守番電話に伝言を残す、などの方法で連絡をとります。番号がわかれば携帯電話にかけてもまったく失礼にはなりません。

なお、連絡をする際には、来てもらえるかどうかは確認しないのが礼儀です。

どうしても連絡がとれない場合にはＮＴＴの電報を利用します。

電子メールを過信しない

電子メールによる連絡は、相手が受信チェックをしない限り、伝わらないので注意が必要です。ほかに連絡方法がないときの最終手段程度に考えておいたほうがいいでしょう。過信は絶対に禁物です。

キリスト教徒の場合

本人がキリスト教徒の場合、息のあるうちに牧師や神父が立ち会って祈りを捧げます。できるだけ早く、所属する教会に連絡するようにしましょう。

間に合わなかった場合、遺体はそのままにしてその場に居合わせた人が祈りを捧げます。

こんな時どうする？

自宅や外出先で危篤になったら

自宅療養中に容態が急に悪化した場合には、とにかく早く主治医に連絡をとって来てもらいます。主治医と連絡がとれない場合には119番通報で救急車を手配しましょう。あきらかに死亡している場合でも、医師によって死因を確認してもらうまでは勝手に遺体を動かしてはいけません。

また、外出中に突然倒れてそのまま危篤状態に陥ることもあります。このようなケースでも、とにかく急いで119番通報しましょう。

臨終を告げられたら

搬送の手配や死亡の連絡、退院の手続きなど、やらなければならないことはたくさんあります。
自宅で亡くなった場合には注意が必要です。

自宅で死亡したとき

●すみやかに主治医に連絡を

病院で死亡した場合にはあまり問題はないのですが、自宅で死亡したときには注意が必要です。なぜかというと、日本の法律では「死」は医師によって確認されなければならないからです。

臨終《りんじゅう》の場に主治医が立ち会っていればいいのですが、そうではない場合には、ただちに医師を呼びます。かかりつけの主治医がいないような場合には、医師であれば診療科目は問いません。どうしても医師がつかまらない場合には、110番通報して警察医を呼んでもらう方法もあります。いずれにしても、勝手に遺体を動かしたりしてはいけません。

●行政解剖・司法解剖

医師が死亡を確認すると、死因を特定して「死亡診断書」を作成します。事故死などで死亡原因が特定できない場合には「行政解剖《ぎょうせいかいぼう》」されることがあります。また、死亡に事件性があるようなケースでは、警察によって「司法解剖《しほう》」が行われます。解剖された場合には、担当した医師が「死体検案書」を作成します。

なお、死亡診断書か死体検案書がなければ火葬《かそう》することも埋葬《まいそう》することもできません。

司法解剖と行政解剖の違い

司法解剖は、犯罪の疑いのある死体の死因などを究明するために、刑事訴訟法に基づいて行われます。その際、遺族への配慮から同意を得て行われることが多いようですが、裁判所の許可があれば強制的に行うこともできます。

行政解剖は、事件性はないが公衆衛生、伝染病予防などの目的で、法律の規定により許されるものです。

病院で死亡したとき

●自宅か斎場に速やかに搬送する

現在の日本では、人は病院で死亡するケースがほとんどです。

臨終を告げられたら、その場に居合わせた者が「末期《まつご》の水」をとります（P42参照）。その後、看護師などが遺体の処置をし、霊安《れいあん》室《しつ》に移して安置します。この後は、できるだけ早く自宅に連れて帰るか、通夜《つや》・葬儀が行われる斎場《さいじょう》に搬送しなければなりません。

遺体の搬送には、専用の寝台車を利用することになりますが、通常、大きな病院には葬儀社の社員が詰めていて、依頼をすればほとんどすべてのことをスムーズに進めてくれます。小さな病院などで出入りの葬儀社がない場合でも、病院に相談すれば紹介してくれるでしょう。

法定感染症で死亡したケース

コレラ、パラチフス、ペスト、エボラ出血熱など、法律に定められた感染症で死亡した場合には、遺体をそのまま自宅に連れて帰れないことがあります。

このようなケースでは、病院で簡単な通夜をすませ、翌日には火葬してしまいます。したがって、葬儀は遺骨を持ち帰って行うことになります。

？こんな時どうする？

遺体解剖を要請されたら？

大学病院などの研究機関で死亡した場合、死因の解明や研究などの目的で遺体の解剖を要請されることがあります。もちろん強制ではありませんから、承諾するのも拒否するのも遺族の自由です。医学の発展に貢献すべきだと考えれば協力し、故人に気の毒だと思えば断ればいいのです。通常、その判断は、故人の配偶者か両親が行います。なお、解剖後の遺体は元通りの姿に戻されて帰ってきます。

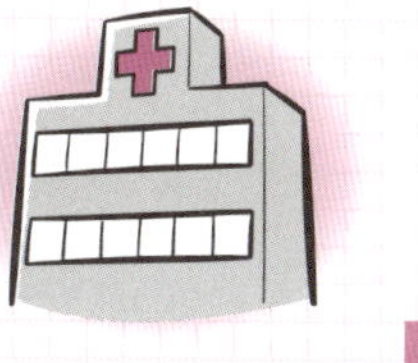

臨終から退院まで

●冷静な対処が必要

どれほど覚悟をしていても、現実に「臨終《りんじゅう》」を告げられると気持ちが動転してしまい、冷静な対処ができなくなってしまうものです。

父母のどちらかが亡くなったときなど、配偶者を亡くしてがっくりしているのであれば、親にかわって、子どもがしっかりしなければなりません。

●退院の手続きと死亡診断書

まず、親戚や故人の関係者への死亡の連絡をします（詳しくはP45参照）。遺体の搬送の手配をしたら、車が到着するまでの間に退院の手続きをしておきましょう。

病院への支払いは、もし可能であればその日のうちにすませてしまいます。亡くなったのが深夜で病院の事務手続きができない場合などにはもちろんですが、後日あらためて出向いてもかまいません。

忘れてはならないのが「死亡診断書」の受け取りです（ほとんどの病院で有料：3千～1万円程度）。死亡診断書がないと、そこから先の手続きができません。当日、受け取れない場合には、いつ受け取れるのかを確認しておきましょう。郵送してくれることもあります。

なお、死亡診断書は、生命保険金の受け取りなどにも必要なので、受け取ったら2～3通コピーしておきましょう。

●病院へのお礼は不要

病院に対してのお礼は基本的には不要ですが、特にお世話になった医師や看護師などに心づけを渡すことは失礼にはなりません。最近は金品を受け取らない決まりになっていることもあるので、ナースステーションに菓子折を届けるくらいでもいいでしょう。

最後にあいさつをしたら、病室の私物を整理して、忘れ物がないように気をつけましょう。

預貯金の凍結には注意を！

故人名義の預貯金は死亡届の提出後すぐに凍結《とうけつ》されてしまうため、相続が確定し、法定相続人全員の署《しょ》名《めい》・押印《おういん》がなければ引き出すことができません。こうした事態に備え、すぐに現金が必要となる宗教者への謝礼とその他の臨時費用など当面必要なお金として、100万円程度の現金は用意しておきたいものです。

海外・遠隔地で死亡したケースの搬送

旅行先など遠隔地で死亡した場合には、遺体のままで搬送することもできますが、遺体の損傷や運搬費用の問題があるために、現地で火葬して荼毘《だび》に付すことが多いようです。遺体のまま自宅に運ぶためには、遺体の損傷を防ぐための処置（ドライアイスなど）や寝台車・霊柩車《れいきゅうしゃ》が必要になるため、現地の葬祭業者に頼むことになります。

海外で死亡した場合も同様ですが、手続きは多少めんどうになります。遺体のまま航空貨物として運ぶ場合には、「故人のパスポート」、「現地で発行された死亡証明書か死体検案書」、「日本大使館か日本領事館が発行する埋葬《まいそう》許可証」、「現地の葬祭業者などが発行するエンバーミング（防腐処理）証明書」などが必要です（国によって多少異なります）。火葬《かそう》して遺骨を持ち帰る場合にも、現地で発行する「死亡診断書（死亡証明書）」と「火葬許可証（火葬証明書）」を必ず受け取っておきましょう。これがないと日本で死亡届を提出することができず、あらためて現地へ出かけることになってしまいます。

こんな時どうする？

故人が献体・臓器提供を希望していたら？

医大生の解剖《かいぼう》実習や研究のために遺体を病院に寄贈するのが「献体《けんたい》」です。通常、遺体は告別式が終わってから献体先に搬送されます。実習などに使われた後は遺骨となって戻ってくるのですが、おおよそ半年から１年後になります。故人が生前に登録していた場合には、その遺志をまっとうするためにも、すみやかに登録団体に連絡しましょう。献体は遺族の希望でも行うことができます。

また、故人が臓器提供の登録や、ドナーカードなどによる意思表示をしていた場合には、献体よりもさらにすみやかに連絡しなければなりません。臓器の移植は急を要するからです。たとえば眼球の摘出《てきしゅつ》は、死後６時間以内の処置が必要とされています。

末期の水と死化粧

末期の水はその場に居合わせた人全員で行います。
清拭と死化粧も看護師や業者にまかせずに、できるだけ遺族が手伝うようにしましょう。

末期の水

●別れを告げる儀式

医師から臨終《りんじゅう》を告げられた後に、臨終に立ち会った遺族や友人が本人の口に水を含ませて別れを告げる儀式が「末期《まつご》の水」。「死に水」ということもあります。お釈迦様《しゃかさま》が臨終の際に水を求めたという言い伝えによるもので、蘇生《そせい》を願い、それがかなわなくとも死後の世界で渇きで苦しまないようにと、祈りを捧げます。

こうでなければいけないという厳密な決まりはないようですが、一般的には、新品の筆か割り箸《わばし》の先に脱脂綿を白糸で縛り付けたものに茶碗の水を含ませて故人の唇をしめらせます。ガーゼに水を含ませて行うこともあります。

●末期の水をとる順番

末期の水をとる（〝とる〟といいます）順番は、遺族、近親者、友人・知人の順となります。夫が死亡した場合には、妻、子ども、夫の両親、兄弟姉妹、祖父母、妻の両親、友人・知人の順に行います。臨終に居合わせた人全員でとるのが一般的ですが、幼児などに無理にとらせる必要はありません。

末期の水

箸先に脱脂綿を巻き、ガーゼでくるんで白糸でしばる。

茶碗の水を含ませて、故人の唇をしめらせる。

清拭と死化粧

●心を込めて見送りを

末期の水をとったら、次は遺体の処置です。最近は病院や葬儀社にまかせるのが一般的ですが、もちろん遺族が手伝ってかまいません。心を込めて見送りましょう。

まず「湯灌《ゆかん》」です。本来は、たらいに入れたぬるま湯で遺体を洗い清めるのですが、現在ではアルコールを浸したガーゼか脱脂綿で遺体を清拭《せいしき》（拭くこと）するのが一般的です。

湯灌が終わったら、遺体の口、鼻、耳、肛門《こうもん》などに脱脂綿を詰めます。汚物が流れ出るのを防ぐためです。このとき、遺体の目や口が開いたままになっている場合は、そっと閉じてあげます。

●美しい別れのために

次は「死化粧《しにげしょう》」です。長く病床

死亡判定―臨終とは？

死亡判定に対する考え方は、「心臓停止」か「脳死」かをめぐって論議されています。

通常は心臓の停止、呼吸の停止、瞳孔《どうこう》の散大（開くこと）などをもって「臨終」を宣言します。いわば肉体の死です。

これとは別に「脳の死」を死とする考え方があります。「脳波がまったく出ない」などいくつかの条件を満たしたケースを死亡と判定するのです。脳死は臓器移植のために採り入れられた考えです。

ただし、脳は死んでいてもまだ心臓は動いていますし、自発的ではないにせよ呼吸もしていて、体も温かいため、家族にとっては死亡とは認めがたいという一面があります。

死化粧

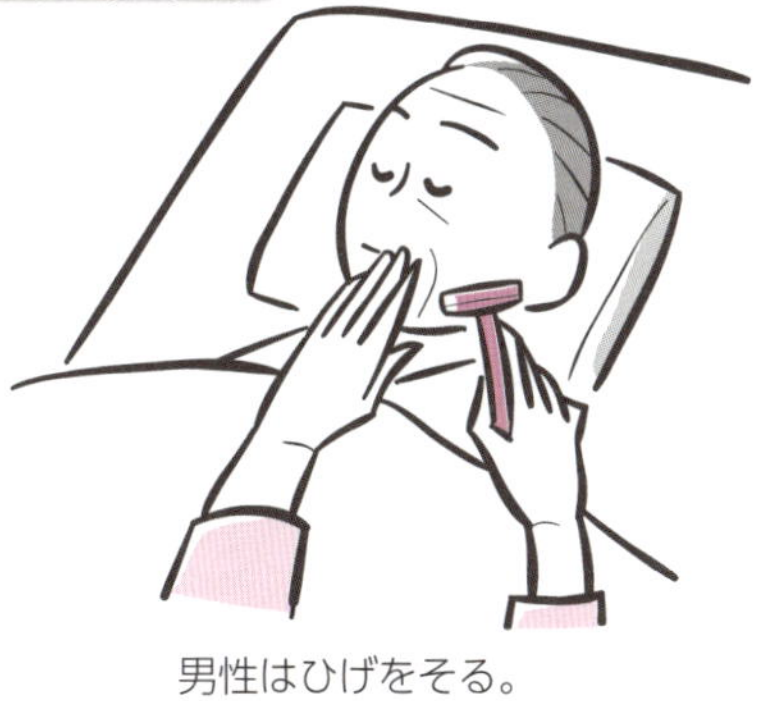

男性はひげをそる。

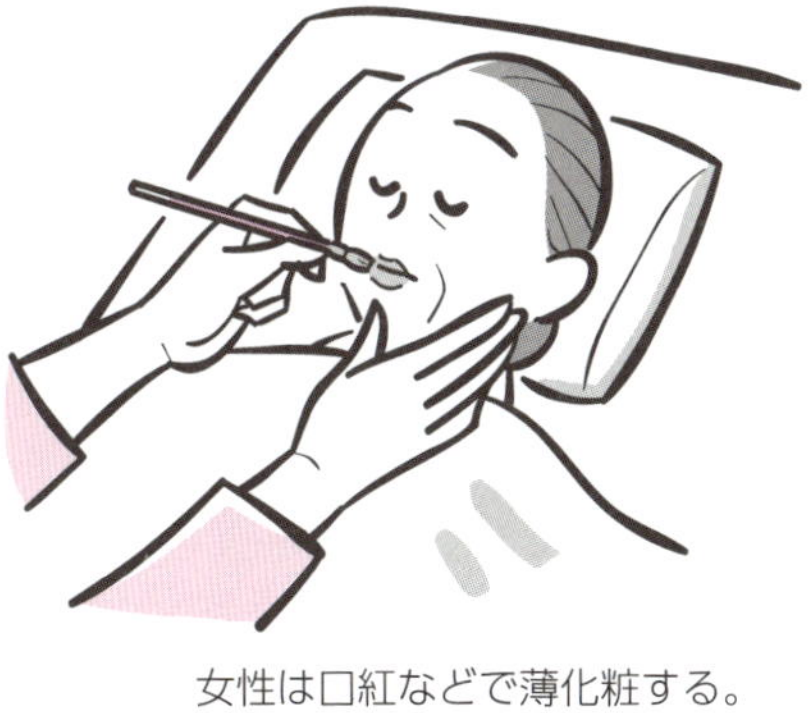

女性は口紅などで薄化粧する。

にいるとやつれてしまうものですが、できるだけ生前の元気なときの姿に戻し、弔問客《ちょうもんきゃく》との別れを美しいものにしてあげましょう。

ほおがこけていたら両ほおに含み綿をしてふっくらと見えるようにします。故人が女性や子どもなら薄化粧をし、男性なら髭《ひげ》を剃《そ》ってあげましょう。そして、髪を整え、爪を切りそろえます。爪や髪などを残したい場合には、このときにとっておきましょう。

なお、地方によっては慣習が異なることもあります。たとえば、遺体に刃物をあてることを嫌うケースもあるので、その地方の高齢者などに慣習について確認しておきましょう。

遺体の腐敗や硬直を防ぐエンバーミングとは？

エンバーミングとは遺体の防腐《ぼうふ》処置のことです。遺体を清浄・消毒したあとに、静脈から血液を抜き、動脈から防腐液を注入します。この処置によって、ドライアイスがなくても10～20日くらい、腐敗や硬直を防ぐことができます。気温の高い夏場や事情があってすぐに火葬できない場合などにエンバーミングをすることが多くなっています。また、海外で死亡した人の遺体を搬送するときにもエンバーミングをするのが一般的です。すぐに火葬をする場合にも、遺体を衛生的に保って感染症や伝染病を防ぐなどのために、エンバーミングを行うケースも増えているようです。

エンバーミングにはもうひとつの利点があります。それは、生前のままの美しさでお別れができるということです。長期にわたって闘病生活を送った場合など、顔の肉が落ちたり目がくぼんだりしてしまうことがあります。また、事故でなくなった場合などは、顔に傷がつくこともあります。こうしたケースでも、エンバーミングによって自然で穏やかな表情に戻すことができるのです。

エンバーミングは一部の葬儀社や互助会で取り扱っています。費用は15万円～20万円くらいが目安です。

関係者への死亡の連絡

死亡通知は遺族が行う大切な仕事です。通知もれがないように、住所録や年賀状などをチェックしながら、間違いなく伝えましょう。

近親者への連絡

●死亡の連絡は2種類に分ける

臨終《りんじゅう》の宣告を受けたら、危篤《きとく》のときと同様、関係者に連絡をしなければなりません。この場合の連絡は、①すぐに来てもらいたい親族などへの連絡　②通夜や葬儀に来てもらうための連絡の2種類に分けて行う必要があります。

●すみやかに電話連絡を

すぐに来てもらいたい人への連絡は、死亡を確認したらすぐに行います。連絡する相手は、危篤のときに連絡した人と同じと考えればいいでしょう。

連絡方法は電話がベストです。危篤の知らせを受けて寝ずに待っている人もいるかもしれませんから、早朝や夜中でも遠慮せずにすみやかに連絡します。その際には「夜分遅く申し訳ございません」と、最低限の礼は尽くしましょう。もちろん携帯電話でもかまいません。

伝える内容は、「故人の氏名」、「死亡時刻」、「死亡した場所」、「死亡原因」などですが、危篤のときに伝えていることがあれば省略してかまいません。また、通夜や告別式の日時や場所が決まっていれ

? こんな時どうする?

電話連絡がとれない場合

どうしても電話での連絡がとれない場合には電報を打ちます。電報は局番なしの115番か、インターネットから申し込みます。その際には「緊急定文電報」を使えば、簡単に電報が打てるうえに、料金も割安になります。

ば、それも伝えます。決まっていなければ「追ってご連絡いたします」と言って電話を切りましょう。

知人・勤務先への連絡

●通夜・葬儀が決まってから

友人や知人、勤務先、所属団体、町内会など、急を要さない人への連絡は、通夜《つや》・葬儀の日時・場所が決まってからのほうがいいでしょう。以前は印刷された「死亡通知状」を郵送するのが一般的でしたが、現在では電話ですませるのが主流になっているようです。

伝えるべき内容は、「故人の氏名」、「死亡日・時刻」、「通夜・告別式の日時・場所」、「喪主《もしゅ》」などです。通夜に間に合えばいいわけですから、深夜や早朝は避けて常識的な時間に連絡するようにします。ＦＡＸやメールという手もありますが、できる限り、直接、伝えたいものです。なお、電話で伝えたあとに通夜・告別式の日時や場所をＦＡＸやメールで連絡するのは、間違いをなくすためにもよい方法といえるでしょう。

●連絡もれを防ぐために

大切なのは、連絡もれを防ぐことです。たとえば父親が亡くなった場合、勤務先、お得意先、プライベートな交友関係、古くからの友人など、連絡すべき相手は多岐《たき》にわたります。遺族が故人の交友関係のすべてを把握しておくことは難しいことですし、すべての人に連絡するのは物理的にも不可能でしょう。

このような場合、直属の上司や部下には直接連絡するのが礼儀ですが、そこから先は死亡の連絡を受けた人にまかせたほうがいい場合があります。特に友人・知人関係は、親しくしていた何名かに連絡し、あとはその人の判断にまかせるのもひとつの方法です。

また、町内会など近隣への連絡も、町内会長や親しい知人に連絡をして、あとはまかせてもかまわないでしょう。

第三者に伝言をたのむ場合

第三者に伝言をたのむ際には、誤解をされないように気をつけなければなりません。たとえば勤務先の家族に伝言をたのむような場合には、「故人の氏名」だけでなく「部署名」や「肩書き」なども正確に伝えるようにしましょう。

お寺・神社・教会への連絡

●仏教の場合

先祖代々をまつる菩提寺《ぼだいじ》がある場合には、すみやかに連絡をします。死亡したことを告げ、葬儀の日程や場所、僧侶の人数、戒名《かいみょう》などについて打ち合わせます。

故人が「本家《ほんけ》」を出て遠方に住んでいる場合にも、まずは菩提寺に連絡をします。菩提寺の僧侶が来られなくても同じ宗派の寺院を紹介してくれるからです。

●神道・キリスト教の場合

神道では、故人が氏子《うじこ》*になっている氏神*の神官に連絡をします。

本人がキリスト教徒で、神父や牧師が臨終《りんじゅう》に立ち会っていたなら、引き続き連絡をとり合います。臨終に立ち会っていないときには、所属教会に連絡してください。

死亡広告の出し方

故人の知名度が高かったり企業で要職にあった場合などには、新聞に死亡広告を出すことがあります。社葬などの場合には、会社や葬儀委員が手続きをしてくれますが、個人的に出したいときは葬儀社や広告代理店に依頼します。

掲載料金は新聞の発行部数、スペース、地域版か全国版かなどによって異なります。なお、特に著名な人の場合、広告とは別に記事として掲載されることがあります。

死亡通知状の例

父○○○○儀　かねてより病気療養中のところ
○○月○○日午前○時○○分○○歳をもって逝去いたしました。
ここに生前のご厚誼に深く感謝いたしますとともに謹んでご通知いたします。
追って告別式は○○月○○日　午後○時より自宅にて執り行います。

平成○○年○○月○○日

施主　○○○○
他　親戚一同

通常、通夜は死亡した当日か翌日に、葬儀は翌日か2日後に行われます。あまり時間がないため、死亡の通知は電話で行うのが一般的です。正式には印刷された「死亡通知状」を郵送します。死亡通知状は、葬儀社に依頼すればすぐに印刷・発送してもらえます。

*「氏子」…その土地の神（氏神）が守ってくれる地に住む人
*「氏神」…その地域を守る神や神社

葬儀と告別式の準備

葬儀の形式、葬儀社、喪主・葬儀委員長など、死後すぐに決めなければならないことがたくさんあります。遺族で話し合って決めましょう。

葬儀の形式

●故人の宗教に合わせる

葬儀の形式には、大きく分けて「宗教葬」と「無宗教葬」のふたつがあります。宗教葬には仏式、神式、キリスト教式などがあり、また、宗派によってしきたりなどが異なります。

どの形式で行うかは、故人が生前に信仰していた宗教・宗派に合わせるのが一般的です。もし故人に特に決まった宗教がない（あるいはわからない）場合には、家族（生家や嫁ぎ先）の宗教に合わせることが多いようです。

●注意が必要なケース

次のような場合には注意が必要です。たとえば仏教徒の家族の中で故人だけがキリスト教徒というようなケースでは、故人の遺志を尊重するのであれば葬儀はキリスト教式で行うのが筋です。ところが、菩提寺《ぼだいじ》（檀那寺《だんなでら》）に先祖代々の墓があってそこに故人の遺骨を納骨しようとする場合、仏式の葬儀をあげていないと断られるケースもあります（これは無宗教葬をあげる場合も同様です）。

このような場合には、通夜《つや》・葬

自宅以外での葬儀が８割以上に

最近の葬儀は、自宅以外の斎場《さいじょう》などの専門式場を利用するケースが増えています。2003年には割合が逆転し、現在では８割以上が専門式場で葬儀を行っています。

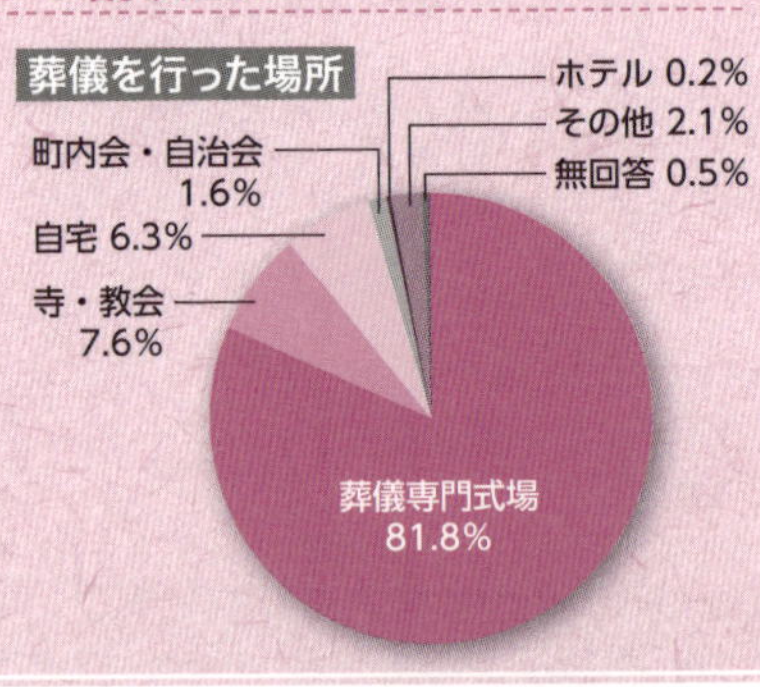

出典：日本消費者協会 第10回「葬儀についてのアンケート調査」報告書（2014年）

儀をキリスト教式（または無宗教）で行い、告別式を仏式で行うなどの方法がありますが、あとで問題にならないように、前もって菩提寺に相談するとよいでしょう。葬儀は亡くなられた方だけのものではなく、残された遺族の心のけじめにも必要なものです。納骨《のうこつ》・法要《ほうよう》・墓参りなど、後々のことまで配慮して決めることが大切です。

葬儀社の決定

●葬儀社の選択は慎重に

葬儀社の選択は慎重に行わなければなりません。あとになってから費用やサービス内容などについてもめることがないよう、また、故人を気持ちよく見送るためにも、信頼できる葬儀社を選びたいものです。

葬儀社選びで大切なのは、あわてないこと。葬儀までに残された時間は限られていますから、できるだけ早く選ぶ必要があります。しかし、あまり安易に決めてしまうと、あとで後悔することにもなりかねません。

たとえば、遺体の搬送をしてもらった病院出入りの葬儀社にそのまま葬儀まで依頼できるケースがありますが、必ず依頼しなければならないというわけではありません。次に挙げる選択ポイントを参考にチェックしましょう。

●葬儀社選びのポイント

❶対応がていねいで誠実

担当者の対応でチェックします。乱暴な対応や口のきき方をする業者は避けたほうが無難です。

❷こちらの要望を聞いてくれる

こちらの話を聞かずに、高額な祭壇や不必要なサービスなどを押しつけてくるような業者は注意したほうがいいでしょう。

❸費用の詳細な説明がある

何にいくらかかるかなどを、きちんと料金提示しながら詳しく説明をしてくれることが大切です。

葬儀社選びの目安にしたい「全葬連」加盟と「葬祭ディレクター」の資格

葬儀社選びの目安として利用したいのが、全葬連（全日本葬祭業協同組合連合会）への加盟と葬祭ディレクターの資格です。全葬連は、経済産業大臣の認可団体で、全国の葬儀社の約４割が加盟しています。葬祭ディレクター技能審査は、葬祭業界に働く人にとって必要な知識とレベルを審査・証明する厚生労働省認定の資格試験です。

❹会社の規模や資格等

規模が大きければいいというわけではありませんが、最低限、自前の店舗を構えている業者のほうが無難です。全葬連に加盟していることや、社員に葬祭ディレクターの有資格者がいるかどうかも、優良業者としてのひとつの目安にはなるでしょう。

喪主・日程を決める

●喪主は通夜の前までに決める

葬儀を主催し、遺族を代表して弔問《ちょうもん》を受ける人を「喪主《もしゅ》」といいます。葬儀当日だけではなく僧侶や葬儀社との打ち合わせや、年忌《ねんき》法要《ほうよう》なども喪主の務めです。

通常、喪主は故人ともっとも縁の深い人が務めます。残された配偶者、子ども（男性）、子ども（女性）、という順序で選ぶのが一般的ですが、個人と親しかった友人を喪主とすることもあります。

なお、喪主は遅くとも通夜の前までには決定しておかなければなりません。

●葬儀の日取り決定の優先項目

葬儀の日程は一般的には下の表のようになっています。ところが必ずしもこの通りに運ぶわけではありません。僧侶の都合、火葬場《かそうば》や斎場《さいじょう》の混雑ぐあいなど、さまざまな条件が絡み合ってくるからです。

近年、特に都市部では火葬場や斎場が混雑しているため、何日も待たされることが少なくありませんから、まずはこれらの予約を最優先して行うことが重要です。そして、予約のとれた時間をもとに、

友引に葬儀を行うのは避ける？

「友引」の日は「死者が友を死に引く」とされているために、葬儀を嫌う風習があります。科学的な根拠のあることではありませんが、参列者のなかには気にする人もいるはず。できるだけ避けたほうがいいでしょう。

火葬場のなかには休業日に決めているところもあるようです。

一般的な葬儀の日程

	ケース❶	ケース❷
死亡当日	身内での通夜（仮通夜）	弔問客を迎えての通夜（本通夜）
2日目	弔問客を迎えての通夜（本通夜）	葬儀・告別式 火葬
3日目	葬儀・告別式 火葬	――――

出棺《しゅっかん》の時間や葬儀の開始時間を決めましょう。

また、故人の親族が遠方に住んでいる場合などは、葬儀を何日か遅らせなければならないこともあります。このようなケースでは、遺体が傷まないよう棺《ひつぎ》にドライアイスを入れたりエンバーミング（P44参照）をするなどの工夫が必要です。

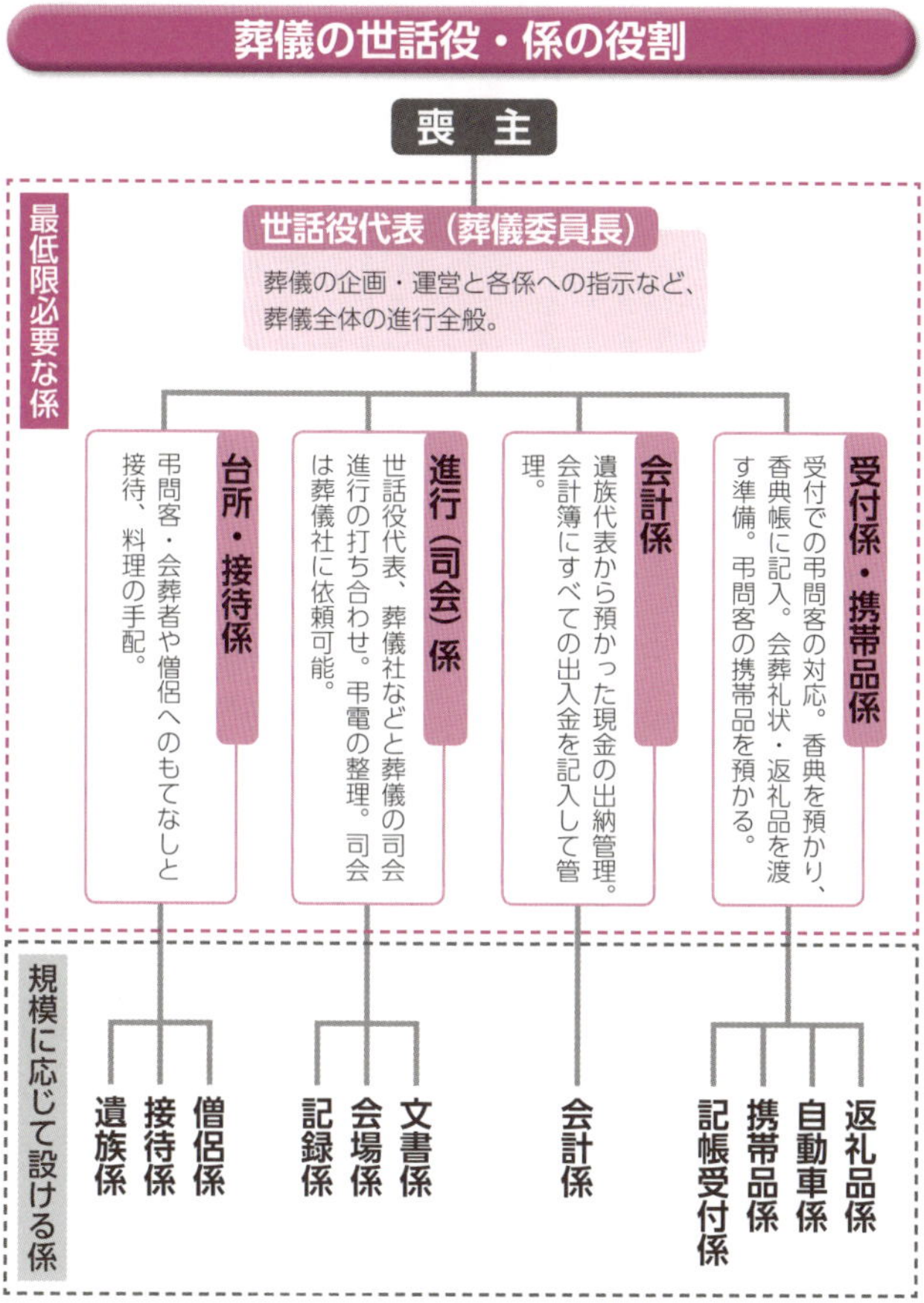
葬儀の世話役・係の役割
喪主
最低限必要な係
世話役代表（葬儀委員長）
葬儀の企画・運営と各係への指示など、葬儀全体の進行全般。
受付係・携帯品係
受付での弔問客の対応。香典を預かり、香典帳に記入。会葬礼状・返礼品を渡す準備。弔問客の携帯品を預かる。
会計係
遺族代表から預かった現金の出納管理。会計簿にすべての出入金を記入して管理。
進行（司会）係
世話役代表、葬儀社などと葬儀の司会進行の打ち合わせ。弔電の整理。司会は葬儀社に依頼可能。
台所・接待係
弔問客・会葬者や僧侶へのもてなしと接待、料理の手配。
規模に応じて設ける係
返礼品係
自動車係
携帯品係
記帳受付係
会計係
文書係
会場係
記録係
僧侶係
接待係
遺族係

世話役代表を選ぶ

●世話役代表は葬儀の実務責任者

喪主の補佐役として葬儀全般の実務を仕切るのが「世話役《せわやく》」です。世話役には「会計係」、「受付係」、「進行係」、「車両係」など、いくつかの「係」があり、その中心となるのが「世話役代表」です。

世話役代表は葬儀の実務上の責任者。葬儀社と打ち合わせを行ったり、世話役の指揮をとるので、故人や遺族の事情について詳しく、細かな心配りができ、信頼のおける人であることが重要です。葬儀の知識や経験が豊かな人が最適で、通常は故人の友人、故人の子どもの友人、または故人の兄弟姉妹や配偶者の兄弟姉妹などの血縁者や親戚などから選びます。

葬儀社と葬儀費用

葬儀にかかる費用は200万~300万円と、かなり高額です。
葬儀社の「セット」を利用する場合には、セットに含まれていないものに注意しましょう。

葬儀社との打ち合わせ

●伝えなければならないこと

葬儀を依頼する業者が決定したら、打ち合わせを行います。とはいっても、ほとんどの人が葬儀は初めてですから、何をどのように打ち合わせればいいのか、わからないでしょう。

遺族の側から提示しなければならないのは、①葬儀の日程、②宗教・宗派、③式場をどこにするか、④予算などです。きちんとした葬儀社なら、ていねいに対応してくれるはずです。

●具体的な内容

葬儀の具体的な内容については、「どのくらいの規模で」、「どのような雰囲気で」のようにイメージを伝えればいいでしょう。

もっとも重要なのは「予算」です。ほとんどの葬儀社が、葬儀に最低限必要なものが含まれた「セット料金」を設定しています。セットにはランクがあり、ランクに応じて内容と料金が決められています。ですから、予算と内容を検討して、セットを選べばいいわけです。

なお、遺体保存用のドライアイスや遺影《いえい》写真など、セットに含まれていないものは別料金になります。依頼するときには、セットに何が含まれていて、何が含まれていないのかをしっかりと確認しましょう。

セット内容は必ず確認

「葬儀にかかる費用は50万円です」といわれて契約したところ、50万円は祭壇の料金だけだった…。それ以外にかかった費用350万円を別料金として請求されたという例もあるようです。セットの内容はきちんと確認を。

前もって考えておきたい

葬儀の準備チェックシート

□ 宗派の確認

- 葬儀には仏式・神式・キリスト教式だけでなく、無宗教式で行う場合もあります。
- 仏式では、飾りつけが宗派によって違います。

□ 遺影《いえい》用の写真

- 祭壇に飾る遺影写真は、できるだけ鮮明なものを選びます。

□ 連絡用のリスト

- 自分の交際範囲と遺族の交際範囲を合わせてリストをつくります。

□ 遺産《いさん》と墓

- 遺書《いしょ》があるか。
- お墓の用意の有無。
- 散骨《さんこつ》するという選択もある。

□ 葬儀の形式

- 伝統的な形式で行ってほしいのか、家族だけで見送りたいのか。家族葬(密葬《みっそう》)の場合は、できるだけ具体的な要望を。
- 無宗教葬の場合は、親族が混乱しないように、できるだけ具体的なイメージを伝える。
- 生前契約システム（P254参照）を利用するという選択もある。

□ どのくらい費用をかけるか

- 総額で数百万円もかかる葬儀。自分の場合にはどのくらいお金をかけてほしいのか。

□ 費用をどう用意するか

- 保険、預金などをあてるか、互助会《ごじょかい》などのシステムを利用するか。

□ 法要（追悼儀式）はどうするか

- 伝統的な形式で行ってほしいのか。
- 無宗教で葬儀を行った場合はどうするか。

□ 家族の葬儀はどうするのか

- 残された遺族の葬儀についても考えておく必要があります。

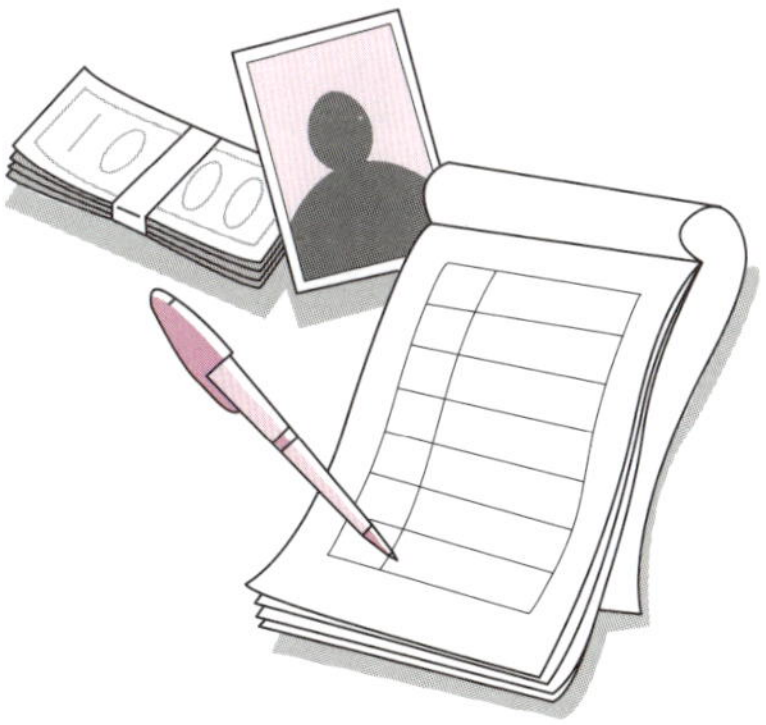

内訳と費用の目安

●セットの内容と料金

セット料金は、「ランク」と「何が含まれているか」によって、大きな幅があります。業者によっても異なりますが、安いもので50万円前後から高いセットでは上限はありません。

最近はだいぶ低価格化が進んできていますが、いずれにせよ、故人の遺志や喪家《そうか》の事情を考慮して、無理のない範囲で行うようにしましょう。

具体的にどのような内訳になっているかは、下の表を参考にしてください（費用についてはP57参照）。セットの中でもっとも高額なのが祭壇ですが、ランクによっては数百万円というものもありま

一般的にセット料金に含まれているもの

- 枕飾《まくらかざ》り一式
- 寝棺《ねかん》
- 骨壺《こつつぼ》
- 祭壇《さいだん》設営一式
- 式場設営一式
- 納棺《のうかん》付《ふ》帯品《たいひん》一式

一般的にセット料金に含まれていないもの

- 式の進行管理費
- 遺体保存用のドライアイス
- 供花《くげ》、供物《くもつ》
- 会葬礼状等印刷
- 遺影写真作成
- 遺影の引き伸ばし
- 記録用ビデオ、写真撮影
- 電装提灯《ちょうちん》・蓮華《れんげ》等
- 死亡通知状、会葬礼状
- 貸衣装、貸ふとん
- 料理、飲食代
- 女子式場奉仕係
- 交通整理係
- テント、テーブル、イス

立て替え実費等

- 病院からの遺体の搬送
- 火葬料
- 霊柩車《れいきゅうしゃ》
- 式場使用料
- 死亡届の手続き
- 参列者の搬送

す。

葬儀費用の支払い

●支払い先は3か所に分かれる

葬儀にかかる費用は、支払い先によって大きく次の3か所に分けられます。

❶葬儀社／祭壇や棺《ひつぎ》などの費用

❷各所（実費）／式場代、飲食代、火《か》葬《そう》費用、香典《こうでん》返しなど

❸宗教関係／お布施《ふせ》など

❷の実費については、葬儀社が一時的に立て替え払いしていることが多く、そのような場合には、葬儀社に支払うことになります。また、式場代などがセット料金に含まれていることもあります。この3つを合計したものが、葬儀全体にかかる費用です。

ちなみに、2014年に日本消費者協会が行った第10回「葬儀についてのアンケート調査」報告書によると、葬儀費用の総額の全国平均は約188万9千円となっています。

健康保険加入者なら埋葬料の請求が可能

健康保険に加入している者が死亡したときには、葬祭費や埋葬料が支給されます。国民健康保険の場合、葬祭料1万～7万円が（自治体によって異なる）、国民健康保険以外の健康保険加入者が死亡した場合には埋葬料として5万円が、被扶養者が死亡した場合は家族埋葬料5万円が支給されます。また、死亡された方が原爆の被災者だった場合は、葬祭料が別に支給されます（金額は亡くなった年度により異なる。2011年度は201,000円）。

葬儀にかかった費用

単位：円

	全国平均額	最高平均額（地区）	最低平均額（地区）
❶葬儀一式（葬儀本体）費用	1,222,000	1,668,000（関東A）	755,000（四国）
❷寺院費用	446,000	601,000（中部B）	308,000（北海道）
❸飲食接待費用	399,000	431,000（中部A）	103,000（近畿）

※日本消費者協会 第10回「葬儀についてのアンケート調査」報告書（2014年）をもとに作成

葬儀費用の現状と問題点

葬儀費用の問題点は単純に高いか安いかではなく、「適正な価格」なのかどうかです。
これを判断するためには情報収集が必要です。

葬儀費用の現状

●平均は189万円

葬儀に関してはさまざまな問題点が指摘されているようですが、そのひとつに「費用の問題」があります。P55で述べたように、葬儀費用の総額の全国平均は188万9千円。この値段を高いと感じるか、安いと感じるかは、その人の価値観によって異なりますが、決して安い買い物ではありません。

●費用に不満を感じる理由

「葬儀社への支払い印象別金額」（下表参照）によると、高かったと感じている人が約22％あり、その平均支払額は約212万円となっています。

葬儀の費用に不満を感じるひとつの理由は、この大きな出費を早急に決めなければならない点にもあるでしょう。死亡してから葬儀までは通常、1～2日しかありません。しかも、すぐに決めなければならないのですから。

葬儀費用の問題点

●価格が不透明

私たちがモノやサービスを購入

葬儀社への支払い印象別金額

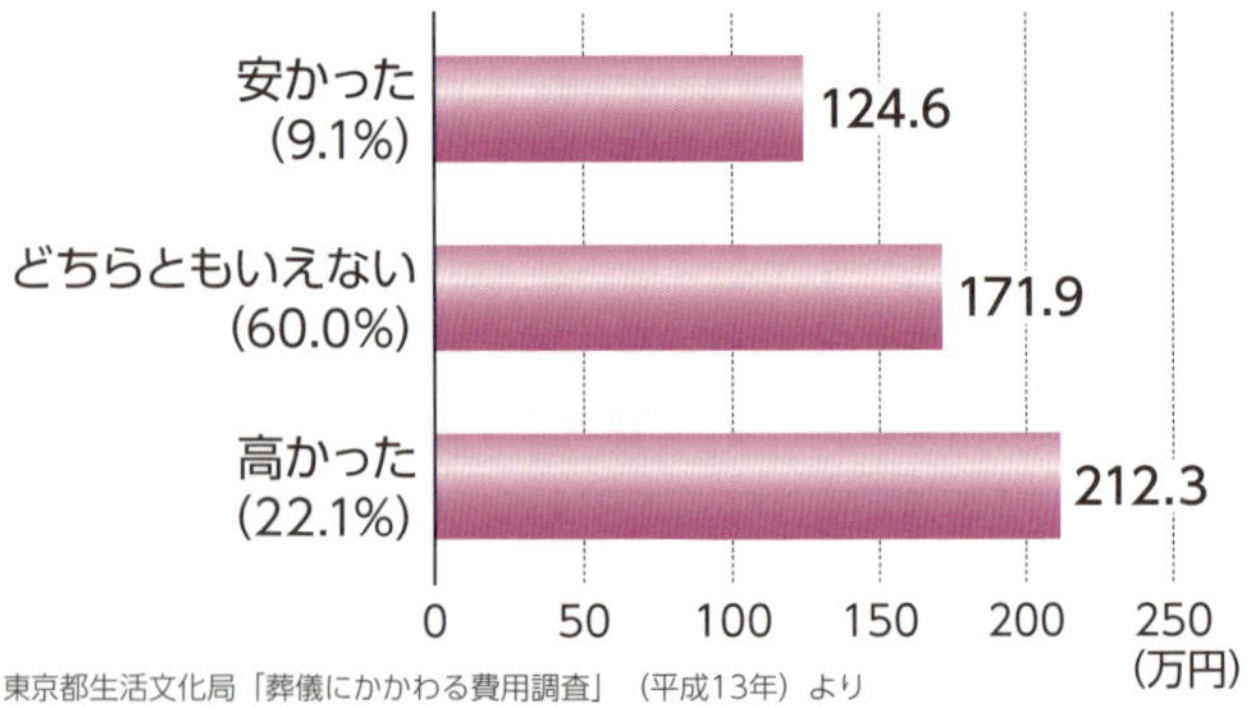

東京都生活文化局「葬儀にかかわる費用調査」（平成13年）より

葬儀にかかる主な費用（目安）

葬儀にいくらかけるかについて、特に決まりはありません。葬儀の規模、故人の希望や経済的事情によって異なります。以下に紹介する主な費用の金額は、あくまでも目安ですが、参考にしてください。

葬祭一式

仏式で葬儀を行う場合。

基本セット

祭壇料、受付設置料、人件費などが含まれます（業者によって含まれる内容が違う）。

※祭壇料は、材質や大きさで値段が大きく異なる。

合計：**30万～500万円以上**

寝棺《ねかん》（仰向けで遺体を納める棺）

費用は、棺の仕様によって千差万別です。

2万円程度（プリント合板）
5万～10万円（布張り）

遺影《いえい》

写真の大きさ、カラーか白黒、額の種類によって異なります。

5万～10万円

火葬《かそう》

東京都では、民営の場合が多く、地方では、自治体や第三セクターによる運営も多くあります。

公営：**無料 ～3万円程度**
民営：**平均4万～5万円程度**

※骨壷料、休憩室利用料などは別途。

斎場《さいじょう》（葬儀式場）

民営が多く、規模によって費用に大きな開きがあります。

5万～50万円程度

飲食接待費

会葬者や手伝ってくれた人に対する飲食代。

通夜ぶるまい：
1人2,000円～3,000円
精進落《しょうじんお》とし：
1人3,000円～1万円程度

お布施

戒名《かいみょう》、通夜、葬儀、告別式、火葬場《かそうば》、初七日法要《しょなのかほうよう》までをまとめて払います。

※戒名の位（P69参照）によって費用は大きく異なる。

お車《くるま》代、お膳料《ぜんりょう》…**各1万円程度**
合計：**約20万～80万円**

※神式、キリスト教式での、神官、牧師、神父などへのお礼は10万～20万円が目安。

香典返し

半返し（1/2）の場合と
三分返し（1/3）の場合とがあります。

1人当たり
3,000～4,000円程度の品物

※即日返しのときは、2,000円～4,000円程度の品物。

その他

親戚の旅費や宿泊費、食費などがあります。

10万～30万円程度

●**葬儀費用の合計**

全国平均　約**189**万円

※日本消費者協会 第10回「葬儀についてのアンケート調査」報告書（2014年）をもとに作成

する場合、まず、買うことによって得られる利益やサービスと支払う金額が見合っているかを考えます。しかし葬儀の場合には、そのような判断が難しいのが現状です。

次に、その価格が適正なのかどうかです。葬儀に必要な祭壇や棺は、通常は葬儀社を通して買うことになりますから、どれくらいの価値があるか、その相場がつかみづらいのが実状です。ですから、葬儀社に言われたとおりに支払ってしまうのもやむを得ません。

●追加料金の問題

ほかにも不透明さを増大させているものに、「追加料金」があります。見積もりが安いと思って依頼したら、追加やオプションなどで請求金額がふくれ上がってしまうというケースが少なくないといいます。

こうした問題が起こる原因は、「セット」に何が含まれているのかがわかりにくかったり、そもそも見積もりを出してもらっていなかったということもあるようです。

葬儀社を見つける

●事前の情報収集を

良心的な業者を見つけるためにはどうしたらいいのでしょうか。

❶事前に情報を収集し、相場観を養う

まずは、事前の情報収集が大切です。また、インターネットで情報を集めたり、実際に葬儀社の相談コーナーに行ってみるのもよいでしょう。

❷あわてて決めずに、必ず見積もりを取る

病院が紹介する業者は避けたほうが無難などといわれますが、これはちょっと乱暴な意見です。必ずしも紹介業者が信用できないわけではありません。あわててその場で決める必要はありませんし、即決を迫る業者はかえって注意が必要です。

見積もりは、できるだけ2社以上から取って、比較検討することが大切です。当然ですが、見積もりを出さないような業者は問題外です。

❸他人に相談する

相談するときには遠くの親族よりも、近所で、できれば最近葬儀を行った人。故人と年代が近いほうが無難でしょう。

項目別の葬儀費用の一例

祭　壇	210,000～2,840,000円	葬儀社・仕様によって異なる
お　棺	63,000円～	材質・仕様によって異なる
ドライアイス	8,000～10,000円／1日（10kg前後）	安置日数分
枕飾り	20,000円くらい	仕様によって異なる
遺影写真	20,000円～	仕様によって異なる
看板関係	20,000～30,000円くらい	大きさ・枚数によって異なる
受付関係	10,000～20,000円くらい	人数によって異なる
司会進行	40,000～50,000円くらい	
会葬礼状	8,000～10,000円／100枚	会葬者数によって異なる
手続き代行	10,000～30,000円くらい	
骨　壺	10,000円～	仕様によって異なる
後飾り祭壇	12,000～20,000円くらい	仕様によって異なる

東京都生活文化局「葬儀にかかわる費用等調査報告書」（平成13年度）より

葬儀費の決め方

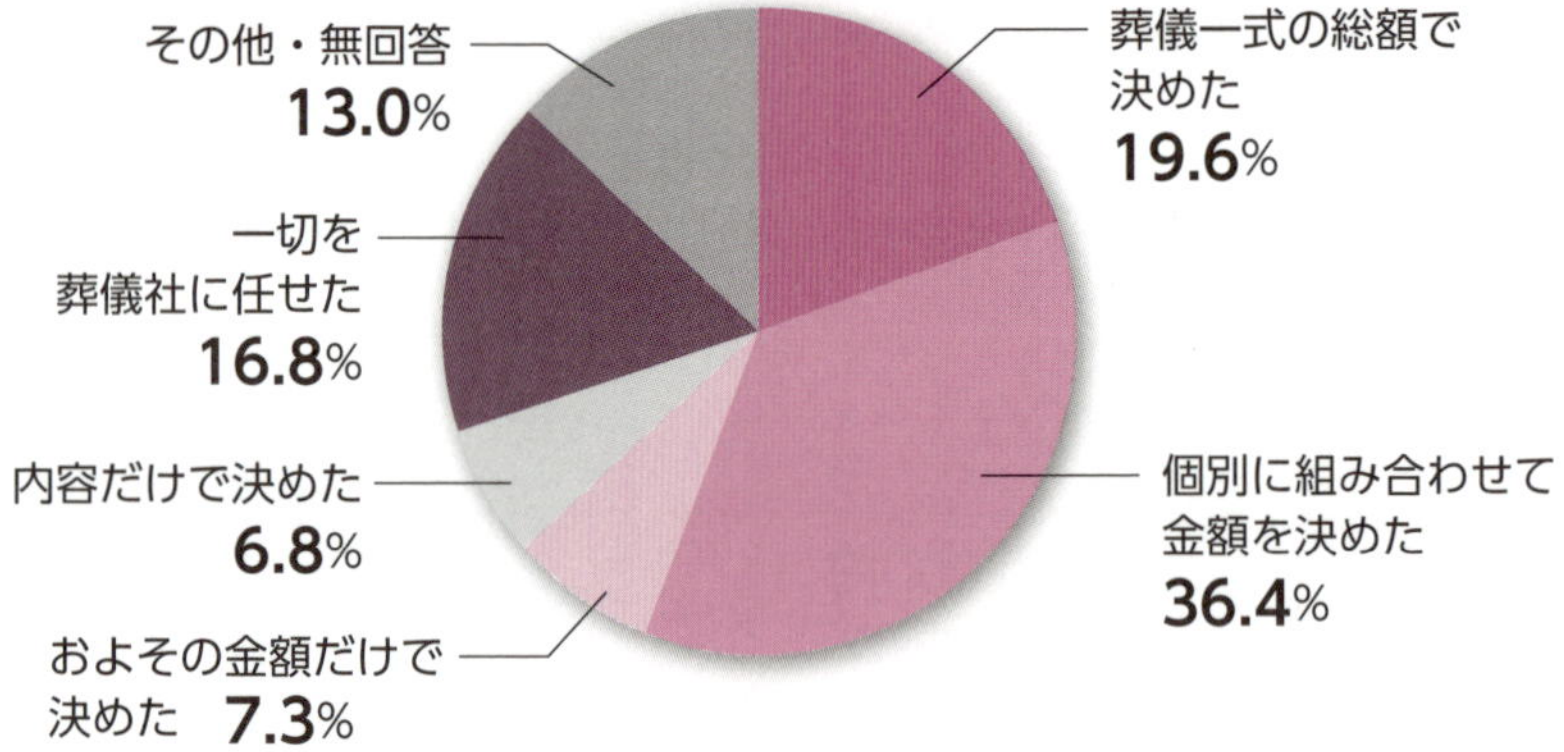

費用を決めるときの最優先要因

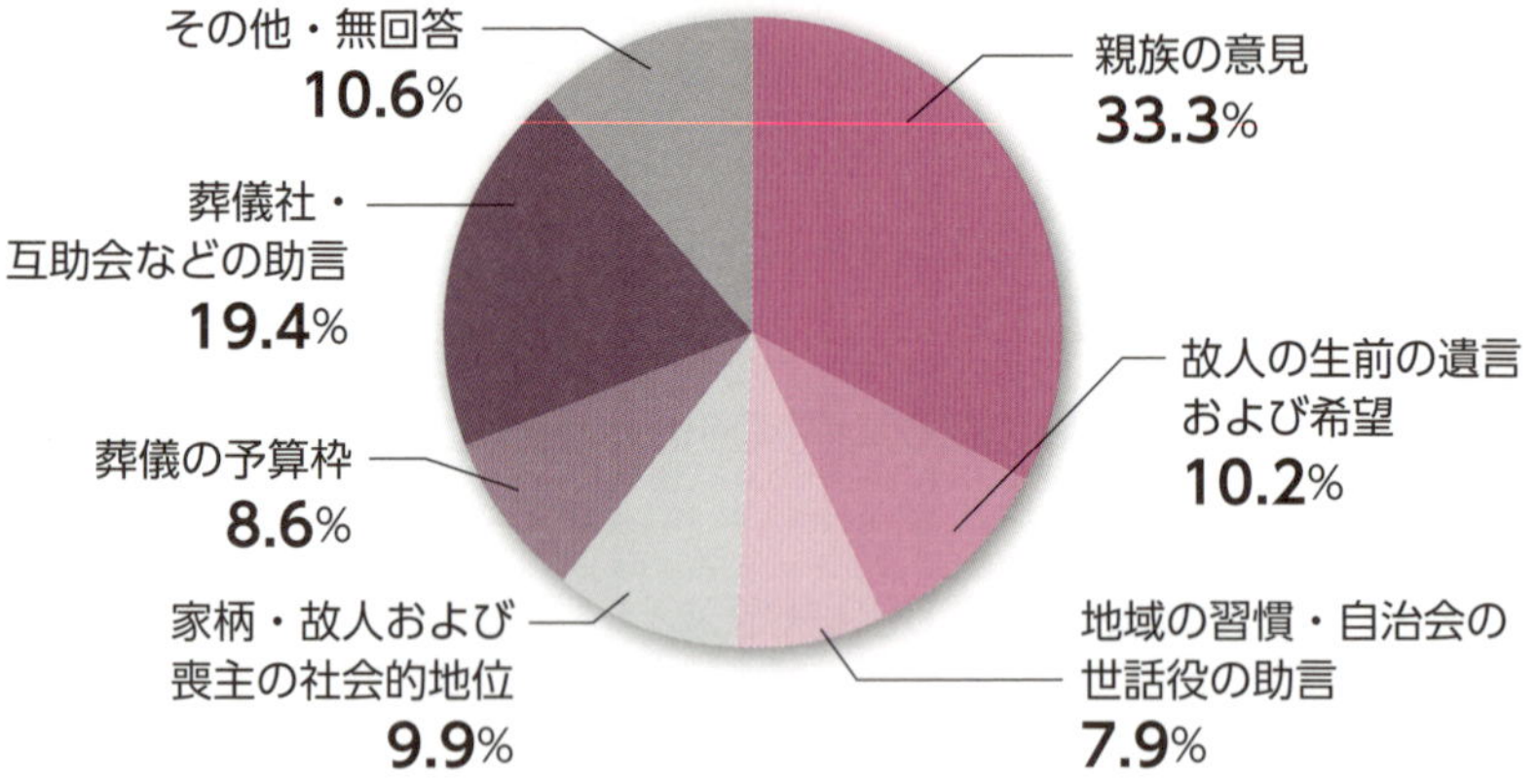

支払った金額と見積りの差

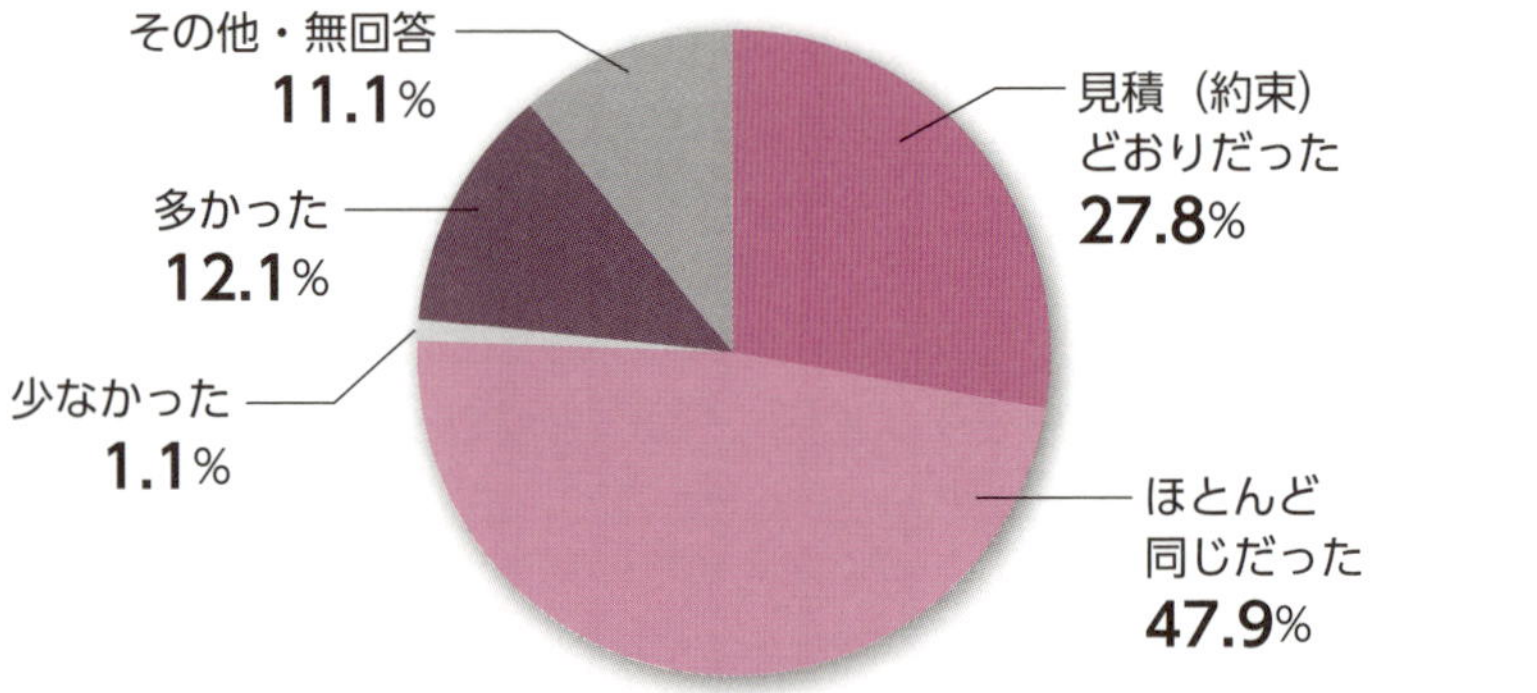

東京都生活文化局「葬儀にかかわる費用等調査報告書」（平成13年度）より

葬儀会社のさまざまな選択

葬儀を扱う業者・団体にはさまざまなスタイルがあり、それぞれに特徴があります。自分の希望に合った業者・団体を選ぶことが大切です。

葬儀専門業者

●葬儀を専門に扱う

葬儀専門業者は葬儀を専門的に扱う業者で、一般に葬儀社と呼ばれます。

葬儀社には、地元に密着した中小規模の業者もあれば、誰でも名前を知っているような全国チェーンで展開している大規模の業者もあります。

地元密着の業者であれば、その土地の風習・慣習に詳しく、地域のしきたりなどをよく知っているはずです。寺院や斎場《さいじょう》との付き合いも長いでしょうから、遺族側が慣れていない場合には、いろいろと頼りになることも多いでしょう。反面、古いしきたりなどにとらわれすぎて、遺族側の意見に耳を傾けなかったり、料金体系がシステマチックになっていない恐れもあります。近所にはその業者を利用している人が多いでしょうから、事前に評判などを調べるといいでしょう。

一方で大規模な業者は、無宗教葬や家族葬など、新しいスタイルの葬儀への対応は柔軟です。また、料金体系も明確な場合が多く、ホームページや相談窓口を設けている場合も数多くあります。まずは情報を入手してみることをおすすめします。

最近では、カード会員になると割引サービスを受けられるといった新しいシステムなども登場しています。このシステムでは、いざというときにカード会員になるのではなく、生前からカード会員になっていたほうが、料金的に割安になります。

希望する葬儀スタイルにあわせて、比較検討することをおすすめします。

互助会

●各葬儀を行う会員制の会社

互助会《ごじょかい》とは、冠婚葬祭の各儀式を経済的にとり行うことを目的にした会員制の会社で、経済産業省の認可を受けています。毎月決められた掛け金を決められた回数だけ払い込むことで、結婚式やお葬式などを行うことができます。いわば、冠婚葬祭費用を前もって積み立てておくわけです。

互助会は、全国に約350社あり、千～5千円を60～100回程度払い込むと契約していたサービスが受けられます。払込金額や回数によっていくつかのコースが用意されており、希望によって選べるようになっています。

もし満期以前に死亡した場合には、不足額を納入することで利用できます。なお、途中解約する際には手数料がかかりますので、契約条件をしっかりと確認しておきましょう。

なお、（社）全日本冠婚葬祭互助協会によると、会員制の組織として運営しているために、一般価格より3～5割ほど安くなっているといいます。

●互助会の利用方法

イザというときには、加入している互助会に連絡をすれば、打ち合わせから通夜《つや》、葬儀・告別式まで、すべてをまかせることができます。ただし、積立金でまかなえるのは、祭壇《さいだん》や棺《ひつぎ》などの「基本セット」で、それ以外の、火葬《かそう》料や骨壺《こつつぼ》代、飲食費などは別料金になるのが一般的です。また、各互助会はそれぞれ独立した組織なので、サービス内容は異なります。

葬儀の依頼先

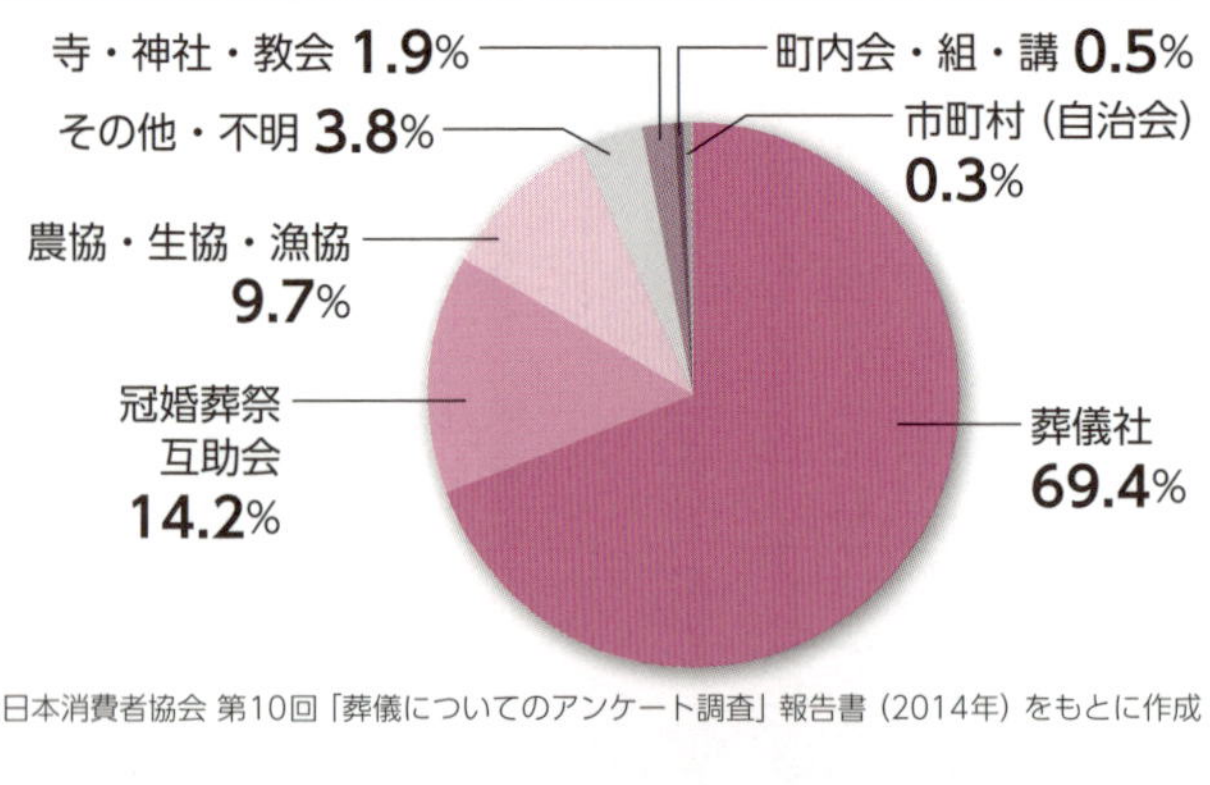

日本消費者協会が行ったアンケート調査によると、葬儀社の利用者がもっとも多く、次いで互助会、農協・生協・漁協の順になっています。

※日本消費者協会 第10回「葬儀についてのアンケート調査」報告書（2014年）をもとに作成

各組合の葬儀サービス

生活協同組合

生活協同組合（生協）の中には、組合員を対象に葬儀事業を行っているところがあります。実際の業務は、提携している葬儀社や互助会が行うことがほとんどですが、一般よりも2～3割ほど安くできるところが多いようです。

一番の特徴は料金設定がわかりやすいことです。たとえば神奈川県内の20か所の生協が共同出資して設立した「コープ総合葬祭」では、明瞭な料金体系を作っています。

料金は「基準内料金」、「追加料金」、「別途料金」、「関連費用」、「その他の費用」に分けられていて、それぞれに何が含まれていていくらなのかが、ひと目でわかるように工夫されています。

ホームページもよくできていて、コースとランクを選択してクリックするだけで、使用する祭壇の写真が表れるため、とてもわかりやすくなっています。なお、生協の葬儀サービスは組合員でなければ利用できません。

また最近では、葬儀に対するニーズも多様化しており、無宗教葬や新しいスタイルの葬儀を希望する組合員が増えています。こうした希望に対応するために、生協でもさまざまなスタイルの葬儀が行えるようになっています。たとえば神奈川県のコープ総合葬祭「ゆきげ」では、散骨希望者に実績のある業者を紹介しています。

※コープ総合葬祭「ゆきげ」
http://www.yukige.co.jp

農業協同組合

農業協同組合（JA）でも葬儀サービスを行っています。ただし、取り扱い方は、葬儀社を紹介するのみ、提携している葬儀社に委託する、自社で請け負うなど、各JAによって異なります。また、基本的には組合員が対象ですが、組合員以外でも利用できるところもあるようです。

葬祭ディレクターとは？

いい葬儀社を選ぶ際の目安のひとつが「葬祭ディレクター」がいるかどうかです。

葬祭ディレクターには1級と2級があり、2級は個人葬、1級は社葬までプランニングできる知識と技能を備えています。

各地のＪＡの中には、さまざまな葬儀関連サービスを打ち出しているところがあります。

そのひとつ、東京城西地区の「ＪＡ東京中央セレモニーセンター」では、故人の生前の希望にあわせて「シンプル葬」（火葬のみ）や「ファミリア葬」（家族葬）、「ハーモニー葬」（祭壇を作らない）などの、新しいスタイルにも対応しています。さらに、「ふれあい倶楽部」の会員（入会金１万円、会費無料）になれば、葬儀料金が割引になるほか、葬儀前の事前相談、葬儀後の諸手続や法要《ほうよう》についてのアドバイスなどが受けられます。

※ＪＡ東京中央セレモニーセンター
http://www.ja-tokyo.co.jp/

リーズナブルな自治体の葬儀サービス「区民葬・市民葬」

区民葬・市民葬は、半数以上の自治体が、福祉サービスの一環として安価な「葬儀サービス」を提供しているもの。各市区と葬儀事業社が取扱い契約を結んで「葬具・葬送」の統一価格を設定しています。このほかに霊柩車、火葬等のオプション料金がかかりますが、民間の葬儀社に依頼するよりはだいぶ安くなります（葬儀自体は協力業者が行います）。

たとえば東京23区の区民葬儀の場合、葬儀料金（下表参照）には、祭壇一式、棺、表示紙、ろうそく・線香、抹香・香炭まで含まれていますから、これだけで最低限の葬儀が営めるわけです。

もっとも安いプランを選ぶと、総額で16万円ほど。また、健康保険から葬祭費の支給もありますから、葬儀費用をさらに抑えることは可能です。ただし、居住者しか利用できませんので、まず市区町村の役場に葬儀サービスを行っているかどうかを確認しましょう。

東京都23区・区民葬儀料金

❶ 葬祭料金

A（金襴４段飾り）	236,000円
B（白布３段飾り）	124,000円
C（白布２段飾り）	91,000円

❷ 霊柩運送料金（10〜30km）

宮型指定車	30,250〜41,250円
普通霊柩車	14,160〜21,360円

❸ 火葬料金（非課税）

大人	53,100円
小人	29,000円

❹ 遺骨収納容器代

大人用	（2号一式）	10,900円
	（3号一式）	9,800円
小人用	（6号一式）	2,300円

死後すぐに行う法的手続き

死亡診断書・死亡届、死体火葬許可申請書、死体火葬許可証、死体埋葬許可証は、葬儀には必要不可欠。手続きは死後すみやかに行いましょう。

死後すぐに行う書類手続きの流れ

❶ 医師から死亡診断書を受け取る

▼ 複数必要となるのでコピーをとっておく
▼
▼

❷ 死亡届・死亡診断書＋死体火葬許可申請書を役所に提出

▼ 死体火葬許可証を受け取る
▼
▼

❸ 死体火葬許可証を火葬場に提出

▼ 死体埋葬許可証の受け取り
▼
▼

❹ 死体埋葬許可証を墓地に提出

死亡届

死亡届は死後7日以内に提出する。また、死亡届を提出しないと火葬許可証が交付されないので注意。

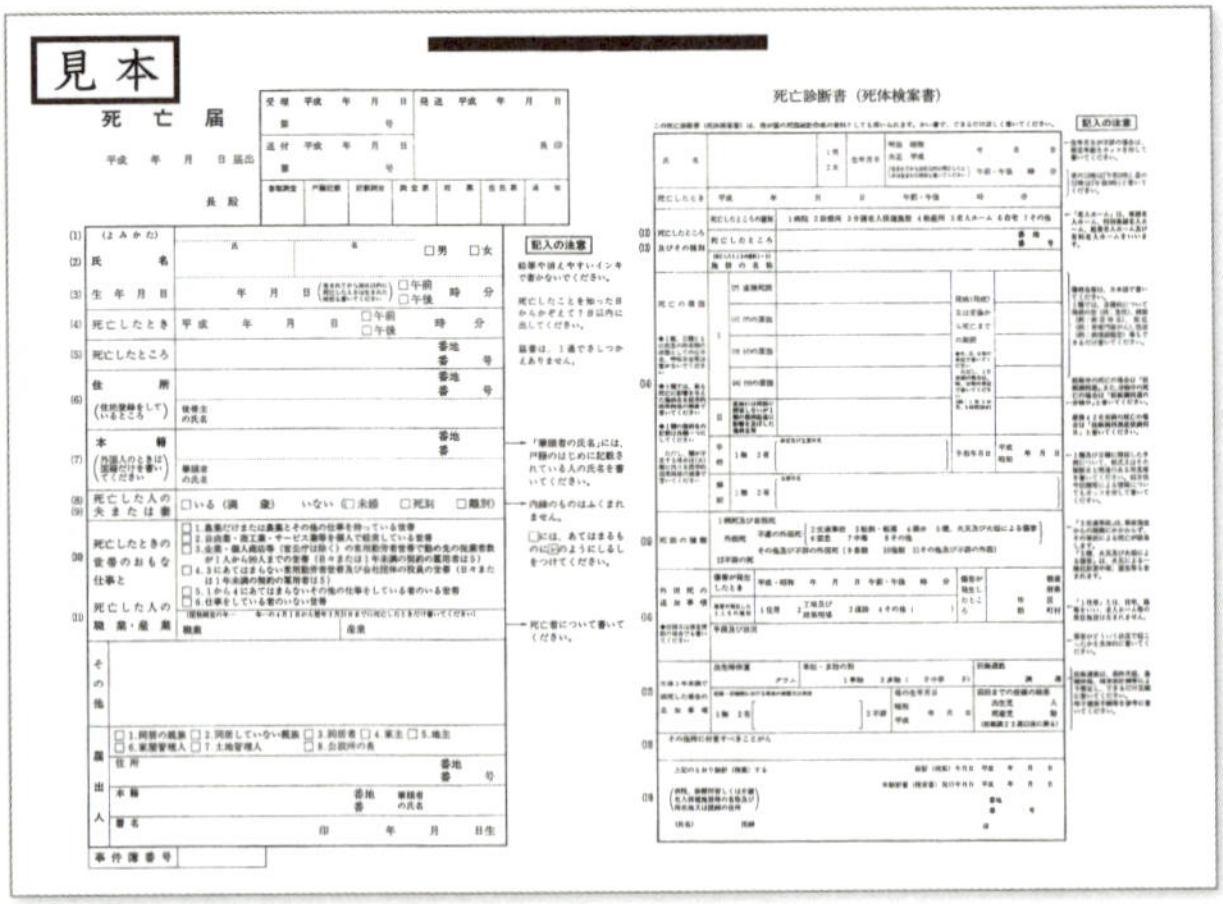

火葬許可証

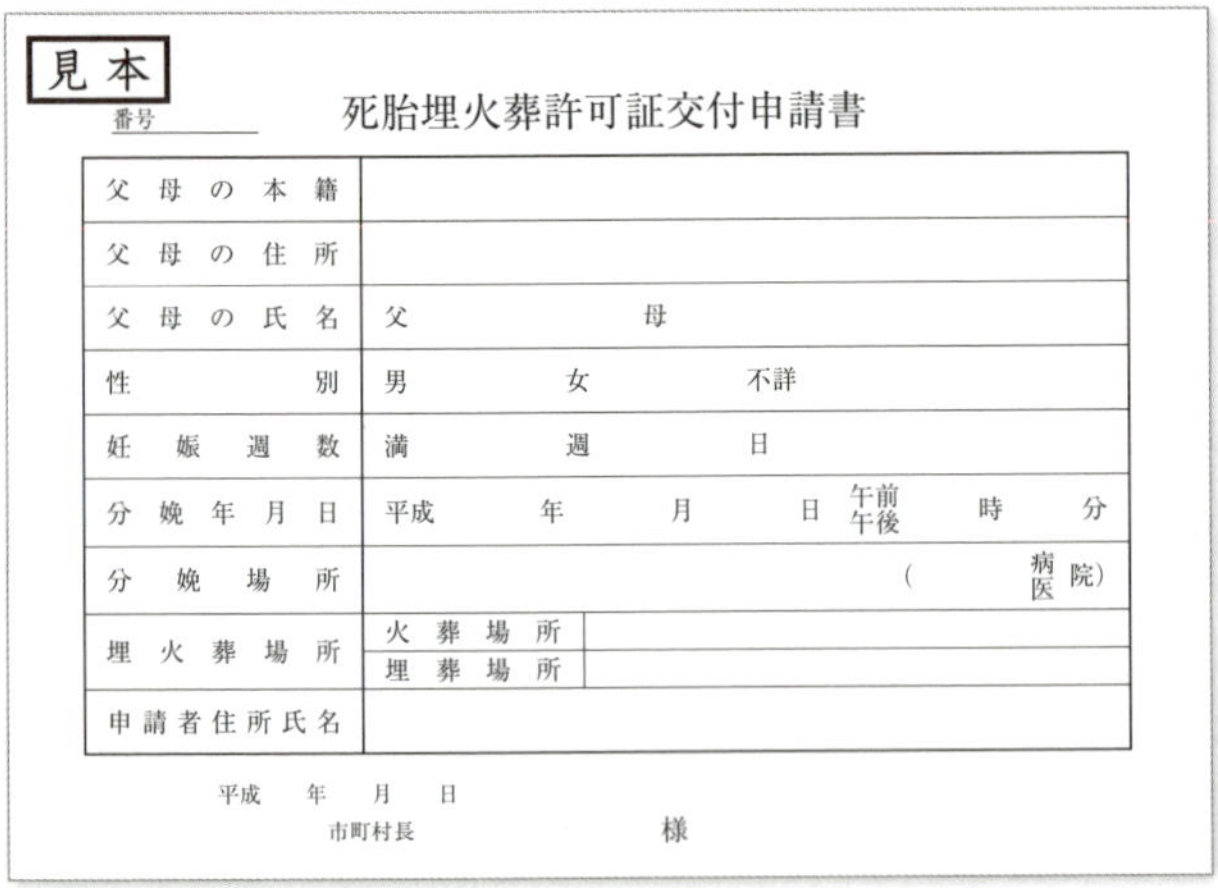

見本

番号

死胎埋火葬許可証交付申請書

父母の本籍		
父母の住所		
父母の氏名	父　　母	
性別	男　　女　　不詳	
妊娠週数	満　　週　　日	
分娩年月日	平成　　年　　月　　日　午前 午後　　時　　分	
分娩場所	（　　病 医 院）	
埋火葬場所	火葬場所	
	埋葬場所	
申請者住所氏名		

平成　　年　　月　　日

市町村長　　　　　様

死亡届

●死亡診断書を添えて

「死亡届」は死後7日以内に提出しなければなりません。ただし、現実的には死後、なるべくすみやかに提出する必要があります。というのは、死亡届を提出しないと火葬に必要な「死体火葬《かそう》許可証」が交付されないからです。つまり、死亡届を提出しなければ葬儀が始まらないということです。

死亡届には、必ず「死亡診断書」か「死体検案書」を添えて提出しなければなりません。通常は、死亡届と死亡診断書は1枚の用紙になっていて、市区町村役場や大きな病院に備え付けられています。臨終《りんじゅう》に立ち会った医師に書いてもらいます。

●代理人提出もOK

死亡届の提出先は、死亡した場所、故人の本籍地、届出人の住所地、のいずれの役所でもかまいません。また、急を要することから、

３６５日24時間、いつでも受け付けてくれます。

届出人は、❶故人と同居の親族❷同居していない親族❸同居者……のように決められています。ただし、友人や葬儀社が代わって提出してもかまいません。この場合、届出人の印鑑が必要です。

死体火葬許可証

●届け出はもれのないように

「死体火葬許可証」は火葬に必要な書類です。死亡届を提出するときに「死体火葬許可申請書」を提出すると、その場で交付してくれますので忘れずに受け取りましょう。

死体火葬許可証は火葬の際に火葬場に提出すると、その場で必要事項を記入して返してくれます。

これがそのまま「死体埋葬《まいそう》許可証」になります。埋葬許可証は、文字通り、死体の埋葬、つまり納骨《のうこつ》のときに必要な書類です。

このように、死後に必要な書類の届け出・受け取りはひとつの流れになっています。どれかひとつが抜けても手続きはできません。

火葬は死後24時間以内には行うことができない

故人が早朝に死亡した場合などは、当日に通夜、翌日に葬儀・告別式を行うことがあります。ただし、火葬あるいは埋葬は、死後24時間以内にはできないことになっています（墓地、埋葬等に関する法律）。

これは、過去に火葬の直前に蘇生《そせい》した人がいるからだというような話もありますが、定かではありません。なお、指定感染症の場合は例外で、病院で簡単な通夜をすませた後、ただちに火葬されます。

こんな時どうする？

旅行先などで死亡したら？

日本中どこで死亡しても、届け出は、死亡地、故人の本籍地、届出人の住所地のいずれでも行うことができます。死亡地が遠隔地の場合、遺体のまま搬送するのは手間も費用もかかるため、現地で火葬し、遺骨《いこつ》を持ち帰って葬儀・告別式を行うことが多いようです。

この場合には、現地で死亡届を提出して火葬許可証を受け取り、火葬することになります。

なお、故人の戸籍謄本《こせきとうほん》がすぐにほしい場合などは、本籍地で届け出をしたほうが確実です。

戒名をつける

仏式の葬儀の場合、戒名はほぼまちがいなく必要とされます。戒名にはランクがあり、それによってお布施の金額も異なるのが実情のようです。

戒名

●いつ、どうやって受けるか

「戒名《かいみょう》」とは仏の弟子としての名前のこと。つまり、出家して僧侶になったときにいただく「僧名《そうみょう》」にあたります。仏式の葬儀では通常は必ず受けることになっています。なお、宗派によって呼び方は異なり、浄土真宗《じょうどしんしゅう》では「法名《ほうみょう》」、日蓮宗では「法号《ほうごう》」といいます。

戒名は、本来は生前に受けるものでしたが、現在では亡くなってすぐに菩提寺《ぼだいじ》の僧侶にお願いしておき、遺体を自宅に安置したときに行われる「枕づとめ（P71参照）」の際にいただくようになっています。あるいは通夜《つや》の読経《どきょう》後に依頼します。

●戒名を受けないケース

故人の希望や経済的な理由で戒名を受けないこともできなくはありません。ただし、この場合には納骨をするときに菩提寺から拒否されることもあるでしょう。故人がどうしても戒名をつけたくないというのであれば、菩提寺に相談してみるしかありません。

最近では、本家以外で菩提寺を持たない家庭も増えています。こうした家庭では、いちおう仏式ではあるものの、俗名《ぞくみょう》で葬儀を行い、特定の宗派に属さない公園墓地などに埋葬するというケースも増えているようです。

戒名の位

●戒名の構成とランク

戒名は次ページの図のような構成になっています。「頭文字」は新しい死者の意味で初七日《しょなのか》を過ぎると削除されます。「院号《いんごう》」「院殿《いんでん》号《ごう》」は、社会的貢献度の高い人につけられる尊称《そんしょう》です。「法号《ほうごう》」は「道号《どうごう》」と本来の「戒名」からなります。通常は4文字で、故人の俗名（本名）の1文字、自然に関する文字や故人の生前がしのばれるような文字が組み込まれます。「位号《いごう》」はいわゆる「位《くらい》」を表します。

戒名には位（ランク）がありますが、これは故人の信仰の深さや社会的な地位、貢献度などによって決まるもの。決してお金で買うものではありません。ですから戒名に対して支払うお金は、「戒名料」ではなく「お布施《ふせ》」ということになります。

ただし、現実的にはランクによって必要なお布施の額は異なります。どの程度のランクにすればいいのかといった点は、戒名をつけるときに、僧侶と相談してみましょう。

仏式以外の場合

神式の葬儀では戒名ではなく、霊《れい》璽《じ》（仏式の位牌《いはい》にあたる）などに「○○（姓名）～之霊」という「霊号《れいごう》」を記します。

また、キリスト教式には戒名に相当するものはありませんが、故人が洗礼を受けていれば墓標に洗礼名を刻みます。

生前戒名とは

仏教の戒めを守る誓いをすることで、比較的低料金で、提携の寺院から生前に戒名を授けられます。（参照：生前戒名普及会 http://kaimyo.net/）

戒名の構成

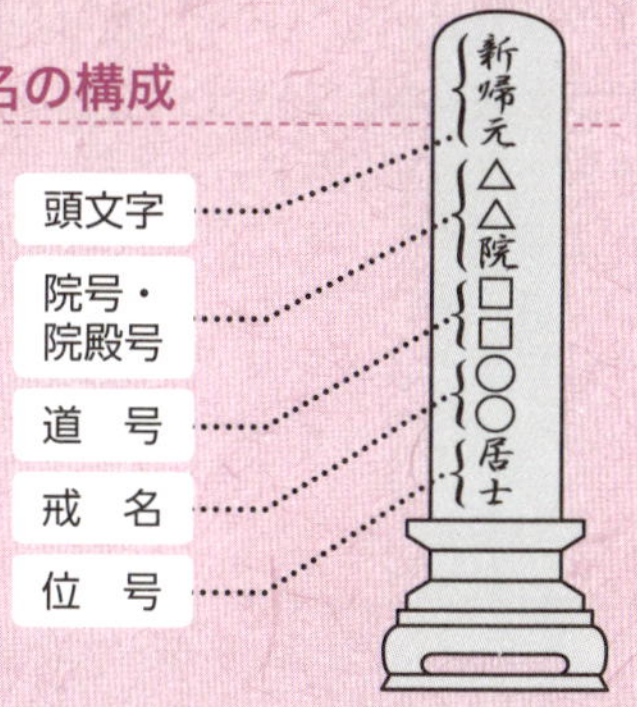

戒名のランクとお布施の料金（一例）

男　性	女　性	対　象	金　額
○○○○信士《しんじ》	○○○○信女《しんにょ》	出家せずに仏道を収めた人	30万円
○○○○居士《こじ》	○○○○大姉《たいし》	四徳を備えた特に信心深い人	50万円
●○院○○○○居士	○○院○○○○大姉	さらに高い位	100万円
●○院殿《いんでん》○○○○大居士	○○院殿○○○○清大姉	最上級の位	500万円以上

遺体の安置と枕飾り

納棺までの間、遺体は自宅などに安置しておきます。この際、北枕にしたり、掛け布団を逆さまに掛けるほか、枕飾り、枕づとめなどのしきたりがあります。

遺体の安置・枕飾り

●納棺までの安置方法

病院から搬送した遺体は、すぐには納棺《のうかん》せずに安置しておきますが、このときにも注意しなければならないことがあります。

まず、布団は遺体が温まらないようになるべく薄いものを使用し、掛け布団は上下逆さまに掛けるのが一般的です。そして、頭を北の方角に向けて寝かせます。

顔には白い布をかけ、両手首に数珠《じゅず》をかけて胸で合掌《がっしょう》させます。掛け布団の上には紋服《もんぷく》を上下逆さまに掛け、その上に包丁などの刃物を、刃先を足元の方向に向けて置きます。これは「守《まも》り刀《がたな》」という風習で魔除けの意味があります。ただし浄土真宗《じょうどしんしゅう》では行われません。

北枕の起源

遺体を北枕にするのは、お釈迦様《しゃかさま》が亡くなったときに頭を北に、顔を西に向けていたからです。とはいえ、部屋の状況で頭を北向きにできないときには、西向きでもかまいません。

当然ですが、キリスト教式など他の宗教では、用いません。

遺体の安置

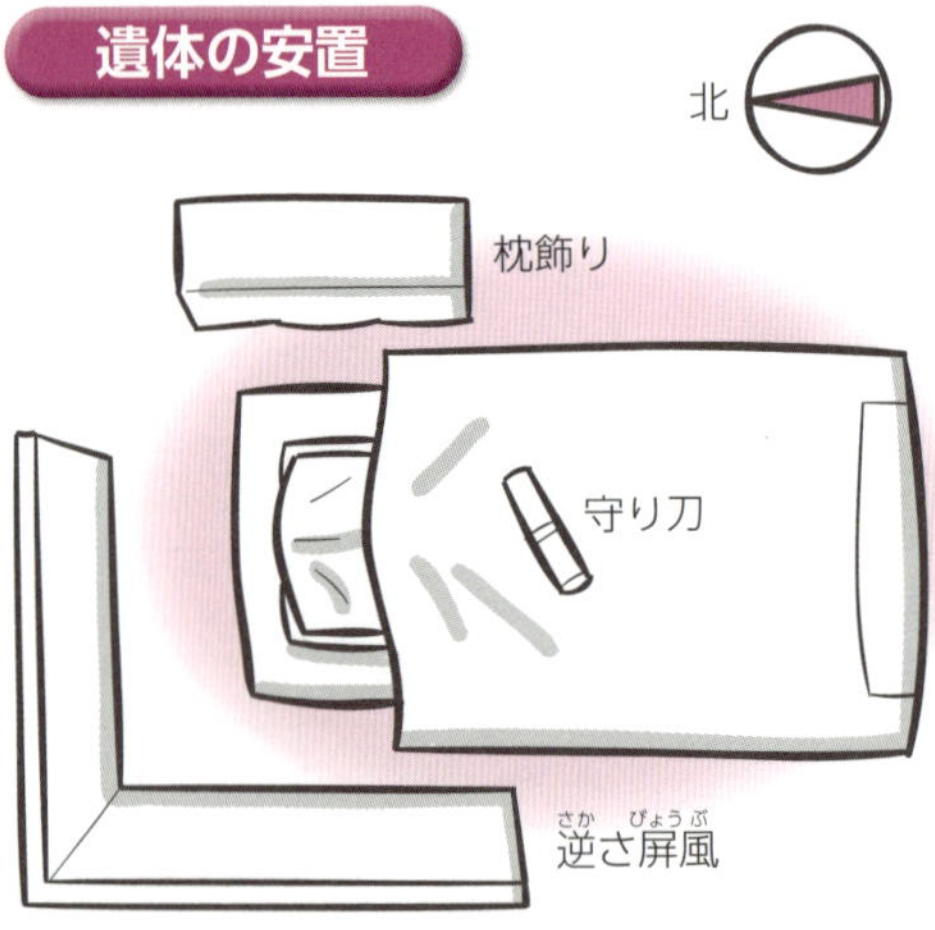

枕飾りのしきたり

遺体の枕元に置く飾りを「枕飾《まくらかざ》り」といいます。仏教では、白木《しらき》の台や小さな机に白い布をかけ、「香炉《こうろ》」、「燭台《しょくだい》」、「花立て」の「三《みつ》具足《ぐそく》」を置きます。

このほかには、鈴《りん》、水を入れた茶わん、枕団子などを飾り、花立てには樒《しきみ》を1本差します。香炉には線香を、燭台にはろうそくを立てますが、これは「不断香《ふだんこう》」と呼ばれるもので、決して絶やしてはいけません。

枕飾りが整ったら僧侶を迎えて読経《どきょう》をしていただきます。これが「枕づとめ」です。

湯灌などはなるべく早く

死後2～3時間たつと死後硬直《しごこうちょく》が始まります。通常、あごや首筋から始まり、半日ほどで全身が硬直してしまいます。

完全に硬直してしまうと遺体の処置がしにくいので、湯灌《ゆかん》などはなるべく早くすませましょう。

掛け布団を逆さまにする理由とは？

掛け布団を上下逆さまに掛けるなど、通夜《つや》や葬儀では、日常とは逆にするしきたりがいくつかあります。これには、「死」を「日常のことではない」とする意味が込められているといいます。掛け布団以外にも、死装束《しにしょうぞく》を左前にしたり、足袋を左右逆にはかせたりします。

また、最近では少なくなりましたが、枕元に屏風を逆さにして立てるという習わしもありました。

こんな時どうする？

神式、キリスト教式の遺体の安置方法は？

〈神式の場合〉

白い布で顔を覆い、守り刀を置くなどは仏式と同じ。北枕か西枕にします。枕飾りをしたら、神官を招いて「枕直しの儀」を行うのが正式ですが、最近は身内で拝礼《はいれい》をする程度ですませることも多いようです。

〈キリスト教式の場合〉

顔に白い布をかぶせるのはほかの宗教と同じです。枕飾りに特に決まりはありませんが、十字架《じゅうじか》、燭台、聖書などを置くのが一般的です。

死装束《しにしょうぞく》

仏式では、遺体を安置する前に死装束を着せる（しきたりは宗派によって異なる）。白い木綿でできた経帷子にはお経が記され、近親者が縫い上げたものを遺体に左前に着せる。手足に手甲脚絆をつけ、白足袋とわらじを左右逆にはかせ、六文銭（三途《さんず》の川の渡し賃）の入ったずだ袋を首から下げて、手に数珠を持たせるのが一般的。今日では簡略化されることが多い。

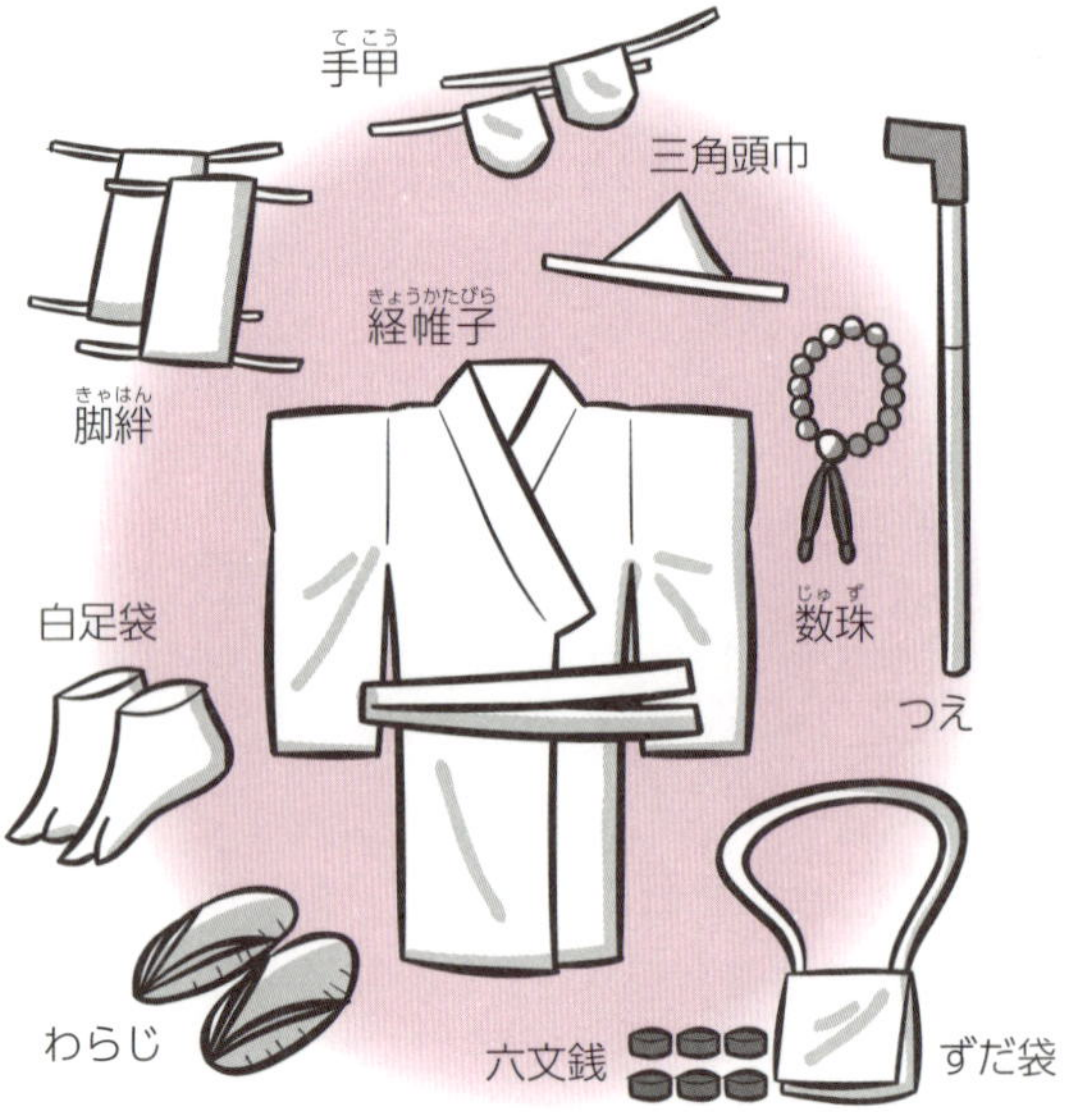

枕飾り

仏式

キリスト教式

神式

遺体の枕元に置く枕飾りは、宗教・宗派によって異なる。

納棺と通夜の準備

故人の供養のためにも、納棺はできるだけ遺族も手を添えるようにしましょう。このほかにも、通夜の前にやっておくことはたくさんあります。

納棺

●家族も手を添えて

枕づとめの後、通夜《つや》の前に遺体を棺《ひつぎ》に納めます。棺の底に白い布団（真菰《まこも》や一重ぶすまなど）を敷き、頭の部分には枕を置いて、遺体を納めます。

納棺《のうかん》は、本来は家族や親戚、近所の人々の手で行われていましたが、遺体が硬直していることもあって思っている以上に難しいものです。そのため、葬儀社にまかせることも多いようですが、故人の供養《くよう》のためにも、できるだけ遺族が手を添えるようにしましょう。

●出棺までは釘打ちをしない

遺体を棺に納めたら、周囲に生花を飾ります。空いているスペースには、故人の愛用品やタバコなどを入れてもかまいません。ただし、火葬《かそう》の際に燃えにくい眼鏡や指輪などは入れないようにします。これらは火葬後、骨壺《こつつぼ》に入れます。

納棺がすんだら、棺にふたをして（出棺までは、間違っても釘打《くぎう》ちをしてはいけません）、棺掛けなどを掛けて祭壇に安置します。

通夜・葬儀を斎場《さいじょう》などで行う場合には、この後に搬送します。

通夜の準備

●家弔問客を迎える準備を

通夜を斎場などで行う場合にはもちろんですが、自宅で行う場合にも、式場の設営や祭壇の飾り付けなどは主に葬儀社で行ってもらえます。喪主《もしゅ》や遺族は、世話役に協力してもらいながら、弔問客《ちょうもんきゃく》を迎える準備を整えましょう。

取り急ぎ、遺族がやらなくてはならないことには「喪服《もふく》の準備」、「遺影《いえい》の手配」、「返礼品《へんれいひん》・会葬礼状の準備」などがあります。

通夜前に訪れた弔問客への対応

特に親しかった人などが通夜の前に弔問に訪れることがあります。このような場合には、準備が整っていなくても招き入れて故人と対面してもらいましょう。茶菓《さか》などの準備ができていなくても、決して失礼にはなりません。

棺の種類は7000円程度から1000万円超まで多種多様

棺には素材や装飾によってさまざまなランクがあります。もっとも一般的なものが、木枠の骨組みにキリやケヤキの合板を張り付けたものです。ベニヤ合板やダンボール製のものや、合板の上にクロスを張り付けたものもあるようです。

この上のランクになると、ヒノキ、ヒバ、モミ、スギなどのムク材で作られ、彫刻が施されることも多くなります。さらにランクを上げると、輪島塗などの漆塗の棺、総鎌倉彫りの装飾が施されたもの、内外装に金箔をあしらったものなど、豪華なものがあります。

もちろん、値段もランクに応じてさまざまです。標準的なものでは10～20万円前後ですが、高いものでは1000万円を超えるものまであるようです。

仮通夜は遺族や親族だけでささやかに

死亡した時間が遅いために通夜を翌日に行い、当日は遺族や親族などだけでささやかな通夜を営むことがあります。これが「仮通夜《かりつや》」です。仮通夜に対して、翌日行う通夜が「本《ほん》通夜」です。

仮通夜でも僧侶を呼んで読経《どきょう》してもらうのが本来の形式ですが、最近は省略されることも多いようです。

こんな時どうする?

遺影写真はどうすればいいの?

遺影写真はほとんどの葬儀社で引き伸ばしてくれます。素材はフィルムがベストですが、プリントした写真でもＯＫです。以前は白黒が普通でしたが、最近はカラーが主流です。

遺影写真を選ぶときのポイントは、❶なるべく最近写したもの ❷正面を向いているもの ❸顔がはっきりと写っているもの ❹あまりかしこまっておらず微笑んでいるような自然な表情のもの、などです。背景を消したり服装を替えることもできますが、通夜が始まるまでに用意するために、できるだけ早く依頼しましょう。

遺族の喪服

遺族の喪服は通夜が始まるまでに準備しておかなければなりません。喪服を持っていない場合には、なるべく早めに葬儀社に依頼しておきましょう。

喪服の準備

●通夜が始まる前に

遺族は、通夜や葬儀・告別式を通して喪服《もふく》を着用します。かつては喪服を着るのは葬儀・告別式だけでしたが、最近は通夜《つや》が告別式の色合いを強めており、弔問客《ちょうもんきゃく》も喪服で訪れるため、通夜から喪服を着ることが多くなりました。

喪服は本通夜が始まるまでに準備しなければなりませんが、それまでの間も紺やグレーなどの地味な色の服に着替え、結婚指輪以外の装飾品ははずします。

●喪服の基本

遺族の喪服は、かつては和装《わそう》が一般的でしたが、最近は洋装で臨むことが多くなっているようです。

洋装の場合、男性はブラックスーツが基本です。ダブルでもシングルでもかまいません。喪主《もしゅ》や遺族代表でなければ、通夜は濃紺やグレーのスーツでも許されます。

女性は、黒のフォーマルドレスであれば、スーツでもワンピースでもかまいません。ただし、袖《そで》は夏でも長めのものに。男女とも靴は黒のシンプルなデザインのものをはき、光るものは避けます。子どもは制服があれば制服を、なければ地味な色合いの服にします。

喪服にふさわしい装いを

女性の化粧はなるべく薄目に、アイシャドー、濃い口紅やマニキュアなどは避けます。そして結婚指輪以外のアクセサリーはすべてはずします。真珠《しんじゅ》のネックレスは例外で、二連のものは不幸が「重なる」に通じますので、必ず一連のものに。男性も髭《ひげ》を剃《そ》り、髪を整えます。

喪主、遺族、親戚は喪章《もしょう》をつけます。腕章は左腕に、花形喪章は左の胸につけます。

※喪服のマナーはP16〜19でも紹介しています。

喪服の組み合わせ方

女性の場合

喪主《もしゅ》や世話役をつとめる場合には和装にすることが多いようです。なお、和装と洋装に格の差はありません。

女性の喪服（洋装）

女性の喪服（和装）

男性の場合

正式礼装を着用するのは、葬儀当日の喪主、遺族、近親者、葬儀委員長などです。最近では、遺族でも略礼装となるブラックスーツを着るケースが増えています。

男性の喪服
（洋装・モーニングコート）

男性の喪服
（洋装・ブラックスーツ）

男性の喪服（和装）

こんな時どうする?

喪服がないときにはどうすればいいの?

弔事《ちょうじ》はいつも急なもの。特に若い人は喪服を持っていないこともあります。このようなときには貸衣装を利用します。貸衣装は、貸衣装店や美容室などで扱っていますが、もっとも便利なのは葬儀を頼んだ葬儀社から借りることです。

貸衣装を依頼するときには、必要な数、サイズ、必要な小物などをまとめて依頼します。遠方からやってくる親戚のなかにも必要な人がいるかもしれませんので、事前に確認しておきましょう。

返礼品・会葬礼状

通夜や葬儀・告別式で弔問客・会葬者に渡す「返礼品」と「会葬礼状」は葬儀社に依頼。予想される人数より多めに依頼しておきましょう。

通夜返礼品・会葬礼状

●返礼品は葬儀社に手配

通夜《つや》に来てくれた弔問客《ちょうもんきゃく》には、通夜後に食べ物やお酒をふるまいます。これが「通夜ぶるまい」（P84参照）です。ところが、人によっては通夜ぶるまいに出られないことがあります。このようなときには「通夜返礼品《へんれいひん》」を渡すのが礼儀です。いうまでもないことですが、通夜返礼品は通夜が始まる前までに準備しておかなければなりません。

返礼品の手配はすべて葬儀社が行ってくれます。自らが選びたいという人もいるかもしれませんが、なにしろ忙しいわけですから、葬儀社にまかせましょう。品物は、かつてはお茶、砂糖、お酒が定番でしたが、最近ではブランドもののハンカチ、ボールペン、商品券などと多様化しています。金額はおおむね千円程度です。

●会葬礼状は通夜前に準備を

本来は葬儀・告別式の後に郵送すべきものですが、最近では、通夜だけに出席する弔問客が多くなったため、通夜で手渡すことがあります。これも通夜の前に準備しなければならないので、早めに葬儀社に手配しておきましょう。なお、通夜で手渡す場合には「会葬御礼」ではなく「御弔問御礼」とするのが正式です。

通夜返礼品のしきたり

本来は「通夜返礼品」は「葬儀の会葬御礼」とは違う品を渡していました。

ところが最近では、通夜だけに訪れる人が増えたため、通夜も葬儀・告別式も同じ返礼品を、しかも弔問客・会葬者全員に渡すことが多くなっています。

会葬礼状の文例

亡父○○の葬儀ならびに告別式に際しましては、
ご多忙中にもかかわらず貴重なお時間を割いてご会葬を賜り、
まことにありがたく御礼申し上げます。
なにぶんにも取り込み中のこととて
不行き届きの点も多々ありましたことと存じますが、
何とぞご寛容のほど、お願い申し上げます。
さっそく拝顔の上、御礼を申し上げるべきところ、
とりあえず書中をもってご挨拶申し上げます。

平成○年○月○日

東京都○○区○○町○―○○
喪主　○○○○
外　親戚一同

会葬礼状に句読点は必要？

文例集などを見ると、句読点《くとうてん》をつけない会葬礼状が多く見られます。これは、毛筆で書いていた時代の名残ではないかといわれています。現代のように活字で印刷する場合には、句読点をつけたほうが読みやすいでしょう。

礼状を直接手渡しする場合のマナー

通夜や葬儀のときに弔問客に礼状を直接、手渡す場合には、清めの塩やハンカチなどとセットにするのが一般的です。これも葬儀社に手配を依頼します。

その際は、途中で足りなくならないように弔問客の予想人数よりも多めに準備しておきましょう。

通夜（自宅葬の場合）

通夜まではあまり時間がありません。世話役はそれぞれの分担に従って、葬儀社の担当者とも連携しながら、要領よく仕事を進めましょう。

内まわりの準備

●安置場所の準備

自宅葬でまず初めにするべきことは、遺体を安置する部屋と祭壇を置く部屋を決めることです。遺体はできるだけ奥まった部屋が、祭壇は玄関に近くて、なるべく広い部屋が適しています。ふすまや障子を取り外してできるだけ広く使えるようにしましょう。適した部屋がない場合には、祭壇は入口から見通せる場所に飾り、焼香《しょうこう》は玄関や廊下で行います。必ず用意するのが僧侶の控え室です。部屋数が足りない場合には、隣近所に借りるという方法もあります。

●通夜《つや》ぶるまいの部屋の準備

通夜ぶるまいのための広い部屋が必要です。用意できない場合には、庭などにテントを張ってイスとテーブルを設置しますが、これは葬儀社にまかせます。

●その他

使用する部屋が決まったら、移動できる家具類は使わない部屋に移すか、隣近所にお願いして預かってもらいましょう。移動できないものは鯨幕《くじらまく》（黒白の幕）で覆って隠し、絵画や装飾品なども半紙で目隠しをします。

忘れてはいけないのは「神棚封《かみだなふう》じ」。神道では死は不浄なこととされているため、死亡と同時に神棚の扉を閉め、正面に白い半紙を貼って神棚を封じるのです。四十《しじゅう》九日《くにち》までそのままにします。

外まわりの準備

●玄関まわりの準備

一戸建て住宅の場合には庭などの片付けも行います。

玄関のまわりで人の出入りのじゃまになりそうなものはすべて移動しましょう。傘立てや自転車、植木や観葉植物なども片付けます。玄関先が暗い場合には照明器具も用意しなければなりません。玄関か門口に「忌《いみ》」の期間であることを示す「忌中札《きちゅうふだ》」を張り、最後に玄関から、家の周囲、道路まで、ていねいに掃き清めましょう。

●受付の設営・準備

受付は玄関先や門の前などに設営します。どうしても場所がない場合には道路に設けますが、公道を使用する場合には事前に警察に届け出をしなければなりません。

机に白い布をかけて「受付」と書いた札を貼り、芳名帳《ほうめいちょう》、香典帳《こうでんちょう》、供物帳《くもつちょう》、筆記用具など、必要なものを準備します。

寒い時期や雨天の場合には、コートや傘などを預かる場所、また、間違わないように番号札も必要で

祭壇はアレンジ可能

通夜《つや》や葬儀の主役ともいえるのが「祭壇」です。祭壇には、大きさや豪華さによっていくつものランクがあり、「セット」の料金（P54参照）を左右します。

最近では、祭壇全体を生花でアレンジした「生花祭壇」が人気のようです。

駐車場の手配も忘れずに

通夜や葬儀に自家用車で来る人のために駐車場も用意しなければなりません。近所に駐車場や空き地があれば、持ち主にお願いしてみましょう。適当な場所がない場合には、最寄りの警察署に道路の使用許可を申請します。その際には、隣近所で迷惑をかけそうな家にあらかじめ了解を得ておきましょう。

食器類や座布団なども必要

僧侶へのもてなしや通夜ぶるまいには食器類や座布団が必要です。必要な数がない場合には葬儀社に依頼するか、近隣から借りることになります。近隣から借りる際には、忘れずに個数を控えておき、使用後は間違いなく返却するように注意しましょう。

なお、最寄り駅の出入口に葬儀会場の案内札や立て看板をくくりつけて表示することについては「黙認」されているようです。ただし商店街などの場合、営業に支障を与えないよう留意し、「ひとこと」了解を得ておきましょう。

届けられたものの並べ方

届けられた供物や供花、花環などは並べ方に注意が必要です。通常は、棺《ひつぎ》に近いところから、故人との関係の深い順に並べます。花環も同様、玄関に近いほうが上位になります。つまらないことですが、あとあとしこりになることも。わからないときには、世話役は喪主と相談して十分に配慮しましょう。

す。

その他、葬儀社に頼んでいないものがある場合は早めに用意しましょう。

●案内表示の準備

弔問客《ちょうもんきゃく》に自宅（会場）までの道順を知らせるためには案内表示が必要です。一般には「指さし」の絵柄が描かれた案内札か、立て看板を使います。案内表示は、個人の家の塀などには無断で貼らないようにし、葬儀終了後はすみやかに回収しましょう。

受付・出迎え

●弔問客の出迎え

弔問客の出迎えは「受付係」の重要な役割です。受付は通常は2名以上で行います。

準備ができたら、芳名帳、供物帳、香典帳、香典受け、名刺受け、筆記用具などがきちんとそろっているかどうかを確認しましょう。

弔問客が訪れたら、あいさつをして芳名帳に記帳してもらいます。また、供物や供花《くげ》をいただいた場合にはもれなく記帳します。コートや大きな荷物は預かりましょう。そのとき、貴重品が入っていないか、ひとこと確認しておくことも忘れず行います。

●香典の取り扱いに注意

気をつけなければいけないのは、香典の取り扱い。香典を受け取ったらすぐに、別の人間が弔問客には見えないように中身をチェックします。あとになってトラブルにならないよう、その場で確認することが大切です。

通夜の進行

●僧侶到着〜読経

僧侶が到着したら世話役が控え室に案内します。喪主《もしゅ》はあいさつをして、僧侶と式の進め方の打ち合わせを行います。弔問客が多いときには読経《どきょう》の途中で焼香《しょうこう》を始める場合もあります。

喪主と遺族、弔問客が席に着いたことを確認したら、世話役は僧侶を式場にお連れします。

僧侶が入場すると、読経が始まります。読経の時間は通常30〜40分ほどですが、世話役は会場全体に目を配り、子どもがぐずっている場合には控え室に案内するなど、スムーズな進行に努めましょう。

●焼香

読経が終わると焼香です。焼香

通夜の席次

祭壇に近いところから、故人と縁の深い人が座っていく。遺族は向かって右側に座る。

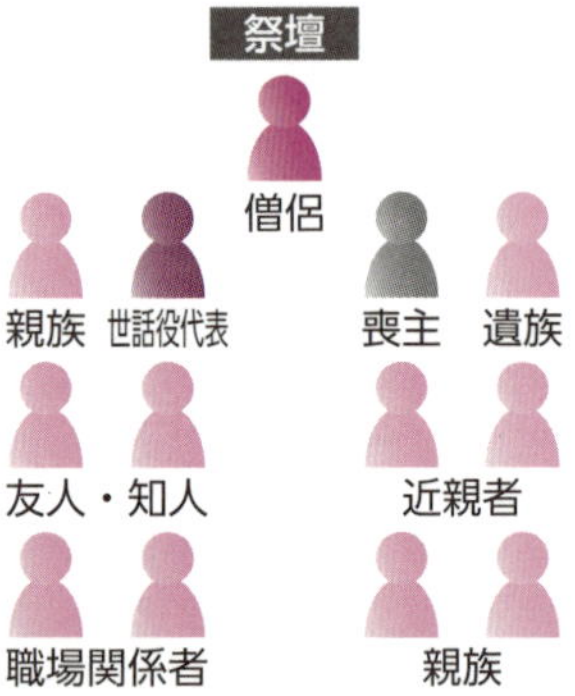

抹香による焼香のしかた

焼香《しょうこう》のしかたは宗派によって異なります。わからないときには喪主《もしゅ》と同じように行えばいいでしょう（喪主がわからない場合には、打ち合わせのときに僧侶に尋ねておきます）。

❶

遺影に一礼したあと、抹香を右手の親指と人差し指、中指の３本の指先でつまむ。数珠を持っている場合には左手にかけておく。

❷

つまんだ抹香を目の高さまで捧げる。このとき、手のひらを返したり左手を添える必要はない。

※浄土真宗では、抹香を高く上げる必要はない。

❸

抹香を静かに香炉にくべる。

※焼香の回数は宗派によるが、一般的には焼香・従香の２回。参列者が多い場合は１回でも十分。

❹

心の中で故人の冥福を祈って合掌する。遺族と僧侶に一礼してから席にもどる。

数珠のかけ方

一般的な一連の数珠の場合、房を下にして両手の親指以外の指を輪の中に入れて合掌《がっしょう》します。長い数珠は、両端を両手の中指にかけて、合掌するときには両手でこすり合わせるようにします。

一連の数珠の場合

長い数珠の場合

する順序は、基本的には席次と同じ。喪主、遺族、親戚、来賓《らいひん》、弔《ちょう》問客《もんきゃく》の順に行います。

焼香のあとに僧侶が法話や説教をすることもあります。僧侶が退場すると、通夜《つや》は終了します。

通夜の終了

●喪主あいさつ

僧侶が退場したら喪主があいさつをし、弔問客を通夜ぶるまいへと促します。あいさつでは、時間が許せば故人の最期の様子などをお話ししてもいいでしょう。

喪主のあいさつが終わったら、接待係は弔問客を通夜ぶるまいの席に案内します。

●僧侶への接待

あいさつのあと、喪主は控え室の僧侶のところに出向き、お礼を述べ、翌日の葬儀について簡単に打ち合わせをし、僧侶も通夜ぶるまいの席に案内します。

僧侶が2人以上いる場合には、通夜ぶるまいの席は弔問客とは別の部屋に設けたほうがいい場合があります。僧侶が通夜ぶるまいを辞退した場合には、「御膳料《おぜんりょう》」として1万円程度、包むのが常識となっています。そして、それとは別に「御車代《おくるまだい》」として5千~1万円程度を用意します。「御車代」は、遺族側で送り迎えをしたときにも包むのが常識です。また、僧侶を招くたびに渡しましょう。

通夜ぶるまいの前のあいさつ例

本日はお忙しいなか、わざわざご弔問にお越しいただきまして、まことにありがとうございました。たくさんの方々にお集まりいただき、このように温かく見送っていただきまして、父もさぞかし喜んでいることと存じます。

入院中は温かいお励ましやお見舞いをいただきましたことを、父に代わりまして心より御礼申し上げます。

本日はまことにありがとうございました。なお、葬儀・告別式は明日午後○時からでございます。何とぞよろしくお願い申し上げます。

別室にささやかながら供養の席をご用意いたしております。父を偲んで思い出話などお聞かせいただけましたらと願っております。

通夜ぶるまい

通夜に来ていただいた弔問客、手伝ってもらった世話役たちに、心を込めておもてなしをしたら、遺族だけで故人との別れを惜しみます。

弔問客のもてなし

●通夜の役割

本来、通夜《つや》とは、家族や故人とごく親しかった人たちがひと晩中、故人との別れを惜しむための儀式でした。ところが最近の通夜は弔《ちょう》問客《もんきゃく》のための「夜の告別式」のような位置づけになりつつあります。

というのは、通夜は一般的に午後7時くらいから行われるため、仕事帰りに立ち寄ることができるからです。日中に行われる葬儀・告別式に出席するためには仕事を休まなければならないわけですから、それに比べると、通夜に出席したほうが都合がよいのでしょう。

もちろん、遺族にとっては通夜に来ていただく弔問客も、葬儀・告別式に来ていただく参列者も、もてなし方にかわりはありません。基本的に喪主《もしゅ》や遺族は弔問客への応対はしません。出迎えも見送りもしないのが習わしです。すべての弔問客にあいさつをすることは無理ですし、特定の人だけにあいさつをするのでは、他の人に失礼なため、黙礼ですませてかまいません。弔問客への応対は、世話役にまかせるようにしましょう。

神式の通夜

神式では通夜を「通夜祭」といいます。基本的には仏式の通夜と同様です。神官《しんかん》が祭詞《さいし》を唱え、仏式の焼香《しょうこう》にあたる「玉《たま》串奉奠《ぐしほうてん》」を行い、通夜ぶるまいへと移ります。

キリスト教式の通夜

カトリックでは「通夜のつどい」、プロテスタントでは「前夜祭」と呼びます。いずれも、賛美歌・聖歌合唱、聖書朗読、神父・牧師の説教、お祈り、献花などがあり、最後には軽食がふるまわれます。

通夜ぶるまい

●通夜ぶるまいの料理

通夜では、式次第が終わったあとに弔問客を別室に案内してお酒や料理をふるまいます。これが「通夜ぶるまい」です。

通夜ぶるまいで出す料理は、最近では、仕出し料理や折詰めですませることが多くなっています。

通夜ぶるまいは式次第のあと、弔問客を案内してお酒や料理をふるまうこと。

通夜ぶるまいの料理は「セット料金」とは別になっていますが、葬儀社を通じて注文するのが一般的です。あらかじめ、通夜ぶるまいに出席しそうな人数を予想して注文しなければなりません。

●通夜ぶるまいの終了

通夜ぶるまいは、喪主から弔問客への感謝の気持ちを伝え、弔問客には故人を偲《しの》んでいただく場。喪主や世話役は弔問客にお酒や料理を勧めたり、会話に参加しましょう。ただし、宴席ではありませんからほどほどに。1時間を目処《めど》に切り上げるようにしましょう。

通夜ぶるまいを終わらせるには、時間を見計らって喪主があいさつをします。場の雰囲気で喪主が切り出しにくいときには、世話役が代わって閉会を告げます。

弔問客が帰ったら

●関係者へのもてなし

通夜ぶるまいが終わって弔問客が帰ったら、世話役や通夜を手伝っていただいた近所の人たちをねぎらい、もてなします。通夜ぶるまいと同じように、お酒や食事をふるまうか、折詰めなどを持ち帰ってもらってもいいでしょう。

後片付けをすませたら、喪主は世話役と翌日の葬儀・告別式についての打ち合わせを行います。すべてが終了したら、喪主は世話役に「心づけ」を渡します。

●灯明と線香の火を絶やさない夜伽《よとぎ》

世話役が帰って遺族だけになってからが本来の意味での通夜。故人のかたわらで、ゆっくりと別れを惜しみましょう。

このときにはひと晩中、灯明《とうみょう》と線香の火を絶やさずに、遺体を守る習わしがあります。これを「夜《よ》伽《とぎ》」ともいいます。

ただし、危篤《きとく》から臨終《りんじゅう》、お通夜までずっと立ち会ってきた遺族は、体力的にも精神的にも疲労しています。翌日には葬儀が控えていますから、あまり無理をせずに休んでかまいません。

夜伽は若い人が引き受けて、喪主には早めに休んでもらうように気を配りましょう。

通夜ぶるまいの閉会のあいさつ例

本日は遅くまでありがとうございました。お陰様で滞りなく通夜を終えることができました。夜もふけてまいりました。もっともっとお話をお伺いしたいところですが、明日に差し支えるといけませんので、この辺でお開きにさせていただきたく存じます。

なお、明日は午前○時から葬儀・告別式をとり行わせていただきます。

本日はまことにありがとうございました。

通夜返礼品は1000円程度が一般的

通夜ぶるまいを行わない場合、あるいは通夜ぶるまいに出席できない弔問客には「通夜返礼品」を渡します。お茶やお酒、ビール券、砂糖など、1000円程度の品物が一般的です。葬儀社が用意してくれますが、通常はセット料金外になっています。

会計係は細心の注意を払って香典を管理

会計係は香典《こうでん》の管理・保管には細心の注意を払います。受付係から香典帳と香典を引き継いだら、その日のうちに弔問客の名前と住所、香典の金額などをチェックして、現金は喪主に手渡します。一般的に葬儀社は現金にはいっさい手を触れないことになっています。面識のない人に「葬儀社の担当者です」などと言われたら、必ず喪主に確認するようにしましょう。

仏式の葬儀・告別式の準備

基本的に準備は葬儀社が行ってくれますが、火葬場に行く人数の確認や席順の決定など、遺族でなければできないこともたくさんあります。

準備① 事前打ち合わせ

●事前の打ち合わせ

葬儀・告別式の具体的な準備は、ほとんどを葬儀社が行ってくれますが、遺族が行わなければならないことや葬儀社には判断できないことがあります。

たとえば、火葬場《かそうば》に行く人数の確認がそうです。人数がわからないことには、移動するためのバスの手配もできません。葬儀・告別式にはたくさんの人が集まるので、スムーズに進行するためには段取りが大切です。

また、斎場《さいじょう》には時間の制限がありますし、火葬の時刻も決まっています。

遺族が行うべきこと、葬儀社に伝えるべきことは葬儀の前日までに、遺族や各世話役が集まってきちんと打ち合わせをしておかなければなりません。

式次第（P10参照）に抜けがないかどうかを確認し、それぞれの内容についてきちんと理解しておきます。わからないことがあれば、必ず葬儀社の担当者にたずねておきましょう。

●司会者との打ち合わせ

一般的に司会は進行係の人などが担当することが多いのですが、適任者がいない場合には葬儀社に相談しましょう。司会者が決定したら、式次第の内容について、さらに細かい打ち合わせをします。

日程の考え方

葬儀・告別式は通常、通夜の翌日に行いますが、火葬場が休みの日や友引《ともびき》には行いません。葬儀・告別式の所要時間の目安は1時間30分～2時間。開始時刻は、火葬の時刻から逆算して、多少ゆとりがあったほうがいいでしょう。

準備② 会場の準備

●席順の決定

葬儀・告別式の席順は通夜《つや》のとき同様に決めます（P82参照）。基本的には、祭壇に向かって右側が遺族と親族の席です。最前列の一番左（通路側）が喪主《もしゅ》で、以下、故人と血縁の深い順に座ります。向かって左側は、前列から世話役代表、世話役、友人、知人の順に座ります。ただし、故人の会社の代表者など、社会的な地位の高い人が参列する場合には、世話役よりも前の上座《かみざ》に座ってもらいます。参列者の人数が多い場合には、あらかじめ席順表を作っておいたほうがいい場合があります。

　なお、自宅葬で式場が狭い場合には、祭壇の近くに喪主と遺族が

葬儀・告別式の席次

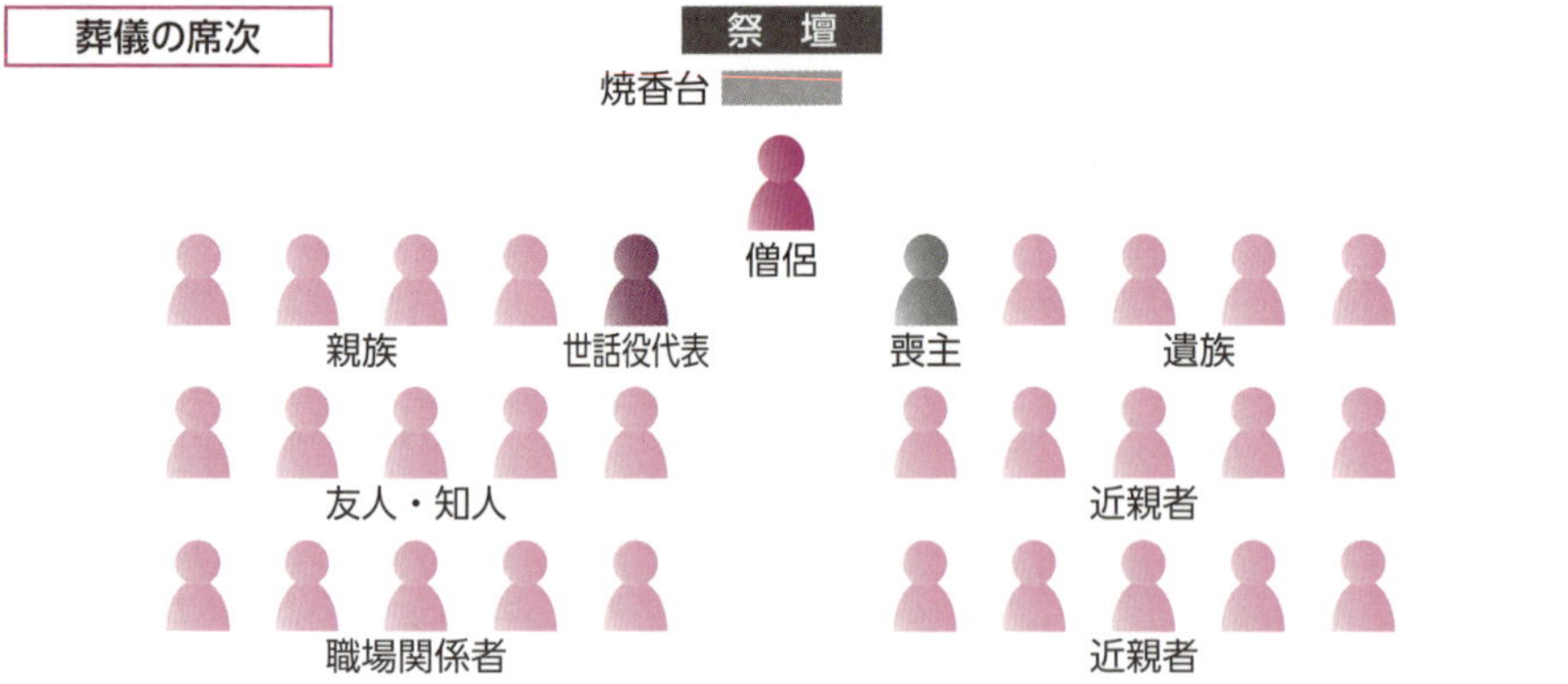

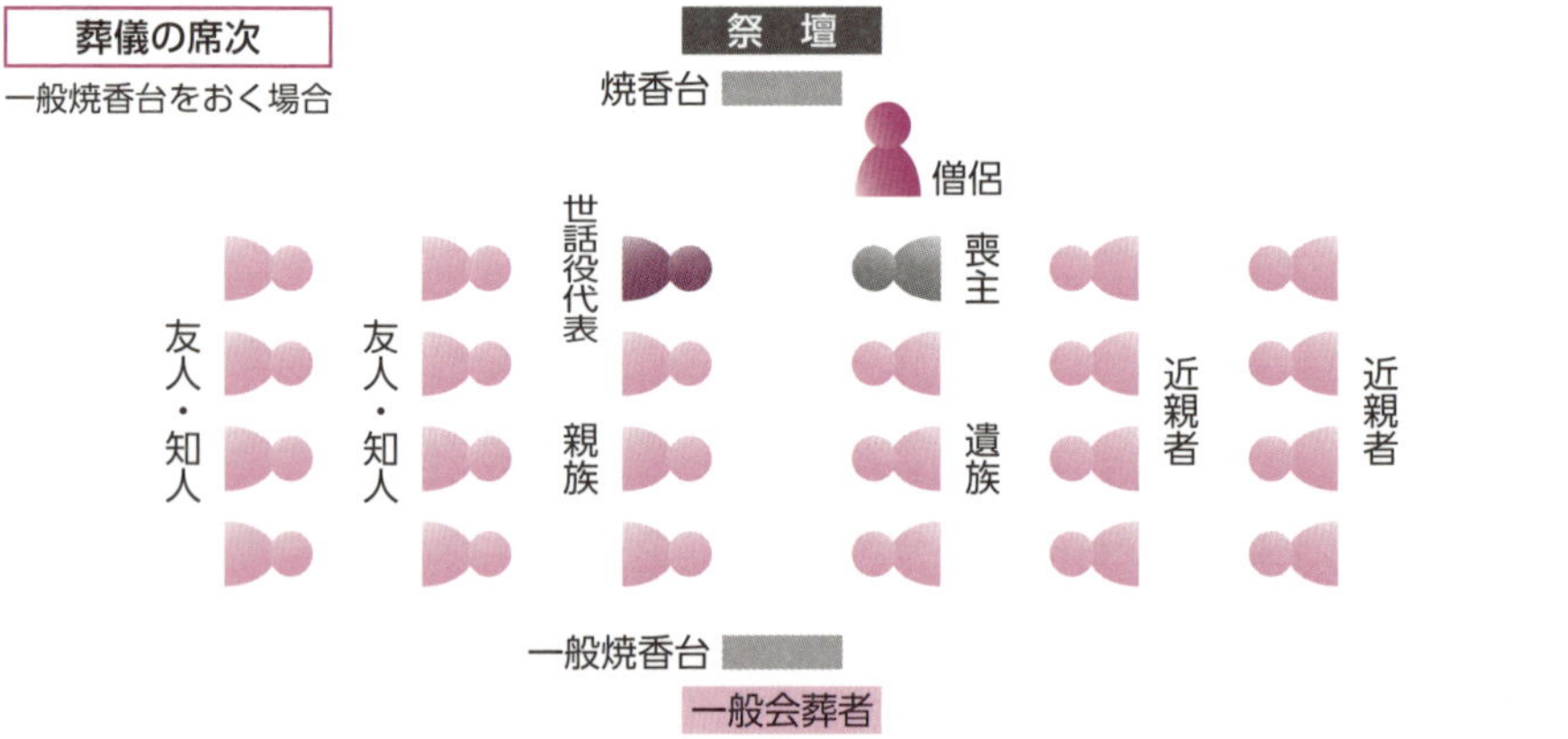

座っていれば、それ以外の席順は気にしなくてもかまいません。

●花環、供物・供花の配置

供花《くげ》・供物《くもつ》の配置にも気を配らなければなりません。花環は玄関に近いほど、供物・供花は棺《ひつぎ》に近いほど高順位です。社会的な地位や故人との関係の深さなどを考慮して場所を決めましょう。

準備③ 進行の準備

●弔辞の依頼

弔辞《ちょうじ》をいただく人には前もってお願いしておきます。会社の上司や同僚、故人と親しかった友人など2～3名以内で依頼するのが一般的です。弔辞の時間は2～3分が一般的でしょう。

●弔電披露の範囲

弔電《ちょうでん》がたくさんある場合には、すべてを朗読することはできません。その日の朝までに届いた弔電の中から、朗読する弔電を2～3通、選んでおき、残りの弔電は名前だけを読み上げます。

●火葬場に行く人の人数

火葬場《かそうば》まで随行するのは、遺族と親戚に、ごく親しい友人くらいが一般的です。あらかじめ人数を確認しておき、それに合わせて式場から火葬場までの移動手段を決め、マイクロバスが必要な場合などは葬儀社に依頼しておきます。

●心づけ

葬儀当日、お世話になった人たちには「心づけ」を渡します。心づけはあらかじめ準備しておきましょう。心づけを渡したほうがいい人やその金額については下記アドバイスを参考にしてください。

心づけが必要な人

- 霊柩車《れいきゅうしゃ》・送迎用のハイヤー・マイクロバスの運転手
- 火葬場《かそうば》の火葬員・休憩室の接待係（公営の火葬場では心づけは受け取らない）

心づけの金額

葬儀の規模や地域によっても異なるが、だいたい3000～1万円程度

心づけの渡し方

小さな不祝儀袋や白い封筒などに入れて、表に「志《こころざし》」か「寸志《すんし》」、さらに「○○家」などと記します。

なお、打ち合わせの上、事前に葬儀社に依頼しておくとよいでしょう。

葬儀・告別式の進行（仏式のケース）

参列者の入場・着席、僧侶による読経、弔辞・弔電、焼香と、式次第がとどこおりなく進行するように心がけます。とくに司会者の役割は重要です。

葬儀・告別式の意味

●葬儀と告別式は本来別のもの

本来は葬儀と告別式は別々のものです。葬儀は遺族や近親者が故人の冥福《めいふく》を祈り、あの世に送るための儀式。仏教的には、故人に仏《ぶつ》弟子《でし》となるための戒律《かいりつ》（生活規律）を与える授戒《じゅかい》と、極楽浄土《ごくらくじょうど》へ導く引導《いんどう》を行います。

一方、告別式は友人や知人が焼香《しょうこう》をして故人にお別れをする儀式で、葬儀が終了した後にあらためて営まれるものでした。まったく異なる意味を持った儀式であるため、葬儀が終わると僧侶はいったん下がり、告別式ではあらためて入場していたのです。ところが現在は、よほど大規模な葬儀以外では、告別式も同時に行うのが一般的になっています。

入場し僧侶を迎え入れる

●喪主・遺族の入場

遺族と親族は式が始まる15分くらい前までには入場し、着席して参列者を待ちます。

式場係は記帳をすませた参列者を所定の席に案内します。

●僧侶の入場

定刻になり参列者が着席したら、進行係は僧侶を式場へと誘導します。この際、参加者全員で頭を下げて迎え入れ（イス席の場合には、起立《きりつ》して一礼する）、僧侶が祭壇前に着座してから参加者は着席します。

特別なケース

先に遺体を火葬《かそう》してしまい、遺骨で葬儀を営むこともあります。これを「骨葬《こつそう》」といいます。死亡直後に家族だけで密葬《みっそう》をして火葬をすませておき、日にちをおいて遺骨の状態で本葬と告別式を行うケースもあります。

読経中、近縁者が焼香

●僧侶による読経

僧侶による読経《どきょう》が行われます。読経の時間の目安は30～40分ほどで、参列者は正座して聞きます。宗派によって異なりますが、読経のなかで、授戒や引導などの葬送儀礼がとり行われます。たとえば真言宗《しんごんしゅう》では、引導の際に遺体の頭に水を注ぎかける「灌頂《かんじょう》」という儀式を行うことがあります。

●弔辞・弔電の披露

引導の後、司会者が「ただいまより弔辞《ちょうじ》を頂戴《ちょうだい》いたします」とあいさつをし、前もって依頼しておいた人が順に弔辞を述べます。人数は2～3人、時間はひとり2～3分程度が一般的です。

弔辞に続いて、司会者によって弔電が奉読《ほうどく》されます。2～3通ほど読み上げたら、残りは名前だけを紹介します。あまりに数が多い場合には名前を読み上げるのを省略することもあります。

●読経・焼香

初めに僧侶が焼香《しょうこう》を行います。引き続いて、僧侶の読経の中、喪《も》主《しゅ》、遺族、親族が焼香を行います。

焼香が終わると、僧侶が退場して葬儀は終了します。

参列者が焼香して告別

●参列者の焼香

葬儀のあと、20分程度の休憩をはさんで告別式が行われます。遺族と親族は、焼香の際に参列者に返礼をするために、通路側に向か

告別式の席次

(一般焼香台をおく場合)

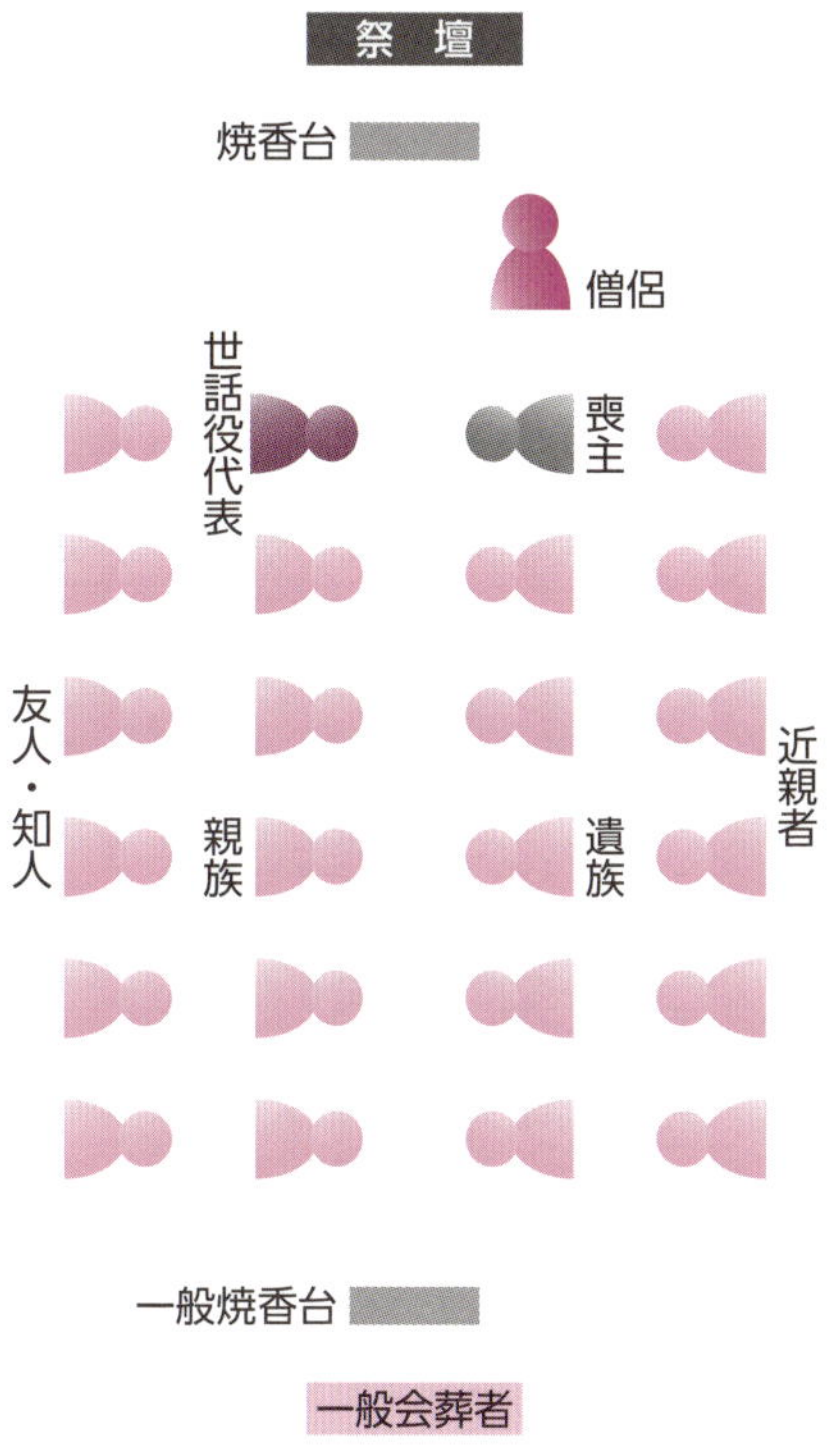

って座り直しておきます。

僧侶が入場し、読経と焼香が始まります。焼香は、席次の順番にしたがって行いますが、打ち合わせした通りになっているかどうか、確認をしましょう。当日になって突然、出席することになったり、逆に出席できなくなる人もいるからです。

焼香をする人数が多い場合などには、司会者が焼香する順に名前を呼び上げることもあります。この場合にも、式が始まる前に必ず出欠を確認しておきます。

●告別式の終了

焼香が終わり、僧侶が退場したら、司会者のあいさつで告別式が終了します。ここで喪主か親族代表があいさつすることもありますが、通常は出棺《しゅっかん》直前に行います。

遺族の体調に目を配る

通夜から葬儀にかけての緊張の連続で、遺族のなかには疲れがたまっている人がいます。高齢者や配偶者を亡くしてショックを受けている人などが具合が悪くなっていないかどうか、世話役などが目を配りましょう。

宗派による違い

同じ仏式でも宗派によって式次第の内容が異なります。密教《みっきょう》系では授戒と引導が中心になるのですが、たとえば授戒では最初に髪や髭《ひげ》を剃《そ》る「剃度《ていど》式」を行います。そして引導では、真言宗のように「灌頂《かんじょう》」をすることもあります。

浄土宗《じょうどしゅう》でも、授戒では剃髪《ていはつ》を行います。禅宗《ぜんしゅう》の引導は他の宗派とは異なり、死者を浄土に導くためではなく、死者が成仏《じょうぶつ》することに主眼が置かれています。

会葬礼状・即日返し（その場返し）

本来はあらためて郵送する「会葬礼状」や、忌《き》明《あ》けのころに送る「香《こう》典《でん》返し」ですが、告別式が終わったあとで、「即日返し」として会場の出口で手渡すことも多くなっています。必要なものは葬儀社に依頼して用意しておきますが、この際には、予定の人数よりも多めに準備しておくように注意しましょう。

即日返しでは香典の金額にかかわらず2000～3000円程度の品物を選びます。ただし、1万円を超えるぐらいの高額の香典をいただいた人には失礼にならないよう、後日（四十九日《しじゅうくにち》の法要《ほうよう》後）あらためて返礼《へんれい》を行います。ただし、この場合、受け取る側は二度も返礼を受けることになりますので、あまり好ましくないという意見も少なくありません。

出棺・最後のお別れ

告別式が終了すると遺体は火葬場へ向かいます。いよいよ最後のお別れです。故人と対面して悔いが残らないように見送ってあげましょう。

最後のお別れ

故人との対面

告別式が終了すると、遺族や親族が故人と最後のお別れをするために、参列者は外に出て出棺《しゅっかん》を待ちます。対面は、一般には遺族や親族のみで行いますが、参列者のなかでどうしてもという人がいれば、参加することもあります。

出棺は、まず棺《ひつぎ》を祭壇からおろして、頭を北に向けて安置し、棺のふたを開けて最後の対面をします。これが故人の姿を見ることができる最後の瞬間ですので、心を込めてお別れをしましょう。その際に、祭壇に飾ってあった供花《くげ》を、各人の手で「別れ花」として故人のまわりに飾ってあげましょう。

このときに、故人の愛読書や日記、お気に入りの着物などを棺の中に入れますが、金属やガラス製品は燃えずに遺骨に付着することがあるので避けます。また、愛用の香水などがあれば振りかけてあげましょう。

釘打ち

お別れが終わったら棺のふたを閉じて、「釘打ち《くぎうち》」をします。これも遺族と親族で行います。故人と血縁の深い順に、ひとりが2回ずつ石で釘を打ちます。

あくまでも儀式ですから、力を入れて打ちつける必要はありません。釘打ちが終わると葬儀社が釘を完全に打ち込み、棺のふたを固定します。

釘打ち

釘打ちでは葬儀社が用意したこぶし大の石を使います。これは、三途《さんず》の川の河原の石を表しています。故人が三途の川を無事に渡れるようにという祈りを込めているのです。なお、釘打ちを行わない宗派もあります。

出棺後、喪主のあいさつ

●出棺

釘打ちが終わったら、親族や親しい友人などを代表する5～6人（あらかじめ依頼しておきます）の男性が、棺を霊柩車《れいきゅうしゃ》まで運びます。このときは、喪主《もしゅ》が位牌《いはい》を胸に抱いて先頭に立ち、そのあとを遺影《いえい》を持った遺族が歩き、最後に棺が続きます。棺は、必ず遺体の足のほうが前になるようにして運びます。なお、宗派によっては並ぶ順序が違うことがあります。

●喪主のあいさつ

棺を霊柩車に納めたら、喪主または遺族の代表のあいさつです。このとき遺族は、横一列に並び、見送りのために待っていた参列者に正対します。その際、代表者2名が位牌と遺影を胸に抱きます。

あいさつでは、会葬へのお礼、生前の厚誼《こうぎ》への謝意、今後の支援のお願いなどを簡潔に述べればいいでしょう。自己紹介も忘れないようにします。

出棺時の喪主のあいさつ例

私は、故○○○○の長男でございます。遺族を代表いたしまして、ひとこと、皆様にごあいさつを申し上げます。

本日はお忙しいなか、父○○○○の葬儀ならびに告別式にご会葬くださいまして、まことにありがとうございました。たくさんの方々にご丁寧にお見送りいただき、父もさぞかし喜んでいることと存じます。

亡き父の存命中には、皆様方にはひとかたならないご厚誼《こうぎ》をお寄せいただきまして、心より感謝申し上げます。入院中にも温かいお励ましをいただきまして、本当にありがとうございます。

未熟者ではございますが、これからは母のことをしっかりと守り、また亡き父の教えに背かないように精進していく所存でございます。どうか、かわらぬご指導ご鞭撻《べんたつ》を賜りますよう、何とぞよろしくお願い申し上げます。

はなはだ簡単ではございますが、ご会葬の御礼とさせていただきます。

本日はありがとうございました。

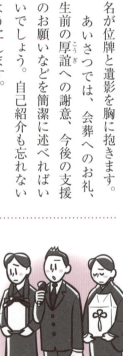

火葬後、全員で骨揚げする

火葬場へは遺族・親族と、特に親しい友人などが同行します。骨壺などとともに、絶対に忘れてはいけないのが「火葬許可証」です。

火葬場への移動

●火葬場への同行者

火葬場《かそうば》まで同行するのは、通常は遺族や親族と、特別に親しかった友人のみです。車の手配の都合があるので、あらかじめ人数は決定しておきましょう（遺族が乗る車の席順は下図参照）。ただし、その場になって突然同行したいと申し出られた場合、特に差し支えがなければ心よく申し受けます。

棺《ひつぎ》をのせた霊柩車《れいきゅうしゃ》を先頭に、遺族が乗った乗用車、親族が乗ったマイクロバスなどが続きます。霊柩車には葬儀社の担当者が同乗します。

●火葬場への持参物

火葬場に行くときには、喪主《もしゅ》が位牌《いはい》を持ち、ほかの遺族が遺影《いえい》を持ちます。遺骨《いこつ》を入れるための骨《こつ》壺《つぼ》は、事前に葬儀社との打ち合わせで決めておきますが、ほとんどの地域では自前で調整して持参することが多いようです（東京都の場合は、火葬場で販売しています）。

絶対に忘れてはいけないのが「火葬許可証」。これがなければ火葬ができません。火葬許可証は、死亡届を提出したときに、その場で必ず受け取っているはずです。届け出を葬儀社に依頼した場合には、葬儀社がそのまま持っていることもありますので、火葬場に向かう前に必ず確認をしておきましょう。また、運転手や火葬場の係員への心づけも忘れずに用意します（P89参照）。

火葬場へ向かう車内での席順（僧侶が同乗）

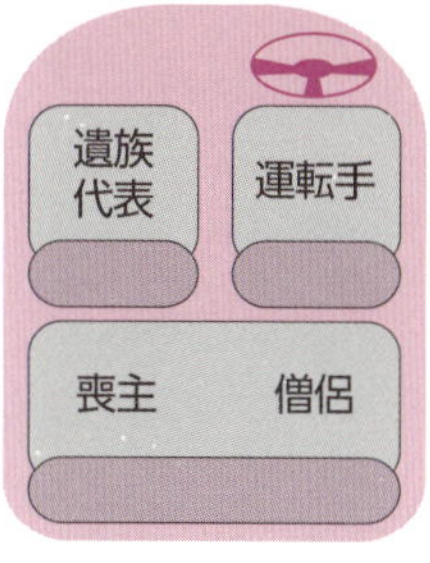

僧侶が同乗しない場合には、喪主が運転手の後ろに乗る。

火葬場での作法

●斂祭

火葬場に着いたら管理事務所に火葬許可証を提出します。通常は葬儀社の担当者が代行してくれます。棺は、火葬場の係員が霊柩車から降ろし、火葬炉の前に安置します。ここで「斂祭《れんさい》（納めの式）」を行います。僧侶が同行している場合には読経《どきょう》が行われますが、同行しない場合には、焼香《しょうこう》のみです。棺の小窓を開けて、故人と本当に最後のお別れをします。火葬場が混み合っていることが多いので、できるだけすみやかにすませるように心がけましょう。

斂祭が終わると、棺は火葬炉に入れられます。合掌《がっしょう》して見送りましょう。

●控え室で待機

火葬の時間はおよそ40分～1時間ほどかかり、この間は控え室で待機します。参列者をもてなすために、茶菓《さか》やお酒を用意しておきましょう。

僧侶が同行している場合には、喪主は僧侶の隣に座ってもてなします。接待係の世話役は、ほかの参列者にも気を配ります。

「逆縁」の場合の火葬の風習

かつては、親より先に子どもが亡くなった場合、死ぬ順序が違っているということで「逆縁《ぎゃくえん》」といいました。

逆縁の場合には、親は火葬場へはついて行かないという風習がありました。ところが、今日ではそういった風習にはあまりこだわらないようです。

自宅に残った留守役の仕事

遺族が火葬場に行っているときには、何人かの世話役が「留守役」として自宅に残り、遺骨を迎える準備をします。祭壇の片付けなどは葬儀社にまかせればいいので、部屋の掃除をしておく程度でいいでしょう。

留守役にはもうひとつ、大切な仕事があります。それは、遅れてやって来た弔問客《ちょうもんきゃく》への対応です。出棺《しゅっかん》して間もなくであればタクシーを手配するなどして、すぐに火葬場に向かってもらいます。

しかし、だいぶ時間がたっていて骨揚げに間に合わないようであれば、そのまま遺骨が帰ってくるのを待ってもらいます。なお、焼香も遺骨が戻るまで待ってもらいましょう。

骨揚げ

●骨揚げの作法

火葬《かそう》が終わると係員から指示があります。全員で火葬炉の前に集まり「骨揚《こつあ》げ」を行いましょう。

骨揚げは喪主から、故人との関係の深い順に、参列者全員が行います。正式には男女ひとりずつが2人で一組になり、男性は左から、女性は右から、1片の骨を箸《はし》で拾い上げ、骨壺《こつつぼ》に移します。

拾い上げる骨の順番は地方によって異なりますが、最初に歯、続いて足から、腰、背、肋骨《ろっこつ》、腕と頭に向かうのが一般的です。一番最後に、故人ともっともつながりの深い人がのど仏の骨を拾います。ただし、どの骨がどの部位なのかは判別しにくいので、火葬場の係員の指示に従えばいいでしょう。

骨揚げが終了すると、骨壺は桐の箱に収めて白布《はくふ》で包み、喪主に手渡されます。位牌《いはい》と遺影《いえい》は他の遺族が持ち帰りましょう。

通常は葬儀社の担当者が代行してくれますが、火葬許可証に日付を入れた「埋葬許可証」を持ち帰るのを忘れないようにしましょう。

火葬が終わったら骨揚げを行う。

こんな時どうする?

分骨や散骨したいときにはどうすればいい?

故人のための墓のほかに故郷の菩提寺《ぼだいじ》にも納骨《のうこつ》したいという場合や、散骨《さんこつ》したいという場合には、遺骨《いこつ》の一部をあらかじめ分けておきます。これが「分骨《ぶんこつ》」です。分骨したい場合には、事前に分骨用の骨壺を準備しなければなりません。

また、2か所以上に埋葬《まいそう》する場合は「埋葬許可証」を必要な枚数、火葬場で発行してもらいます。

遺骨迎えと初七日法要

葬儀の締めくくりに行われるのが、遺骨迎えや初七日などの儀式と精進落としの会食です。お世話になった人々を心からねぎらいましょう。

遺骨迎え

●後飾りの祭壇

火葬から持ち帰った遺骨《いこつ》は、埋葬の日か四十九日《しじゅうくにち》の忌明《きあ》けまで祭壇に安置します。これが「後飾《あとかざ》り」です。後飾りの祭壇は、火葬の間に葬儀社がしつらえておきます。

●遺骨迎え

火葬場から戻ってきた遺族は、玄関先でお清《きよ》めの儀式を行います。ただし自分の手で行ってはいけません。必ず留守番の世話役や近隣の人に行ってもらいましょう。

まず、ひしゃくですくった水を両手の指先にかけてもらいます。次に、塩をひとつまみ、胸のあたりにかけてもらいます。最後に、背中にも塩をかけてもらいます。

これらの作法は地方や宗派によって異なります。また、塩が喪服《もふく》を汚してしまうことから、玄関先に盛った塩を踏んで清めたり、あるいはお清め自体を行わないこともあるようです。

還骨回向・初七日法要

●還骨回向の作法

遺骨を後飾り祭壇に安置した後に、僧侶に「還骨回向《かんこつえこう》（還骨法要《ほうよう》）」の読経《どきょう》をしてもらい、僧侶の指示があれば焼香《しょうこう》を行います。

●初七日法要

仏教では故人の死亡後、七日ごとに法事を行うことになっています。最初に行われるのが「初七日《しょなのか》」です。ですから本来は、故人が亡くなって七日目に行われていたのですが、遠方に住んでいる親族への配慮などから、葬儀・告別式の当日、還骨回向とあわせて行うことが多くなりました。これを「付七日《つけなのか》」といいます。付七日でも、初七日と同様に僧侶に読経をしていただき、遺族は焼香を行います。

精進落とし

付七日の後に

初七日法要の後には、僧侶や葬儀を手伝ってくれた世話役、近所の人たちの労をねぎらうために会食の場を設けます。一般に「精進《しょうじん》落《お》とし」と呼ばれる会食です。本来の意味からすると、精進落としは四十九日の忌明けに行われるべきものですが、今日では葬儀当日、付七日法要の後で行われるのが一般的です。

精進落としでは、料理とともにお酒やビールがふるまわれます。喪主《もしゅ》や遺族は参列者ひとりひとりの席をまわり、飲める人であればお酌《しゃく》をし、お礼を述べ、労をねぎらいましょう。

僧侶が精進落としの席に着かず

精進落としの席次

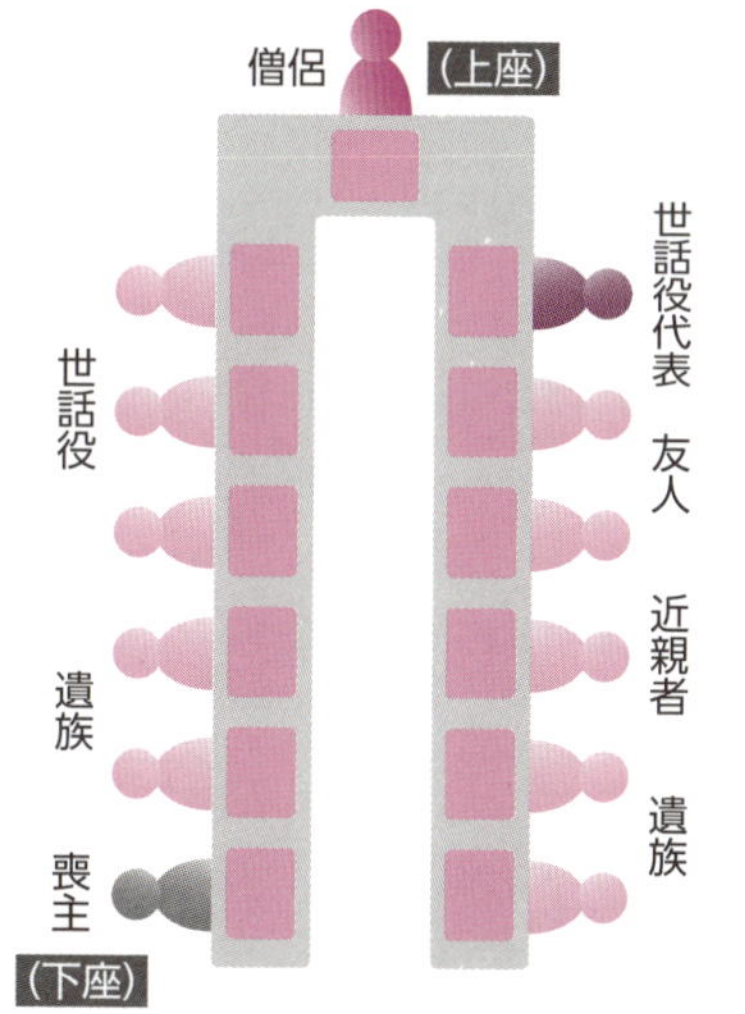

後飾りの例

持ち帰った遺骨を祭壇に安置する。

お清めの儀式

家に残っていた人が、ひしゃくを使って両手に水をかける。

胸、背中、足元に清めの塩を振りかける。

に辞《じ》すような場合には、通夜《つや》ぶるまいのときと同じように「御車代《おくるまだい》」とは別に「御膳料《おぜんりょう》」を包みます。

喪主あいさつ・僧侶へのお礼

●喪主のあいさつ

精進落としの席では、会食を始める前に喪主があいさつをします。葬儀が無事に終わったことへの感謝、お世話になった人々へのお礼の気持ちを伝え、ゆっくりとくつろいでもらいます。

喪主のあいさつの後、会食開始の合図に「献杯《けんぱい》」を行う場合があります。くれぐれも「乾杯」と間違わないように注意しましょう。

●僧侶へのお礼

最近では精進落としが終わったあとに僧侶への謝礼を渡すことが増えています。

僧侶への謝礼を「読経料」や「戒《かい》名料《みょうりょう》」などということもありますが、近年は「お布施《ふせ》」と呼ぶことが多いようです。死亡直後の枕経《まくらきょう》から、通夜《つや》、葬儀・告別式、納めの式、還骨回向まで、すべての儀式に対する謝礼をまとめて「お布施」として渡します。＊奉書紙《ほうしょがみ》か半紙で現金を包み、表書きは「お布施」とします。水引《みずひき》のかかった金包みなどは絶対に使用しません。

問題は金額です。寺の格式や葬儀の規模によって常識的な金額があるのですが、初めての葬儀ではわからないことのほうが多いはず。そのような場合には、まず、葬儀社に相談してみるといいでしょう。また、寺院によっては尋ねれば金額を提示してくれるところもありますし、もともとお布施に規定を設けているところもあります。

なお、僧侶への謝礼は、葬儀の翌日に喪主がお寺に出向き、あらためてお礼を述べてから渡したほうが、より丁寧かもしれません。

精進落としのあいさつ例

皆様、本日はまことにありがとうございました。お陰様で、父○○○の葬儀一切を、滞りなく終了することができました。これもひとえに皆様方のお力添えの賜物《たまもの》と、あらためて心より御礼申し上げます。

さぞかしお疲れのことと存じます。ささやかではございますが感謝のしるしといたしまして、お食事をご用意いたしました。どうかゆっくりとおくつろぎいただければ幸いでございます。

本日は本当にありがとうございました。

＊「奉書紙」…江戸時代の公文書に用いられた上質の和紙。

納骨は四十九日か一周忌に

納骨は四十九日に行うのが一般的。お墓がない場合には一周忌か、遅くとも三回忌までには行います。納骨の際には「埋葬許可証」が必要です。

納骨の時期

●四十九日か一周忌に

葬儀が終わったら、しばらくは遺骨《いこつ》を自宅に安置しておきます。納骨《のうこつ》の時期についての決まりはなく、四十九日《しじゅうくにち》の法要《ほうよう》の際に納骨するのが一般的です。ただし、長男ではないためにお墓がないなどの場合には、一周忌《いっしゅうき》までにお墓を建てて納骨することも多いようですが、遅くとも三回忌《さんかいき》までには納骨します。なお、地方によっては葬儀の当日、火葬《かそう》後に、初七日《しょなのか》と四十九日の法要をあわせて行い、納骨まですませてしまうところもあります。

●納骨までの遺骨の安置

納骨までの間、遺骨を自宅に安置しておくときは、仏壇の前や床の間などに台を置いて祭壇をつくり、そこに安置します。祭壇には後飾《あとかざ》りを施し、水とご飯を供えて供養《くよう》します。四十九日までは、通《つ》夜《や》や葬儀に参列できなかった弔問《ちょうもん》客《きゃく》が訪れることも考えておきましょう。

お墓を建てるまでに時間がかかりそうなときには、寺院や墓地の納骨堂に、一時的に仮納骨することも可能です。費用は施設によって異なりますが、たとえば東京の都立霊園一時収蔵施設では、年間2100円で、最長で5年まで預かってもらえます。

なお、お墓をつくらずに「納骨堂」や「永代供養塔《えいたいくようとう》」に遺骨を収蔵することもできます。

納骨の手続き

●埋葬許可証を忘れずに

納骨の際には「埋葬《まいそう》許可証」を忘れないように持参しましょう。埋葬許可証は火葬のときに提出した火葬許可証に記入・押印《おういん》されたもの。新しくお墓を建てる場合など、火葬から納骨までに数年かかることもあるので、紛失しないように管理しておきましょう。多くの場合、火葬場の係員が骨壺《こつつぼ》を納める白木の箱に入れてくれます。

このほか「墓地の使用許可証」や印鑑も忘れずに持参します。

納骨の当日

納骨日は、*菩提寺《ぼだいじ》の僧侶と相談して決定します。菩提寺がない場合には、墓地の管理事務所などと連絡をとって日程を決めましょう。

納骨するときには「納骨式」を行います。四十九日や一周忌の法要とあわせて行うのが一般的です。


お墓を新しく作った場合には、納骨に先だって開眼法要《かいげんほうよう》も行います。

納骨式は、親戚や故人の親しい友人などで、厳粛《げんしゅく》に行います。施主《せしゅ》か遺族代表が遺骨を納めたら、読経《どきょう》、焼香《しょうこう》を行い、式後、会食（お斎《とき》）をするのが一般的です。

納骨に必要なもの

- 遺骨
- 遺影《いえい》
- 位牌《いはい》
- お布施《ふせ》
- 印鑑
- 線香
- 供花《くげ》
- 供物《くもつ》
- 埋葬許可証
- 墓地の使用許可証

神道の納骨

神道では火葬、骨揚《こつあ》げに引き続いて、その日のうちに納骨を行います。お墓がない場合には、五十日祭《ごじゅうにちさい》か一年祭《いちねんさい》を目安に納骨をするケースが多いようです。納骨に際しては墓前に神官を招いて「埋葬祭」を行います。

キリスト教の納骨

キリスト教では土葬が基本ですが、日本ではもちろん火葬します。納骨の時期に決まりはありません。火葬後すぐに埋葬するケースもありますし、プロテスタントの場合は、1か月後の召天記念日《しょうてんきねんび》に行うこともあります。

＊「菩提寺」…自家の墓のある寺院のこと。

お布施で迷ったら寺院に相談

葬儀に関して寺院に支払う費用の合計が「お布施」です。金額は、地域や寺院の格式、本人の経済状況、寺院との関係などによっても異なります。

お布施とは

●困ったときは寺院へ相談を

通夜《つや》や葬儀における読経《どきょう》や戒名《かいみょう》など、寺院への支払いのすべてを合わせたものが「お布施《ふせ》」です。

お布施の平均的な金額は、東京都の場合には64万3千円になっていますが、全国平均はもう少し低く、50万円前後のようです。

これが高いか安いかはさておき、いくら支払えばいいのかわからないという人が多く、トラブルに発展するケースもあるようです。

寺院に葬儀をお願いするときに「いくらお包みすればよろしいでしょうか？」とたずねても失礼にはあたりませんし、金銭トラブルを避けるひとつの方法といえます。

では、お布施を値切ることはできるのでしょうか。そもそも檀那《だんな》寺《でら》は、檀家によって支えられているという関係にありますから、檀那寺が檀家の経済状態を無視して高額なお布施を要求することは、あってはならないことです。

お布施を包むことがどうしても納得できないのであれば、無宗教葬をあげて寺院とは無関係の公園墓地などに埋葬《まいそう》するのも方法でしょう。

寺院関係への支払い額

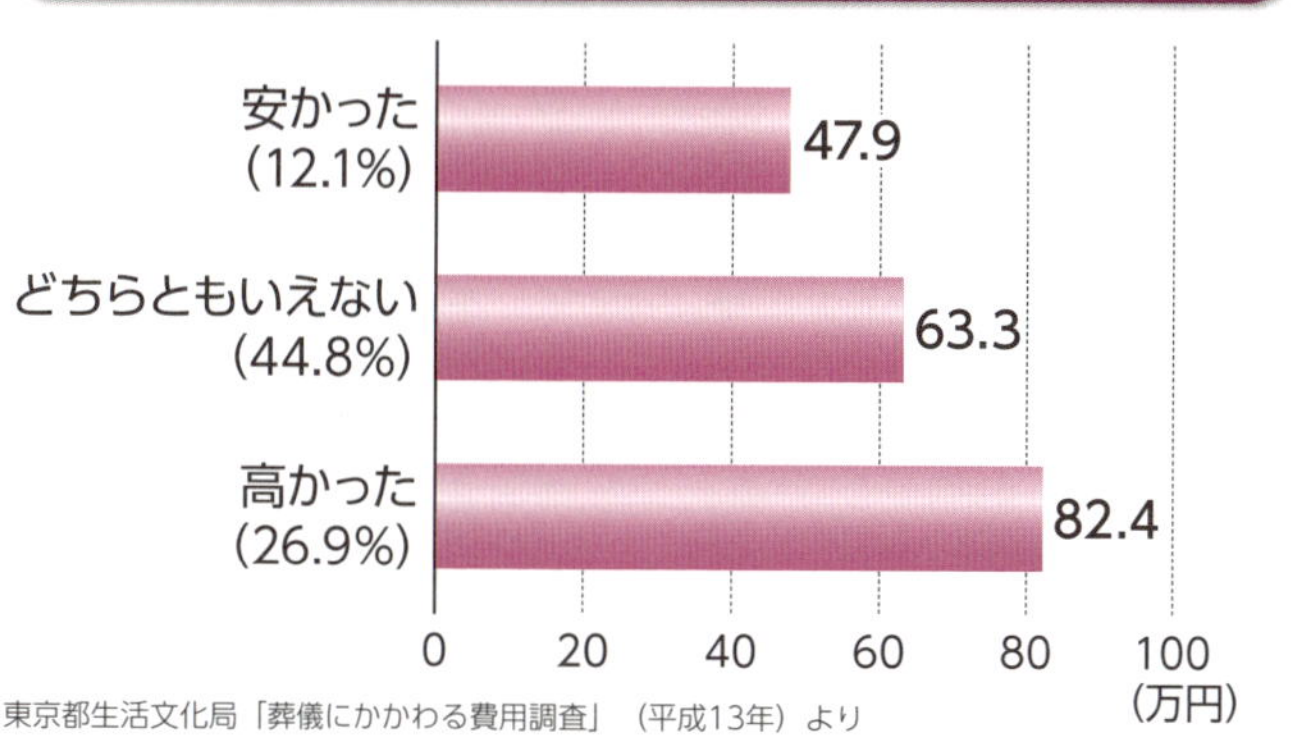

東京都生活文化局「葬儀にかかわる費用調査」（平成13年）より

イザというときのQ&A

こんなとき、どうすればいい？

伝統的な仏式の
通夜〜葬儀のしきたりと
マナーについて

Q 生前に自分の希望する戒名《かいみょう》をつけてもらうことはできますか？

A できます。もともと戒名とは、生きているうちに受けるべきものなのです。その際には自分の好きな文字を使ってもらうこともできるので、菩提寺《ぼだいじ》に相談してみましょう。生前に受けた戒名は、もちろん亡くなったときに使えます。生前に戒名を受けておけば、亡くなってから戒名料のことで遺族に負担をかけずにすみます。

ところで、戒名を自分でつけた例があります。有名な人では、作家の大仏次郎《おさらぎじろう》は「大仏次郎居士」、幸田露伴《こうだろはん》は「露伴」を戒名としているそうです。

Q 通夜《つや》も葬儀もせずに「火葬《かそう》」だけですませることはできますか？

A 法律上は不可能ではありません。ただし、病院から自宅へ、自宅から火葬場へと遺体を運ぶ際には葬儀社の手を借りることになります。また、火葬場の手配なども葬儀社にまかせたほうがスムーズです。とはいえ、葬儀や通夜は単なる儀式ではなく、残された人が気持ちを整理するためのものでもあるのです。

Q 区民葬は本当に安いのですか？

A まず基本的なことですが、区民葬といっても区の職員が葬儀を執り行うわけではありません。葬儀はあくまでも葬儀社が行います。いわば「区民葬」というセット料金です。セットに含まれているのは、「祭壇」、「霊柩車《れいきゅうしゃ》」、「火葬料金」、「骨壺《こつつぼ》」だけです。最低限の葬儀は執り行えますが、これ以外に遺影《いえい》やドライアイスなどが必要であれば、別途請求されることになります。

Q 戒名がなくてもお葬式はできますか？ お墓に入れますか？

A 法律的にはまったく問題はありませんし、無宗教葬や神道・キリスト教葬はもちろん問題はありません。仏教葬の場合でも、菩提寺の了解があれば可能ですが、実際はなかなか難しいでしょう。まずは菩提寺に相談してみてください。

Q 互助会《ごじょかい》は普通の葬儀社よりも、高くつくって本当ですか？

A 互助会だから高いということはないはずです。ただし、互助会の場合には運営にかかる費用を会員が負担しているので、積み立てた金額がすべて葬儀に使えないことはあります。葬儀自体が相場より高いかどうかは、いくつかの業者から見積もりを取って比較するしかありません。

Q 夫の遺言通りに質素な葬儀をしたら、親戚に非難されました…

A 「申し訳ございません。夫のたっての願いだったものですから」と言ってお詫びをします。あとは時間が解決してくれます。そのようなことにならないためにも、質素な葬儀を望むときには、本人があらかじめ家族や親戚の同意を得ておくべきでしょう。

Q 葬儀や通夜《つや》の「思わぬ出費」とは、どのようなもの？

A 葬儀や通夜の当日以外の弔《ちょう》問客《もんきゃく》への接待費、納骨《のうこつ》の費用、急な悪天候時のビニール傘などがあります。遠くから参列する親戚の旅費や宿泊費を負担する場合は、金額が大きくなりがちです。

Q 葬儀社から紹介していただいた僧侶へのお布施の相場は？

A 相場はあってないようなものです。いちばんいいのは、紹介先に確認してみることです。実際にお渡しするときには、お布施のほかに「御車代《おくるまだい》（送迎を行わない場合）」と「御膳料《おぜんりょう》（精進落《しょうじんお》としなどに同席しない場合）」としてそれぞれ5000〜1万円程度を包みます。

Q 無宗教葬を行いました。この場合、年賀状を出すのは控えるべき？

A 喪《も》に服するのは、宗教にかかわらず、亡くなった人に対する慈《いつく》しみの気持ちを表す行為です。したがって、年賀状を出すかどうかは、個人個人が判断すべき問題です。

年賀状を控える場合は、年賀の欠礼を詫びる年賀欠礼状を出します。この年賀欠礼状は、12月のはじめまでには先方に届くように送り、誰がいつ亡くなったのかを記します。

なお、年末に不幸があって、欠礼状が間に合わない場合には、年が明けてから年賀欠礼を詫びるはがきを出しましょう。

Q 病院が紹介してくれる葬儀社はよくないって本当ですか？

A 病院の紹介＝悪い葬儀社ということは絶対にありません。ただしマイナス面がいくつかあることは間違いありません。ひとつは、ほかの葬儀社と比較することができないということです。もうひとつは、亡くなったばかりで気が動転していてものごとを冷静に考えられないということ。いずれにせよ、その場では葬儀を依頼せずに数社から見積もりを取って比較すればいいのです。

Q 生前葬を行うときの注意点を教えてください。

A 本人が元気なうちに、お世話になった人や親しい友人に感謝の気持ちを伝えたいというのが生前葬の目的。ただし、それだけで現実に亡くなったときの「供養《くよう》」や「お別れ」が終わるわけではありません。生前葬だけを行って本来の葬儀を行わない場合には、家族や親戚の同意を得ておいたほうがいいでしょう。

神式の通夜祭と葬場祭

神式の通夜、葬儀は仏式とは異なる部分が多々あります。不明点などがある場合は事前に神社や葬儀社に問い合わせておくことをおすすめします。

通夜祭

仏式の通夜にあたる儀式です。

1. 斎主《さいしゅ》入場
2. 遺族入場
3. 斎主一拝
4. 供饌
5. 祭詞奏上《そうじょう》
6. 玉串《たまぐし》奉奠《ほうてん》
7. 撤饌

◆神式の枕飾り
故人の好物であれば、常饌として生ぐさもの（肉や魚）を供えてもよい。

次ページへ続く

葬場《そうじょう》祭（葬儀）

仏式の葬儀・告別式にあたる儀式です。

1. 遺族・参列者着席
2. 斎主入場
3. 開式の辞
4. 斎主修祓《しゅばつ》
5. 献饌《けんせん》・奉幣《ほうへい》
6. 斎主祭詞奏上
7. 弔辞拝受・弔電紹介

◆修祓
修祓を受けるときには、遺族は頭を低くたれます。

次ページへ続く

8 斎主一拝

9 斎主退場

遷霊祭《せんれい》

故人の魂を遺体から霊璽《れいじ》（仏式の位牌にあたる）に移す儀式です。

1 斎主入場

2 遺族入場

3 斎主一拝

4 遷霊の儀

5 玉串奉奠

6 斎主一拝

7 斎主退場

8 玉串奉奠

9 撤饌・撤幣

10 昇神《しょうじん》の儀

11 斎主退場

12 喪主あいさつ

13 閉会の辞

14 一般告別式

15 親族代表あいさつ

Check

葬儀はどこで行うの？

神道では死は穢《けが》れたものとされているため、葬場祭は神社では行わず、自宅か斎場に神官を招いて行います。準備すべきことなどは仏式とほとんど変わりません。

神式の通夜（通夜祭・遷霊祭）

神道の通夜には、仏式と似ている部分とまったく異なる部分があります。わからないことは、前もって神社や葬儀社に尋ねておきましょう。

臨終～納棺

●遺体の安置

遺体を自宅に搬送したら、納棺《のうかん》までの間、頭を北か東に向けて布団に寝かせます。そして、白い布で顔を覆い、守り刀や逆《さか》さ屏風《びょうぶ》などは仏式と同様に行います（P70参照）。

枕飾《まくらかざ》りには、神式の儀式に使う机「案《あん》」または小さな机に白い布をかぶせたものを使い、その上に三方《さんぼう》を置き、水、洗米《せんまい》、塩、御神酒《おみき》、常饌《じょうせん》*などを供え、榊を飾ります。

●枕直しの儀

枕飾りをしたら神官を招いて「枕直《まくらなお》しの儀」を行います。仏式での「枕づとめ」にあたる儀式ですが、最近ではこれを省略して身内で拝礼するだけになっています。

枕直しの儀の際に、「帰幽奉告《きゆうほうこく》の儀」を行うことがあります。神官が故人の死を産土《うぶすな》の神と幽世《かくりよ》の神へ奉告するものですが、こちらも省略されることが多いようです。

●納棺の儀

納棺の際には、「納棺の儀」を行います。遺体を棺《ひつぎ》に納め、周囲を生花で飾り、白い布で覆います。棺を祭壇の前に安置し、二礼《にれい》・二《に》拍手《はくしゅ》（しのび手）*・一礼を行います。

神式・枕飾りの例

故人の好物であれば、常饌として生ぐさもの（肉や魚）を供えてもよい。

通夜祭

●通夜祭の流れ

神道では、故人を弔《とむら》う儀式を総称して「神葬祭《しんそうさい》」といいます。仏

＊「常饌」…故人が生前食べていた日常の 食事。
＊「しのび手」…音を立てない拍手。

式でいう告別式を「葬場《そうじょう》祭」、通《つ》夜《や》にあたるのが「通夜祭」と「遷《せん》霊《れい》祭」です。通夜祭は一般的に次のような流れで営まれます。

斎主《さいしゅ》（式を司《つかさど》る神職）、斎員《さいいん》（神職）に続き、喪主《もしゅ》、遺族、親戚、弔問客《ちょうもんきゃく》が着席します。斎主が一礼し、一同もこれにならいます。

次に、斎員が饌《せん》と呼ばれる食べ物を供えます。続いて、斎主が祭詞《さいし》の奏上《そうじょう》を行います。このあと、喪主を先頭に、個人との関係の深い順に、祭壇に玉串《たまぐし》を捧げます（玉串奉奠《たまぐしほうてん》）。その際には、二礼・二拍手・一礼しますが、忌《き》が開けるまではしのび手で行います。

遷霊祭

●遷霊祭の流れ

遷霊祭は、故人の魂を遺体から霊璽《れいじ》（P203参照）に移すための儀式です。霊璽は仏式の位牌《いはい》にあたるもので「木主《もくしゅ》」ともいいます。

遷霊祭は夜間、室内の明かりをすべて消した暗闇の中で行われます。まず、斎主が霊璽の覆いを取って棺に向け、次に遷霊詞《せんれいし》を奏上して警蹕《けいひつ》を行います。警蹕とは声をかけることで、この間、一同は軽く頭を下げています。故人の魂を移したら、霊璽の向きを戻して覆いをかぶせてから、仮御霊舎《かりみたまや》に安置します（御霊舎は仏式の仏壇に相当するものです）。

遷霊祭が終わった後には、仏式の通夜ぶるまい（P84参照）のような宴席を設けます。これを神道では「直会《なおらい》」と呼びます。

神式用語のひと言解説

玉串《たまぐし》／榊《さかき》か常緑の常盤木に紙垂《しで》と呼ばれる白い半紙を四つ折にしてつけたものです。

祭詞《さいし》／故人の霊をあがめ家族の守護を祈《き》祷《とう》するための詞。故人の略歴や功績などを織り込むことがあります。

神饌《しんせん》／饌《せん》は食べ物のこと。つまり神饌とは、神に捧げる食べ物のことです。洗米、塩、水などの生饌《せいせん》（調理しないで生のまま供える）と、故人が生前食べていた日常の食事を供える常饌《じょうせん》があります。故人が生前好んでいたものであれば、肉や魚なども常饌としてお供えできます。

直会の料理は近所に頼むか仕出しで

神道では肉や魚などを禁じていませんので、これらを直会に出すことは問題ありません。ただし、葬家では葬儀の間は火を使ってはいけないことになっています。近所の家にお願いすることもありますが、一般的には仕出しなどを頼むようです。

玉串奉奠の作法

❶ 玉串を受けとる

まず遺族に会釈し、神官に一礼してから玉串を受けとる。右手は根元近くを上から包むように、左手は葉を下から捧げるように受けとる。

❷ 玉串を回す

玉串を目の高さまでおしいただいたあと、根元が手前にくるように回す。

❸ 玉串を持ちかえる

左手を根元に、右手は葉先の下から添えるようにして左右の手を持ちかえる。

❹ 玉串を捧げる

玉串を右回りに 180 度回転させ根元を祭壇に向けたあと、前の台（案）の上に置き二礼二拍手一礼する。最後に、神官と遺族に一礼して席にもどる。

神道の葬儀

神道の葬場祭は神社ではなく自宅か斎場で行います。神道ならではの儀式がたくさんありますから、作法は前もって確認しておくことが大切です。

葬場祭

●葬場祭の準備

仏式の葬儀・告別式にあたるのが葬場祭《そうじょう》です。

神道では死は穢《けが》れたものとされているため、葬場祭は神社では行わず、自宅か斎場《さいじょう》に神官を招いて行います。準備すべきことや世話役の役割などは、仏式とほとんどかわりません（P90参照）。

通常、柩《ひつぎ》は祭壇の奥に安置し、背後に故人の姓名を書いた銘旗《めいき》を立て、外側に忌み竹を立てて注連《しめ》縄《なわ》を張り巡らせます。祭壇には遺《い》影《えい》を飾り、食べ物や供物《くもつ》を置き、左右に灯籠《とうろう》を配置します。これらの飾りつけなどの準備は葬儀社にまかせてかまいません。

受付や玄関の前には「手水《ちょうず》の儀《ぎ》」のための水を入れた桶とひしゃく、懐紙《かいし》などを用意しておきます。なお、最近では手水の儀を省略することもありますが、その場合にも空の桶とひしゃくを飾ります。

●葬場祭の進行

葬場祭は、以下のような式次第に沿って進められ、なかには神式独特のものがいくつかあります。

「斎主修祓《さいしゅしゅばつ》」は、神官が大麻《たいま》を使ってお祓《はら》いをして、斎場、神饌《しんせん》、参列者などを清める儀式です。

「献饌《けんせん》・奉幣《ほうへい》」は、三方《さんぽう》にのせた神饌と幣帛《へいはく》を供えること。神饌は神の食べ物、幣帛は供物のことです。

「祭詞奏上《さいしそうじょう》」は仏式の引導《いんどう》（P91参照）に近いものでしょう。故人の経歴、功績、人柄などを述べ、霊となって遺族を守るように祈ります。祭詞の内容については、事前の打ち合わせが必要です。

弔辞《ちょうじ》の拝受や弔電《ちょうでん》の紹介に引き続き、「玉串奉奠《たまぐしほうてん》」が行われます。最近では仏式と同様、葬場祭と告別式が同時に行われることが多く、斎主、喪主《もしゅ》、遺族、親戚に続いて一般参列者も奉奠します。

続いて、神饌と幣帛を下げ（撤饌・撤幣）、「昇神《しょうじん》の儀（斎主一拝・一同一拝）」を行い、斎主が退場して閉式となります。

手水の儀

ひしゃく一杯の水を３度に分けて行います。

1. ひしゃくで水をくんで、左手、右手の順に水をかけて洗います。
2. 左手に水を受けてその水で口をすすいだのち、懐紙で手と口をふく。

葬場祭の席次

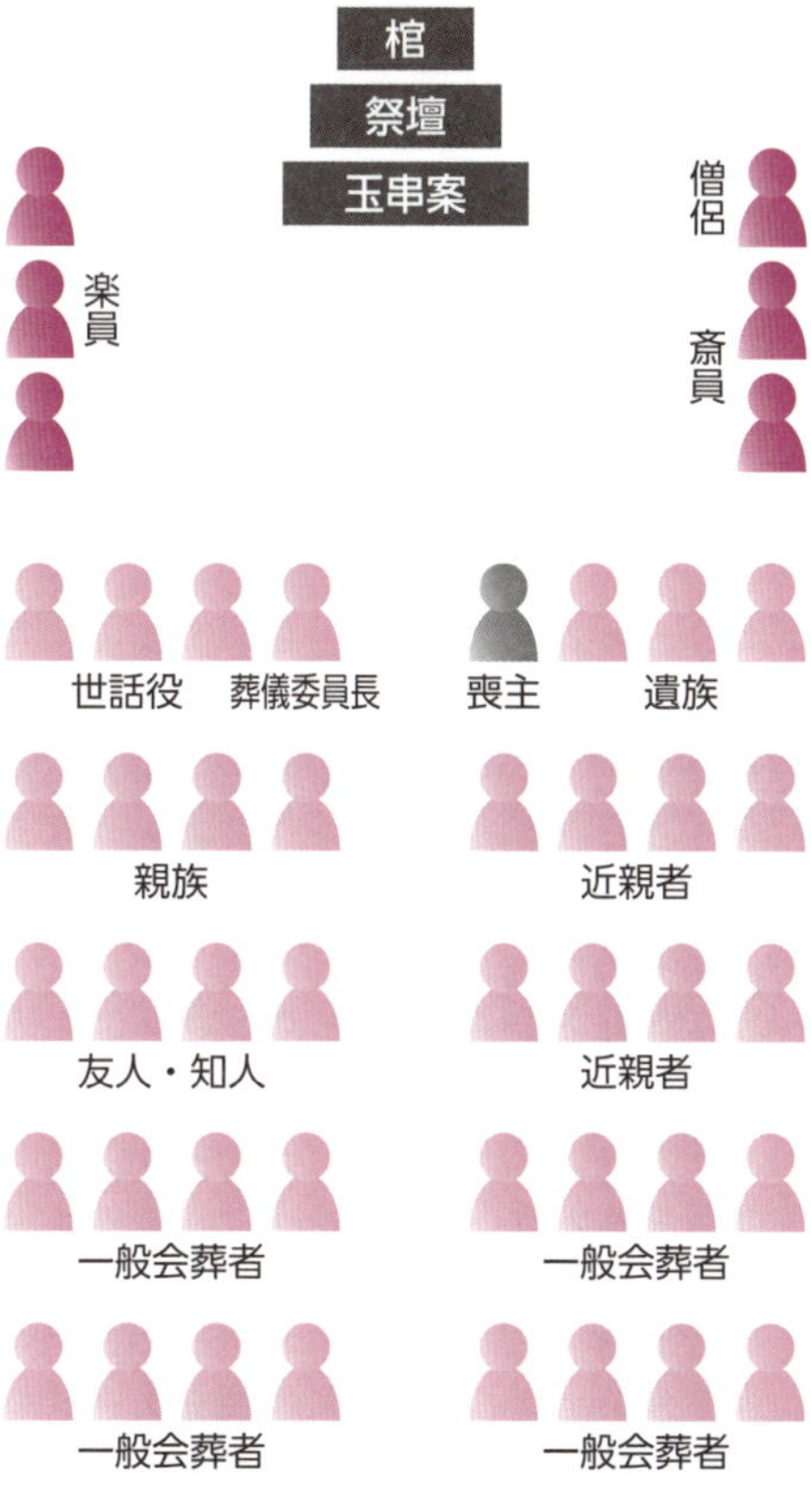

手水の儀を行ってから式場に入る。一般会葬者、喪主、遺族の順に入場し、一同起立して斎主、楽員らの神官を迎えてから着席する。喪主と遺族は、あとから入場する場合もある。

修祓

修祓を受けるときには、遺族は頭を低くたれます。

出棺祭～帰家祭

出棺祭は火葬場に向かう前に行われる神道ならではの儀式。
火葬から戻ったときに行われる帰家祭は、仏式の還骨回向にあたる儀式です。

神式の出棺

●出棺祭

神式では、棺《ひつぎ》が自宅を出るときに「出棺祭《しゅっかんさい》（発柩祭《はっきゅうさい》）」を行います。葬場祭《そうじょうさい》を斎場《さいじょう》で行う場合には斎場に向かう前に、自宅で行う場合には火葬場《かそうば》に向かう前に行います。かつては夜間に行っていたのですが、現在では昼間、葬場祭とあわせて行われるようになっています。

出棺祭では、仏式と同様、故人との最後の対面を行い、遺体の周囲を生花で飾ります。釘打《くぎう》ちも仏式にならって行うのが一般的です（P93参照）。

出棺の方法も仏式とかわりませんが（P94参照）、霊柩車《れいきゅうしゃ》を葬場から離れた場所に駐車して、葬列を組んで歩く地方もあるようです。

葬場祭で使用した銘旗《めいき》や供花《くげ》、玉串《たまぐし》などは、霊柩車にのせて棺とともに火葬場まで運びます。

車列の順番は仏式とは多少異なります。霊柩車の前を神官が乗った車が走り、さらにその前を先導車が走ります。

●祓除の儀

火葬場に行かずに葬場に残った者は、祭壇を片付け、手水《ちょうず》を取った後に、「祓除の儀《はらいよけのぎ》」を行います。遺族や家屋を死の穢《けが》れから清める儀式で、葬場祭に携わらなかった神官が行います。

出棺祭は火葬場に向かう前に行われる。

火葬祭・帰家祭

●火葬祭

「火葬《かそう》祭」は火葬の前に行う儀式です。仏式でいえば「納めの式」（P96参照）にあたるもので、炉前祭《ろぜんさい》と呼ぶこともあります。

炉の前に棺を安置し、その前に小机を置き、葬場から運んできた神饌、銘旗、供花などを供えます。ここで斎主が祭詞《さいし》を奏上《そうじょう》し、喪主《もしゅ》から順に玉串《たまぐし》を奉奠《ほうてん》していきます。

●帰家祭

火葬後の骨揚《こつあ》げは仏式とかわりありません（P97参照）。骨揚げ後、その日のうちに遺骨を墓地に埋葬《まいそう》するのが正式ですが、最近では仏式と同様、遺骨をいったん自宅に持ち帰ることが多く、その際には、「帰家《きか》祭」を行います。御《み》霊代《たましろ》に葬場祭の終了を報告するもので、仏式の還骨回向《かんこつえこう》にあたります（P98参照）。

火葬場から戻ってきたら、家に入る前に火葬に行かなかった神官に「清祓《きよはら》い」をしてもらいます。その後、手水を取ってから家に入りますが、仏式と同様に、塩を使ってお清めをすることもあります。

家に入ると、遺骨を後飾りの祭壇に安置し、この祭壇の前で、神官による祭詞奏上や、拝礼、玉串奉奠などが行われます。

帰家祭の後は、仏式と同様に、神官やお世話になった方々をねぎらう「直会《なおらい》」を催します。なお、最近では、清祓いと帰家祭は省略することが多くなっています。

神式・後飾りの例

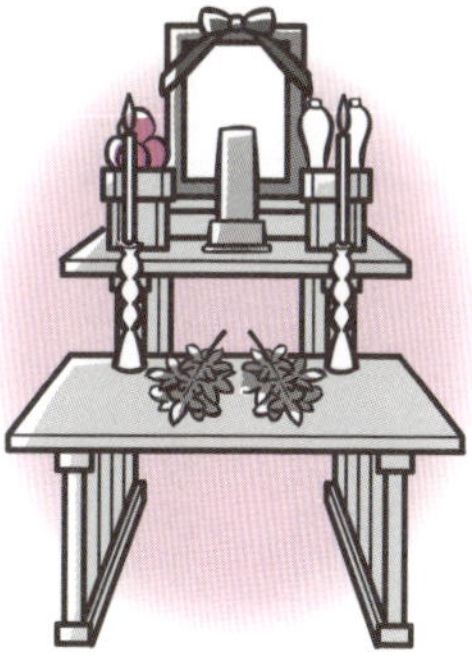

火葬場から戻ったら、後飾りの祭壇を安置する。

こんな時どうする？

神官への謝礼はどうすればいいの？

神官への謝礼も基本的には寺院への謝礼と同様で、葬場祭の当日か、後日あらためて渡します。表書きは「御礼」または「神饌料」、「御祭祀料」などとします。金額については葬儀社に相談するか、直接神官や神社に尋ねてかまいません。

キリスト教式の通夜から葬儀の流れ

死に対する考え方の違いから、儀式の種類やしきたりが仏式とは大きく異なります。また、カトリックかプロテスタントかによっても異なります。

カトリック

臨終《りんじゅう》が近づくと神父を招きます。葬儀は協会が主催するため教会で行われます。

通夜　通夜のつどい・通夜の祈り

1. 聖歌斉唱《せいしょう》または黙祷
2. 聖書朗読
3. 説教
4. お祈り
5. 献香《けんこう》と焼香《しょうこう》
6. 結びの祈り
7. 遺族のあいさつ

◆キリスト教式の枕飾り
遺体を安置する際に、故人の枕元に置く飾り。

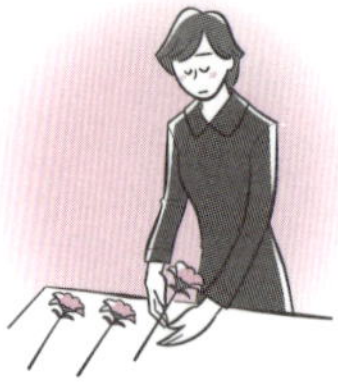

◆献花
キリスト教式の葬儀では、献花によって故人を弔います。

プロテスタント

葬儀は教会で行われますが、カトリックよりも教義に忠実かつ厳格に行われます。

通夜　前夜祭・前夜式

1. 賛美歌斉唱
2. 聖書朗読
3. お祈り
4. 賛美歌斉唱
5. 説教
6. 賛美歌斉唱
7. 献花

◆祭壇
キリスト教式の場合は、十字架や燭台、生花などで祭壇を飾る。

◆牧師
プロテスタントでは、牧師によって儀式は進められる。

葬儀 葬儀ミサ

1. 聖歌斉唱
2. 祭壇・棺《ひつぎ》への献香
3. 祈りへの招き
4. 集会祈願
5. 言葉の典礼
6. 共同祈願
7. 感謝の典礼

告別式

1. はじめの言葉
2. 聖歌斉唱
3. 神父の言葉
4. 神父による棺への献香
5. 神父による棺への撒水
6. 告別の祈り
7. 結びの祈り
8. 神父による献花
9. 神父退堂
10. 弔辞拝受・弔電紹介
11. 遺族代表のあいさつ
12. 一般参列者の献花と聖歌
13. 出棺

葬儀 葬儀式

1. 奏楽
2. 賛美歌斉唱
3. 聖書朗読
4. 祈祷
5. 賛美歌斉唱
6. 故人略歴
7. 葬儀の辞
8. 祈祷
9. 弔辞拝受・弔電紹介
10. 賛美歌斉唱
11. 祝祷
12. 奏楽
13. 遺族あいさつ
14. 告別献花
15. 奏楽

◆キリスト教の追悼儀式
プロテスタントでは、死後1か月目の召天記念日（亡くなった日）に記念式を行う。

カトリックの通夜・葬儀

カトリックでは臨終が近づいたときに神父を招きます。そして、それ以後の通夜や葬儀などの儀式には、すべて教会と神父が深く関わります。

臨終〜通夜

●病者の秘跡

カトリックでは臨終《りんじゅう》が近づくと「病者の秘跡《ひせき》」の儀式を行います。枕元に白い布をかけた小机を置き、十字架《じゅうじか》とろうそく、病者の油*などを飾り、病人を力づけるとともに罪の許しをもたらすのです。罪を告白して許しを得るためにも、できるだけ本人の意識がはっきりしているときに行います。

●納棺

遺体は、顔に白い布をかぶせて安置します。枕飾《まくらかざ》りに決まりはありませんが、十字架、燭台《しょくだい》、生花などを置くのが一般的です。

納棺《のうかん》をする際には神父が立ち会います。聖書の朗読、聖歌の斉唱の後、神父が納棺の言葉を捧げ、納棺します。このとき、遺体の両手を胸で組ませ、愛用していたロザリオ*を持たせます。そして仏式と同様に生花で飾り、棺《ひつぎ》は十字架の付いた黒布で覆います。

●通夜のつどい

カトリックでは通夜《つや》のことを「通夜のつどい」や「通夜の祈り」などと呼びます。葬儀の流れは教会によって異なりますが、一般的には、聖歌斉唱、聖書朗読、説教、お祈り、献香《けんこう》（左記参照）と焼香《しょうこう》、結びの祈り、遺族のあいさつなどで構成されます。

式次第の後に、茶菓《さか》や軽食をふるまう茶話会などが催されます。

キリスト教式・枕飾り

キリスト教式の枕飾りの例。

*「病者の油」…信者の臨終の際に塗られる香油。
*「ロザリオ」…カトリック教会の数珠（じゅず）。念珠。

カトリックの葬儀・告別式

●葬儀ミサと告別式

カトリックでは葬儀のことを「葬儀ミサ」と呼びます。仏式の葬儀との最大の違いは、葬儀ミサは教会が主催することです。そのため、葬儀ミサは自宅ではなく教会で行われます。

教会によって多少異なりますが、葬儀ミサは一般にP116・117のような順序でとり行われます。「言葉の典礼《てんれい》」では、聖書の朗読、聖歌の斉唱《せいしょう》、福音《ふくいん》書《しょ》の朗読、神父の説教、お祈りなどが行われます。「感謝の典礼」は、遺族が奉納したパンと葡萄酒《ぶどうしゅ》によるミサで、故人が神に受け入れられることを祈ります。

葬儀ミサに引き続いて、告別式が行われます。こちらは教会ではなく、喪主《もしゅ》がとり行います。

キリスト教式（教会）の席次

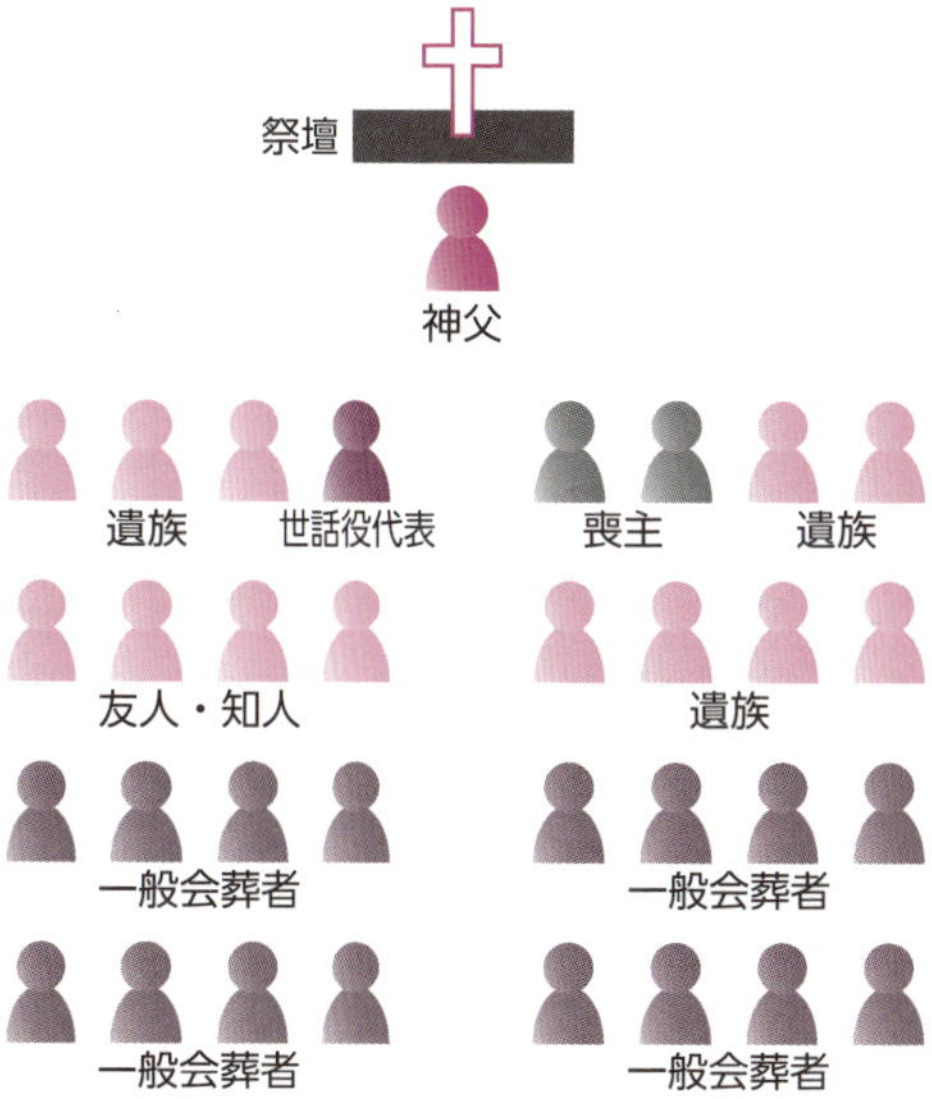

葬儀社に依頼すること

葬儀ミサは教会が主催しますが、祭壇の設営などは葬儀社が行うことがあります。その場合は、できるだけキリスト教式の葬儀になれている葬儀社に依頼したほうがいいでしょう。具体的な準備や進行は、教会や神父の指示を受けて行います。

一般の参列者にはキリスト教の儀式が初めてという人が少なくありません。賛美歌の楽譜や祈りの言葉、作法について、印刷した文書を用意しておくといいでしょう。

献香の儀式

献香《けんこう》とは、カトリックの神父が行う儀式です。撒水《さんすい》（棺に聖水《せいすい》をかけること）をしながら、棺や祭壇の周囲をまわって香を振りかけます。

プロテスタントの通夜・葬儀

プロテスタントの通夜や葬儀は、カトリック以上に教義に忠実に、そして厳格に行われます。キリスト教徒以外の参列者への心配りも必要です。

臨終～通夜

●聖餐式

プロテスタントでは、洗礼《せんれい》を受けている人が危篤《きとく》状態になったら「聖餐《せいさん》式」を行います。牧師が信者にパンと葡萄酒《ぶどうしゅ》を与え、聖書を朗読し、死者の魂が永遠の安息を得られるように祈ります。意識のあるうちに行うことが重要で、危篤にならなくても行うことができます。

なお、病人が洗礼を受けていない場合には、聖書を朗読して祈りを捧げます。

●遺体の安置・納棺

プロテスタントには特に決められた枕飾《まくらかざ》りなどはありません。白い布をかぶせた小机に十字架《じゅうじか》、燭《しょく》台《だい》、聖書、賛美歌集《さんびかしゅう》などを置くのが一般的なようです。

納棺《のうかん》する際には「納棺の儀」を行います。牧師が祈りを捧げるなか、遺族や親戚などの手で遺体を棺《ひつぎ》に納めます。遺体の周囲を生花で飾り、ふたをしたら棺を黒い布で覆います。次に、枕元に遺影《いえい》と花を供え、賛美歌の斉唱、聖書の朗読、納棺の辞、お祈りなどを行います。

●前夜祭

通夜《つや》のことをプロテスタントでは「前夜祭《ぜんやさい》」あるいは「前夜式《ぜんやしき》」などと呼びます。前夜祭では通常、賛美歌の斉唱《せいしょう》、聖書の朗読、お祈りなどが行われますが、日本では献花も行われるようです。

前夜祭の後には、簡単な茶菓《さか》を用意して故人を偲《しの》ぶ会を開くのが一般的です。

プロテスタントの葬儀

●葬儀式の進行

プロテスタントの葬儀式は、カトリックと同じく教会で行われますが、カトリックに比べると、より教義に忠実に、厳格に行われる傾向にあります。そして、故人の冥福《めいふく》を祈るというよりも「神への礼拝《れいはい》」の意味合いが強い点が特徴です。

日本的な葬儀の習慣とはなじまないこともあるので、準備や進行について、あらかじめ教会と綿密な打ち合わせをし、一般参列者が、とまどわないような心配りが必要です。

式次第は教会によって異なりますが、通常は荘厳なオルガン演奏で始まり、賛美歌の斉唱、聖書の朗読、祈祷《きとう》へと続きます。

火葬〜骨揚げ

キリスト教では本来は土葬《どそう》しますが、日本では土葬は自治体の条例などで許可されていない場合がほとんどですので、火葬《かそう》にします。火葬の直前には、カトリックもプロテスタントも、聖歌・賛美歌の斉唱や最後のお祈りを行います。

骨揚《こつあ》げは仏式とかわりませんが（P97参照）、プロテスタントでは、箸を使わないケースもあります。持ち帰った遺骨は自宅に安置し、死亡した日から1か月後に「召天《しょうてん》記念式」（P245参照）を行います（プロテスタントの場合）。

教会の役割

キリスト教では葬儀などを教会が主催します。そのため、神父や牧師が、仏式葬儀の世話役のような役割を果たしてくれるのです。臨終《りんじゅう》から先、葬儀の準備や進行については、教会の指示を守ることが大切です。

仏式・神式とは死に対する考え方が異なる

キリスト教では、死は永遠の命の始まりだと考えられています。そのため、死は悲しいけれど不幸なこととはとらえられていないなど、仏教や神道とは死に対する考え方が異なります。

また、同じキリスト教でも、カトリックとプロテスタントでは、葬儀の流れや使われる用語が異なります（聖職者のことをカトリックでは「神父」、プロテスタントでは「牧師」と呼んだり、礼拝の歌を、カトリックでは「聖歌」、プロテスタントでは「賛美歌」と呼ぶなど）。カトリックの葬儀は、神への感謝と遺族を慰めるために行われますが、プロテスタントでは、神のために祈りが捧げられます。

密葬の準備と進め方

家族などだけで営む葬儀が密葬です。密葬にはさまざまなケースがありますが、本葬を行わない場合には必ず通知状を送ります。

密葬とは

●密葬をするケース

遺族や近親者だけで営まれる葬儀を「密葬《みっそう》」といいます。密葬にはさまざまなケースがあります。

たとえば、葬儀が年末年始にかかる場合や、遠隔地で死亡したようなケースでは、とりあえず身内だけで密葬を行い、あらためて本葬を行います。個人が会社の代表者や著名人などで、参列者の人数がたいへん多くなることが予想される場合なども、本葬に先だって密葬を行います。

最近では、本人が強く希望した場合や、家族だけで静かに見送りたいなどの理由で密葬を行うこともあるようです。また、変死などの理由で葬儀を公開したくないというケースもあります。

●密葬の連絡

密葬を行う場合、火葬《かそう》を終えるまでは亡くなったことを外部には伝えないのが習わしです。そして、後日あらためて本葬の通知を出します。ただし、近所の方々には、本葬までは弔問《ちょうもん》を控えてもらうように、事前に連絡をしておかなければなりません。

密葬だけで本葬は行わない場合には、後日必ず通知状を送ります。

密葬の進め方

●密葬の種類

密葬の進め方はさまざまです。祭壇すら設けずに、火葬をして埋《まい》葬《そう》してしまうケースもあれば、僧侶を招いて通常の仏式の儀式を行うこともあります。あらためて本葬を行う場合には、簡略化することが多いようです。

また、特に故人が希望したときなどには、特定の宗教によらない「無宗教葬（P262参照）」を営むこともあります。

●周囲への心配り

本葬を行わない密葬の場合、周囲への配慮も必要です。「密葬」という言葉自体に、暗いイメージがあるため、親戚などの同意を得られないことがあるからです。また、葬儀に参列できない人のなかにも不満に思う人がいるかもしれません。

このようなことがないように、事後にあらためてあいさつ状などを送り、きちんと説明しましょう。また、親しい友人・知人などが故人に自主的に「お別れ会」や「偲《しの》ぶ会」などを開催する場合には、遺族も協力するのが礼儀でしょう。

「家族葬」との違いは

近年、近親者だけで静かに心のこもった葬儀を営みたいという人が増えているようです。こうした葬儀を密葬ではなく「家族葬《かぞくそう》」と呼ぶことがあります。家族葬には、親戚や親しい友人・知人が加わることもあります。密葬と似ていますが、密葬はとりあえず身近な人だけで葬儀を行ったのち、あらためて本葬を行うのが一般的で、その点が家族葬と異なります。

密葬の通知状の例

父○○○○、かねて病気療養中でございましたが、○月○日午後○時○分、逝去いたしました。○○歳でした。

ここに生前の御交誼に深謝いたしますとともに、謹んでご通知申し上げます。

なお、誠に勝手ながら、故人の遺志によりまして、葬儀はごく内輪にて執り行わせていただきました。お供物、お香典につきましては、お気持ちだけ頂戴し、ご辞退申し上げます。

はなはだ勝手ではございますが、何とぞご了承いただきたく、お願い申し上げます。また、ご報告が遅れましたことを心よりお詫びいたします。

平成○年○月○日

住所○○○○○○○○○○○
喪主　○○○
外　家族一同

家族葬を行うには

最近では、形式的な葬儀よりも身内だけで行う葬儀が好まれる傾向があります。他の葬儀に比べ費用も低く抑えられるメリットがありますが、遺族への配慮も必要です。

家族葬とは

近年、近親者だけで行う「家族葬」が増えています。遺族に費用などの面で心配をかけたくない、形式にはこだわらない、など理由はさまざまです。

家族葬は比較的小規模なものですが、子や孫だけの数人のものから、親類やごく親しい友人、知人の数十人で行うものまでさまざまです。形式も、僧侶を呼んで宗教儀式を行う場合もあれば、宗教的な儀式は一切行わない無宗教葬（P262参照）もあります。

ただし、希望どおりの葬儀を行うためには、生前から具体的なプランを準備し、周囲の理解を得ておいたほうがいいでしょう。

●家族葬の費用は？

家族葬は、通夜ぶるまいなどの飲食接待費や返礼品などの費用はかかりませんが、棺《ひつぎ》、遺体を運ぶ車両費、火葬場の利用料金などはかかります。また、友人・知人に参列していただく場合は、もてなしの費用も必要です。

一方で、弔問客が少ないために香典による収入があまり見込めないことも覚えておきましょう。

最近増えている直葬とは

直葬とは、通夜も葬儀・告別式も行わず、遺体を直接火葬場へ運び、火葬・拾骨して終える葬送法のこと。10数万円～30万円程度と低価格で、寺院とのつながりや人間関係の希薄化に伴い2000年代から増えています。背景には、身寄りのいない独居の人が増えていることや、葬儀にあまりお金をかけない傾向などがあげられます。

家族葬と同様、遺族から反感を買うなどのリスクもあるので、事前に周囲の理解を得ておきましょう。

家族葬の進め方

家族葬の準備

まず、どのような葬儀にするのかを決めます。家族葬の準備のポイントを順に見ていきましょう。

❶葬儀の規模

家族葬といっても、家族だけで行わなければいけないわけではありません。ごく親しい友人や知人、親戚など10～20人程度を呼んで、こぢんまりと行うケースもあります。

❷宗教・宗派について

宗教葬にするのか無宗教葬にするのか。宗教葬にする場合には、どの宗教のどの宗派で、どの寺院（教会）に依頼するのかなどを決めます。

❸喪主《もしゅ》を決める

家族葬であっても宗教葬の場合には、喪主が必要です。一般的には、配偶者、子ども、兄弟姉妹、孫などの中から、身内の状況に応じて誰が喪主を務めるかを決めます。無宗教葬でも代表者を決めておきます。

❹葬儀社を決める

無宗教葬で行う家族葬でも、最低限、棺と霊柩車《れいきゅうしゃ》は必要です。これらの手配は葬儀社にまかせたほうが間違いがないでしょう。

❺葬儀の詳細について

自宅で行うのか、それとも斎場《さいじょう》を利用するのか、祭壇はどのようなものを設けるのか、全体でどの程度の費用をかけるのか、などを決めておきます。

❻連絡方法について

葬儀前の連絡や、葬儀後の連絡

こんな時どうする?

自宅で家族葬を行うときには

家族葬を斎場で行う場合、死亡したことを家族以外には連絡せずに、遺体を病院から直接、会場に搬送してしまえば、誰にも知られずに行うことは可能です。ところが、自宅で行う場合にはそうはいきません。僧侶を呼べば読《ど》経《きょう》の声が聞こえるかもしれませんし、家の前に霊柩車が止まれば誰でも気づきます。このような場合、隣近所に知らせずに葬儀を行うのはマナー違反です。「故人のたっての願いで家族葬を営む」ということをきちんと説明して、理解を得ておきましょう。

を、誰に、どのような方法で行うかを決めておきます。また、香典《こうでん》や供花《くげ》、供物《くもつ》の扱いについてもどうするかを決めておきましょう。

トラブル回避

●死亡を知らせる範囲

家族葬を行うことにデメリットがあることは先に書きました。では、混乱を避けるためにはどうすればいいのでしょうか。

まず、家族葬を無事に終わらせるためには、「葬儀に呼ばない人には知らせない」ことを原則とします。その点についてあとで責められるかもしれませんが、それはまた別の問題です。

家族以外で特に親しかった人だけ呼ぶ場合は、人選に気をつけなければなりません。一番いいのは、本人が元気なうちに「誰を呼ぶか」を決めてもらうことです。

●事後の対応

葬儀が終了したら、死亡通知状を送ります。なかには通知をもらって（怒って）電話をかけてくる人もいるでしょうが、誠実に対応するほかに方法はありません。

また、直接、弔問に訪れる場合もありますので、どう対応するかあらかじめ決めておきましょう。ある人にはお線香をあげてもらったのに、ある人には玄関で帰ってもらった、などというような差別はさらに問題を大きくするので気をつけたいものです。

家族葬をあげた場合の死亡通知状の例

父○○○○、かねてより病気療養中でしたが、去る○月○日、容態が急変し、家族が見守る中、永眠いたしました。○歳でした。

故人の強い遺志によりまして、通夜・葬儀はごく内輪にて執り行わせていただきました。生前のご厚誼に心より感謝申し上げますとともに、ご報告が遅れましたことを、深くお詫び申し上げます。

なお、誠に勝手ながら、ご供物、ご香典につきましては、お心だけ頂戴し、ご辞退申し上げます。

平成○年○月○日

喪主　○○○○
外　家族一同

家族葬を行ったことを周囲の人たちに理解してもらう意味からも、葬儀が終わったのちに死亡通知状を送ります。家族葬を終えた知らせと、家族葬にした理由、香典などの扱いについて記します。

イザというときのQ&A

こんなとき、どうすればいい？

葬儀でやってはいけないこと、
誰に何を頼めばよいかなど、
気になる疑問について

Q 葬儀社に「セット」で依頼するときに上・中・下のランクがあったら、どのランクにすればいいのでしょうか？

A どのような葬儀にしたいのか、予算はどれくらいなのか、などによって異なります。セット料金に含まれている内容を細かく確認して予算と考えあわせて決めましょう。無難だからと内容を吟味《ぎんみ》せずに「中」を選ぶと、必要のないものまで含まれていることがあります。

Q 自宅に遺体を安置できるような場所がないのですが…

A 病院の霊安室《れいあんしつ》に遺体を安置しておけるのは、短ければ数時間、長くてもひと晩というケースが一般的です。もし、自宅に遺体を安置しておく場所がない場合には、斎場《さいじょう》や火葬場《かそうば》などの遺体安置用の施設を利用できることがあります。このような場合には、葬儀社に相談してみるといいでしょう。

Q 臨終《りんじゅう》後、遺体はどこに運べばいいのでしょうか？

A 通夜《つや》や葬儀を自宅で行う場合には、自宅に搬送します。斎場や寺院で行う場合には直接、会場に搬送するケースと、いったん自宅に搬送するケースがあります。個人が生前、自宅に帰りたがっていた場合などは、自宅に連れ帰ってお別れをしてあげましょう。

Q 喪主《もしゅ》と施主《せしゅ》はどう違うのですか？

A 喪主は、お葬式をとり行い、遺族の代表として弔問《ちょうもん》を受ける人のことです。通常は、故人の配偶者や子どもなどの血縁者が務めます。一方、施主は、おもに葬儀費用を負担する人を指すことが多いようです。一般的には施主と喪主は同じ人が務めます。

Q 遺体の搬送は誰に頼めばいいのですか？

A 病院にお願いすれば、葬儀社を紹介してくれます。この場合、その葬儀社に葬儀まで依頼しなければならないと思われがちですが、そのようなことはありません。誤解のないように、搬送だけであることをハッキリと伝えましょう。

Q エンバーミングは必ずしなければならないものでしょうか？

A アメリカなどでは約9割の人が遺体にエンバーミング（P44参照）を施すといわれていますが、日本ではまだどちらかというと少数派です。衛生面や感染予防に効果がありますから、考えてみてもいいでしょう。生前のきれいな顔でお別れができるというメリットもあります。一部の葬儀社や互助会がオプションとして扱っています。

Q 女性が喪主を務めてもいいのでしょうか？

A 古くからのしきたりでは、故人の妻が健在でも長男を喪主とすることがありました。最近では、実際に葬儀をとりしきったり法事《ほうじ》を営むのが妻であれば、妻が喪主を務めることが多いようです。特に問題はありません。

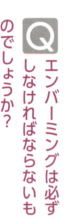

Q 会葬礼状を、葬儀社が用意する既成のものではなく、自分で文章を書きたいのですが？

A もちろん可能です。自分ならではの心のこもった文章のほうが、受け取った人にとってもありがたいものです。ただし、定型にした場合よりも費用と手間がかかります。もともとセットに会葬礼状の料金が含まれている場合には、「差額」ですむのか、まったくの「別料金」になるのかを葬儀社に確認しておきましょう。

なお、会葬礼状は遅れて出すと失礼にあたります。

Q 僧侶の手配はどのようにすればいいのですか？

A 菩提寺《ぼだいじ》がある場合には、まず、菩提寺に連絡をします。菩提寺がない場合には、葬儀社に相談すれば僧侶《そうりょ》を紹介してもらえます。

Q 友引《ともびき》や仏滅《ぶつめつ》の日に通夜を営んでもいいのでしょうか？

A 友引は「友を死に引き込む」といわれており、この日に葬儀を行わないのが一般的です。また、友引の日には火葬場《かそうば》が休みの場合が多いようです。しかし、通夜は友引の日に行ってもかまいません。また、葬儀や通夜を行う日については、仏滅を気にする必要はありません。

Q 葬儀や法要《ほうよう》で僧侶を呼ぶときには、何と呼べばいいのでしょうか？

A 浄土《じょうど》真宗《しんしゅう》は「住職《じゅうしょく》」、日蓮《にちれん》宗《しゅう》は「上人《しょうにん》」、禅宗では「方丈《ほうじょう》」など、宗派によって呼び方はそれぞれ異なります。さらに、地域やお寺によっても異なる場合があります。呼び方に迷った場合には、「ご住職」あるいは「住職様」などが無難な呼び方でしょう。

Q 一般的に、葬儀費用はどのくらいかかるものなのでしょうか？

A 葬儀の規模などの条件によって異なりますが、全国平均では、葬儀費用が120万円前後、飲食費が30万円前後、宗教者への謝礼が40万円前後といわれています。東京近郊だとこれよりも50万円ほど多くかかるようです。ただし、区民葬を利用するなどすれば、数十万円程度に抑えることも可能です。

Q マンションでも自宅葬は可能ですか？

A 小規模な葬儀であれば可能です。一番の問題は、遺体や棺《ひつぎ》を出し入れできるかどうかです。最近のマンションのエレベーターは、棺が入るように工夫されているタイプもあります。エレベーターが使えなくても、いくつか方法が考えられるので、葬儀社に相談してみましょう。

Q 受け取った香典袋《こうでんぶくろ》にお金が入っていなかったときにはどうすればいいのでしょうか？

A 基本的には、香典を受け取るときに会計係がチェックすべきことですが、あとになって気づくことも少なくありません。その場合には、喪主《もしゅ》自らではなく会計係や受付係の方に頼んで先方に連絡をしてもらいます。

Q 香典を連名でいただいたときの香典返しはどうすればいいのでしょうか？

A 一人ひとりにハンカチやプリペイドカードなど、あまり値の張らないものを送るというケースがあります。あまり人数が多いと送料がかさみますので、会社の同僚などに対しては、みんなで分けて食べられるお菓子などを、会社に送ってもいいでしょう。

Q 年末に葬儀を行いました。年末年始が重なり、あいさつ回りの時期を逃してしまったのですが…

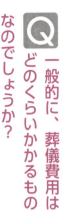

A 通常は、翌日か翌々日に、葬儀委員長、世話役、受付、会場係などにあいさつ回りを行います。ところがこのケースでは、その時期が年末年始と重なってしまったというやむを得ない事情が生じています。このような場合は、四十九日《しじゅうくにち》の法要が終わったのち「香典返し」を行う際に、葬儀後にできなかったあいさつ回りを兼ねて、粗品を添えてあいさつを行うとよいでしょう。

その際、香典返しに添える文面に、「葬儀の当日は大変お世話になりました。○月○日、内輪だけでささやかな四十九日法要を営ませていただきました」というお礼の文面を追加するとよいでしょう。なお、四十九日が年始に重なる場合には、もっとも早い場合でも1月7日以降、通常は1月15日の小正月以降に行います。

ご近所などには、前記のように香典返しを持参してあいさつ回りを行いますが、職場の関係の人で四十九日法要に来られない人には、前述の香典返しにお礼の文面を添え、郵送するとよいでしょう。

Q 会葬礼状などに句読点《くとうてん》がないのはなぜですか？

A かつて筆で書いたころのしきたりが今も残っているものです。文章的には句読点があったほうが読みやすいことから、最近では句読点をつけることも多くなっています。

Q 病死や事故死の場合でも、献体《けんたい》や臓器提供は可能ですか？

A 臓器提供は、提供する臓器に問題がなければ可能です。また、献体は、病死や事故死の場合でもまったく問題なく行えます。正常な状態との比較ができるということから、貴重な献体となります。

悲しみを癒すためには……

人の死は悲しいものです。なかでも家族の死ほどつらくて悲しいものはないでしょう。その衝撃は、残された人の精神ばかりか、不眠、食欲不振、疲労など、肉体にまで影響を及ぼします。こうした状態から立ち直るためにもっとも有効なのは「時」だといいます。時がたつことで、忘れられないまでも、受け入れることができるのでしょう。

「人と話をする」のも有効な方法です。親しい友人や知人と話をすることで、だんだんと悲しみがうすれていくこともあります。身近にそのような人がいない場合には、同じような悲しみを抱いて悩んでいる人たちの団体があります。

たとえば「ほほえみネットワーク」は、伴侶《はんりょ》を亡くした人たちの心のケアを中心に活動している団体です。10人前後の小グループでテーマを決めて行うミーティング=グループカウンセリングが活動のメインです。入会金が5,000円で年会費が3,000円。セミナー等に参加する際には受講料がかかります（1000円～。内容により異なる）。

●問い合わせ、申し込みは
http://www.hohoemi-network.org/
から。

また、「生と死を考える会」では、身近な人を失った悲しみを分かち合い、支え合うことを目的に、講演会や学習会などを行っています。こちらは入会金が1000円で年会費は4000円。

●問い合わせ、申し込みは
http://www.seitosi.org/
から。または
電話 03-5577-3935 まで。

興味のある方は問い合わせてみてはいかがでしょうか。

第2章

葬儀後の手続きと届け出について

●**葬儀後にすること**

葬儀後の事務処理／あいさつ回り／形見分け／香典返し／忌中と喪中

●**各種手続き**

役所への手続き
・住民票、戸籍の変更など
相続財産の手続き
・預貯金の名義変更、不動産の移転登記など

●**生命保険、健康保険**

年金／確定申告

葬儀後の諸手続き一覧

亡くなった直後に行うこと

- 死亡診断書・死体検案書の受取
- 死亡届・火葬許可申請書の提出（7日以内）
- 年金受給停止の手続き（厚生年金10日以内、国民年金14日以内）
- 健康保険の諸手続き（国民健康保険14日以内）
- 世帯主変更の手続き（14日以内）
- 世介護保険の資格喪失届（14日以内）

葬儀後に行うこと

- 後片付け・事務手続き等
- 弔電の受取、香典の整理等
- 葬儀社等への支払

落ち着いてから行うこと

- 寺院等へのあいさつとお礼
- お世話になった人へのあいさつとお礼・形見分け・香典返し
- 戸籍謄本の取得（相続人の調査）
- 住民票の写し・印鑑証明書の取得
- 電気・ガス・水道・電話等の支払い方法変更・停止
- 葬祭費・埋葬料の支給申請（2年以内）

必要に応じて行うこと

- □ 生命保険の受取（2年以内）
- □ 高額医療費の請求申請
- □ 復氏《ふくうじ》届
- □ 婚姻関係終了届
- □ 改葬許可申請
- □ 未支給年金の受給手続き
- □ 遺族年金の受給手続き
- □ 寡婦年金の受給手続き
- □ 死亡一時金の受給手続き
- □ 児童扶養手当の受給手続き
- □ 相続の手続き
- □ 確定申告
- □ 相続税申告
- □ 名義変更

葬儀後の事務処理

事務処理は後で問題が起こらないよう、できるだけその日のうちに行います。支払いは内容を確認してなるべく早くすませ、喪服の手入れも忘れずに行いましょう。

葬儀当日

●周囲の後片付け

葬儀が終わり、精進落《しょうじんお》としがすんだら、家の中や外まわりの後片付けを行います。喪主《もしゅ》や遺族代表は世話役から事務の引き継ぎを行わなければならないので、後片付けは手のあいている遺族や親戚が中心になって行いましょう。

家の中では、移動していた家具などを元の位置に戻します。ただし、祭壇のある部屋はそのままにしておきます。また、絵画や装飾品なども忌明《きあ》けまでは控えましょう。

家の周囲を清掃し、道順を示す案内札や立て看板なども撤去します。張り紙などをさせてもらった家にはあいさつも忘れずに。

●事務の引き継ぎ

まず、芳名帳《ほうめいちょう》、香典帳《こうでんちょう》、供物帳《くもつちょう》、弔電《ちょうでん》、弔辞などを受け取ります。次に、納品書、領収書、請求書など、葬儀にかかった費用に関する書類などを整理します。そして、入金、出金、未払いなどの金額を出納帳と照らし合わせて確認しましょう。

特に、香典などの現金を受け取るときには、必ずその場で出納帳《すいとうちょう》と照らし合わせることが大切です。世話人などに立て替え払いしてもらった分は、できるだけ早く清算します。後になって金銭面でのトラブルが起きないように十分注意しましょう。

葬儀費用は
相続税の控除対象に

葬儀にかかった費用は相続税の控除《こうじょ》対象になります。

出納帳は明細をできるだけ細かく記載し、領収書や請求書などの書類は、相続のときに、必要になるので、なくさないようにきちんと保管しておきましょう。

翌日以降

●葬儀社への支払い

葬儀費用は通常、葬儀の数日後に葬儀社から請求書が郵送されてきます。総額が見積金額よりも高くなっていることもありますが、多くは、弔問客の人数が増えて追加された返礼品など、見積もり後の変更分です。請求書と見積書を照らし合わせて内容を確認します。納得できない点があれば、遠慮せずに問い合わせましょう。

支払いは銀行振込が一般的ですが、金額が大きいので、現金の取り扱いには注意しましょう。

なお、最近は少なくなりましたが、お世話になった担当者に心づけを包むこともあります。もし、本当によくしてくれたと感じたのであれば、5千円から1万円を目安に渡してもいいでしょう。

●その他の支払い

葬儀にかかった費用で、直接、業者などに支払うものもあります。これは、葬儀社が代行で手配して立て替えた費用で、多くの場合、葬儀費用に含まれていませんので注意が必要です。

たとえば、通夜《つや》ぶるまいや精進《しょうじん》落《お》としのときの仕出し料理や飲み物などです。請求書を確認して、早めに支払うようにしましょう。花環や生花なども、葬儀社が立て替え払いしているケースとそうではない場合があります。

? こんな時どうする?

急な葬儀費用をどう工面する?

故人の銀行口座や郵便貯金は死亡がわかった時点で凍結され、引き出すことができなくなります。そのため、故人の預金で葬儀費用を賄う予定でいると困った事態になりかねません。金融機関によっては、事情を説明すると例外的に引き出しに応じてもらえることがありますので問い合わせてみるといいでしょう。

また、生命保険なら、受取人に指定されている人が必要書類等を揃えて手続きをすれば、数日で保険金を受け取ることができます。

その他、危篤のときにあらかじめ引き出しておくという方法もありますが、使い込みや横領など、あらぬ疑いをかけられて相続のときにもめることのないよう、領収書などを保管し、使途を明確にしておくことが大切です。

寺院・神社・教会へのあいさつ回り

お世話になった宗教者への謝礼とあいさつ回りは「翌日」が基本です。金額は多ければいいというわけではありません。表書きにも注意を。

謝礼とあいさつ回り

●翌日か翌々日までに

葬儀でお世話になった寺院・神社・教会へのお礼とあいさつ回りは、なるべくなら翌日に、遅くとも翌々日までには行います。喪主《もしゅ》ひとりだけではなく、遺族代表とふたりで出向いたほうがより丁寧でしょう。服装は、平服《へいふく》でもかまいませんが、喪服《もふく》に準じた地味なものにします。

どうしても葬儀後の日程の都合がつかないときには、葬儀の当日、精進落《しょうじんお》としの後に謝礼を渡してもかまいません。その際には、「本来は直接おうかがいしてお礼を申し上げるべきところでございますが」と、きちんとお詫びをしてからお礼をするようにしましょう。

●謝礼の包み方

謝礼は、＊奉書紙《ほうしょがみ》に包むか白い封筒に入れます。先方に不幸があったわけではないので不祝儀袋《ぶしゅうぎぶくろ》は使いません。封筒は袱紗《ふくさ》に包んで持参し、渡すときには袱紗を開いて封筒を菓子折や盆などにのせて差し出します。この際には、表書きが相手のほうから読めるように、向きに気をつけましょう。

謝礼の金額・表書き

●謝礼の金額

寺院への謝礼は、通夜《つや》、葬儀、告別式、還骨回向《かんこつえこう》、そして戒名《かいみょう》まで、すべてをひとまとめにして包みます。問題は金額です。

謝礼の金額は、基本的には葬儀の規模や故人の地位、僧侶の人数や地位、寺院の格、遺族の経済状態などを考慮して決められるものので、目安としては10～50万円と大きな開きがあります。どうしても自分で判断がつかない場合には次のような方法があります。

＊「奉書紙」…江戸時代の公文書に用いられた上質の和紙。

❶檀家総代《だんかそうだい》などに相談する
❷世話役に相談する
❸葬儀社に相談する
❹寺院に直接尋ねる

最近、寺院によっては「規定料金」のようなものを定めているところもあります。

●謝礼の表書き

神社や教会への謝礼も基本的には寺院と同様に行います。ただし、相手によって謝礼の表書きが違うので注意が必要です。

寺院への謝礼の表書きは「御布施《おふせ》」です。戒名料や読経料《どきょうりょう》などと書かないようにしましょう（戒名料や読経料などすべてを合わせて御布施といいます）。複数の僧侶を招いた場合には、導師《どうし》（中心的な僧侶）以外の僧侶への謝礼は、「御礼《おれい》」または「御法礼《ごほうれい》」として別包みにして導師に預けます。

神社への謝礼は「御祭祀料《おさいしりょう》」、または「御礼」です。斎主《さいしゅ》、斎員《さいいん》、伶人《れいじん》（楽師《がくし》）それぞれに包みます。

教会への謝礼は「献金」とします。牧師や神父、聖歌・賛美歌の伴奏をしてくれたオルガン奏者などには別に「御礼」を包みます。

寺院などに持参する場合

寺院などに謝礼を持って行くときには菓子折などもあわせて持参します。

謝礼を渡すときには、袱紗《ふくさ》から取り出し、その菓子折などの上にのせて差し出すのが礼儀です。

謝礼の表書き

●寺院へのお礼

御布施
○○○○

一括して「御布施」とする。複数の僧侶を招いた場合は、「御礼」として別に包む。

●神社へのお礼

御祭祀料
○○○○

「御祭祀料」または「御礼」とし、斎主、斎員、伶人それぞれに包む。

●教会へのお礼

献金
○○○○

「献金」として包む。牧師や神父、オルガン奏者などには「御礼」として別に包む。

お世話になった人へのお礼

ご近所や故人の勤務先など、宗教関係者以外のお世話になった人々へのお礼も忘れずに。できれば初七日までに、お礼を持参してうかがいます。

誰に、どんな形で行うか

●お礼の範囲

葬儀では、宗教関係者以外にもたくさんの人にお世話になります。これらの人々へのお礼も忘れずになるべく早めにしましょう。

◆世話役・世話役代表

世話役へのお礼は、精進落《しょうじんお》としの終了後「御車代《おくるまだい》」として渡します。さらに、世話役代表や葬儀委員長には、後日あらためて出向いてお礼を述べます。

◆ご近所

葬儀を手伝ってもらった人はもちろんですが、車や人の出入りで迷惑をかけた隣近所にもお詫びをかねてお礼にうかがいます。特にお世話になった人には菓子折などのお礼を持参しましょう。

◆故人の勤務先

勤務先へは、必ず事前に電話連絡をしてからうかがうのが礼儀。直属の上司や同僚、部下などに丁寧にお礼を述べます。菓子折などを持参するといいでしょう。

故人の机やロッカーなどの私物を整理し、「遺族厚生年金の請求」、「給与や退職金の精算」など、必要な事務手続きを行います。

●時期・服装

お礼やあいさつは、できれば初《しょ》七日《なのか》までにすませます。服装は地味めの平服でかまいません。

お礼の目安

- 世話役
  5000～1万円
- 世話役代表
  1万～2万円
- ご近所
  2000～3000円（品物）

現金の場合は「御礼」として白封筒に入れます

香典返し

香典返しは四十九日の忌明けに行います。金額は香典の3分の1から半額くらいを目安に。最近は品物を選べるスタイルも増えています。

香典返しとは

●香典返しの時期

本来、香典《こうでん》とは葬儀費用に対する相互扶助の意味合いが強く、金品でお返しをしなくていいものですが、近年では香典返しはごく常識的な習慣になっています。

仏式では四十九日《しじゅうくにち》の忌明《きあ》け後に、あいさつ状を添えて送るのが一般的です。四十九日が死亡月を含めて3か月目にあたる場合には三十五日に送ることもあります。

●香典返しをしない場合

生計を担っていた世帯主が亡くなった場合には、香典を遺族の生活費などに充てることがあるため、香典返しはしなくても失礼にはあたりません。また、故人の遺志などで香典を福祉施設などに寄付した場合にも、香典返しは行いません。ただし、近年は香典返しをするのが常識という風潮がありますから、しないときにはあいさつ状を送るのが礼儀といえます。

●即日返し

最近は「即日返し」といって、通夜や葬儀の日に、香典の金額にかかわらず3千～5千円の香典返しを渡してしまうケースも増えています。この場合にも、香典の金額が2万円を超えるぐらい大きかった場合には四十九日の法要《ほうよう》後に、それに見合った品物を贈るようにします。

神式、キリスト教式の場合

神式では五十日祭《ごじゅうにちさい》が終わった後にお返しをします。水引《みずひき》は銀か白で表書きは「偲草《しのびぐさ》」、「志《こころざし》」など。キリスト教式では、香典返しの習慣はありませんが、1か月後の命《めい》日《にち》頃にお返しをすることがあります。水引は銀か白で表書きは「記念品」、「志」です。

香典返しの選び方

香典の3分の1から半額が目安

香典返しでは、いただいた香典金額の3分の1から半額くらいの品物をお返しします。かつては「見るたびに故人を思い出すのはつらい」という理由から、お茶や石けんなどの消耗品を贈るのが一般的でしたが、最近はあまりこだわらないようです。

あまり個性を出さずに、砂糖やタオルセットなど、どこの家庭でも喜ばれる必需品を送ることが多くなっていますが、ブランドもののクッキーや有名店の菓子など、品物にこだわる人も増えています。最近は、もらった人がカタログから好きな商品を選べる「チョイスギフトシステム」なども人気です。

香典返しの表書き

香典返しの品には白の奉書紙《ほうしょがみ》をかけて黒白かグレーの水引を結ぶのが正式ですが、最近は水引を印刷した掛け紙を使うのが主流です。

表書きは「志《こころざし》」か「忌明志《きあけし》」「満中陰志《まんちゅういんし》」が一般的です。デパートなどに依頼するときには、香典返しであることを忘れずに伝えましょう。

香典返しの添え状の例

謹啓　先般、夫○○、永眠の際には、ご多忙のところご弔問をいただき、そのうえご丁重なご芳志まで賜りまして、誠にありがとうございました。

本日、故人の七七日忌にあたり、内々にて法要を営みました。

つきましては、供養のしるしに心ばかりの品をお送りさせていただきました。何とぞお納めくださいますようお願い申し上げます。

まずは略儀ながら、書中をもちましてご挨拶申し上げます。

敬白

平成○○年○月○日

○○○○

忌中と喪中

一般的に四十九日までが忌中、一周忌までが喪中です。忌中は謹んで故人を弔い、悲しみを癒します。喪中は、お祝い事などはなるべく避けましょう。

期間と過ごし方

●忌と喪の期間

「喪《も》に服《ふく》す」という言葉を聞いたことはありませんか？ 近親者が死亡したときには家にこもって慎んで暮らすという意味です。特に死の穢《けが》れが強い期間が「忌《き》」、穢れが薄くなった期間を「喪」といいます。一般的には、四十九《しじゅうく》日《にち》までが「忌中《きちゅう》」、一周忌までが「喪中《もちゅう》」とされています。

喪に服す近親者の範囲は、一般には配偶者と一親等（父母、子）、二親等（祖父母、兄弟姉妹、孫）の血族が目安です。故人が姻族《いんぞく》の場合でも、同居していた場合には喪に服すことがあります。

●忌中の過ごし方

死の直後、遺族は大切な人を失った悲しみに打ちひしがれています。忌中は、遺族が、日常生活から離れて死者の弔《とむら》いに専念し、自らが精神的に立ち直り、と社会生活に復帰するための期間です。

ただし、残念ながら会社や学校は49日間も待っていてはくれませ

官公庁服務規程による忌引き期間

	続柄	期間
	配偶者	10日間
血族	父母	7日間
	子	5日間
	祖父母	3日間
	兄弟姉妹	3日間
	孫	1日間
	おじ・おば	1日間
姻族	配偶者の父母	3日間
	配偶者の祖父母	1日間
	配偶者の兄弟姉妹	1日間

喪の期間についての考え方

亡くなられた方とのかかわりの深さと、ことの重さなどによって喪の期間も異なります。

❶最短四十九日の法要《ほうよう》まで、❷百か日まで、❸一周忌まで、❹最長13か月が過ぎてから、などを配慮しましょう。

ん。忌引《きび》き休暇は、多くの場合、1週間の範囲で社会生活に戻らなければなりません。

してはいけないこと

●祝い事への対応

喪中は、次のようなことはなるべく避けるべきだとされています。

◆祝い事への出席
◆正月飾り・初詣《はつもうで》・年賀状
◆歳暮《せいぼ》や中元《ちゅうげん》

ただし、これらは絶対にしてはいけない禁止事項ではなく「しなくても許される」程度に考えてもいいようです。不幸の前から予定されていた慶事などで、どうしてもお祝いに出席しなければならない場合には、先方に自分が喪中であることを伝えてから出席するのが礼儀です。

また、喪中のことを知らない相手には、あえて知らせる必要はありません。

年賀欠礼状の例

喪中につき年始のごあいさつをご遠慮申し上げます

本年○月、父○○が○歳で永眠いたしました。
喪中につき、勝手ながら新年のごあいさつは差し控えさせていただきます。
皆様のご健康とご多幸をお祈り申し上げます。
平成○年十二月
○○市○○町○○
○○○○

? こんな時どうする?

喪中に年賀状を受け取ったら

年賀欠礼のあいさつが間に合わずに、年賀状を受け取ってしまうことがあります。

このような場合には、1月15日以降に「寒中《かんちゅう》見舞い」として賀状のお礼を出します。

お歳暮や中元を贈りたい

最近は、忌中でなければお歳暮やお中元を贈るようになりました。

どうしても忌にかかってしまう場合には、お歳暮は「寒中（余寒《よかん》）御見舞い」、お中元は「暑中《しょちゅう》（残暑《ざんしょ》）御見舞い」として、忌が明けてから贈ります。

役所などへの手続き

故人が世帯主だった場合には、死亡後14日以内に変更届が必要です。
ライフラインの名義変更や引き落とし口座の変更も忘れずに行いましょう。

住民票・戸籍の変更

●世帯主の変更届

故人が世帯主だった場合には、新しい世帯主を決めて「世帯主変更届」を提出する必要があります。夫婦のどちらかが死亡し、世帯に残っている人が1人しかいない場合には、その人が自動的に世帯主になります。

届け出先は住民票のある市区町村役場、届け出期限は死亡した日から14日以内です。

●元の姓に戻りたいときには

配偶者が死亡したために結婚前の姓に戻りたいときには「復氏《ふくし》届《とどけ》」を提出します。

この際には、元の戸籍に戻るか新しい戸籍を作ることになります。新しい戸籍を作るときには「分籍《ぶんせき》届《とどけ》」が必要です。ただし、親が分籍しても子どもの姓や戸籍は変わりません。

子どもを新しい籍に入れたいときには、子どもの姓を変えるための「氏《うじ》変更許可」を子どもの住所地の家庭裁判所に申し立て、許可がおりてから「入籍届」を提出しなければなりません。

また、配偶者が死亡しても姻族《いんぞく》関係（配偶者の血族との関係）は終了しません。これを解消したい場合には、「姻族関係終了届」を提出します。

これらは住所地か本籍地の市区町村役場に提出します。期限は特に定められていません。

ライフライン（電気・ガス・水道など）

●名義変更・停止

故人名義の契約についても、早めに名義変更や停止手続きを行います。

電気、ガス、水道などのライフラインは、すみやかに解約手続きを行うか、使用を続ける場合には、名義変更を行います。手続きはそれぞれの営業所に電話で行えますが、領収書などが手元にあると便利です。

また、料金の引き落とし口座が故人名義になっている場合には、口座引き落としをいったん解約し、新たな名義人の口座で新規申し込みを行います。

住民票における「世帯主」とは

住民票は「世帯」ごとに作られていて、その代表者が「世帯主」です。主としてその世帯の生計を維持している者が世帯主になります。これは戸籍に記載されている「筆頭者」とはまったく別のものです。

遺族の受けられる福祉サービス

夫を亡くした寡婦《かふ》（未亡人）や母子家庭には、いくつかの福祉サービスがあります。国民年金の寡婦年金（P153参照）がその代表的なものですが、それ以外にも、医療費や児童扶養手当の支給などが、各市区町村で実施されています。また、母子家庭や寡婦の自立を支援する相談窓口を設けている自治体も少なくないので、自治体の福祉担当窓口などに相談してみましょう。

こんな時どうする?

労災（労働災害）と認定された場合

世帯主の死亡原因が、仕事中の事故や通勤途中の災害であると認められると、労災保険（労働者災害補償保険）から「遺族補償給付」が支給されます。手続きは所轄の労働基準監督署で行います。

交通事故の被害者の場合

交通事故の被害者として死亡した場合には、加害者側から慰謝料や遺失利益*などが支払われます。十分な弁済が行われないなどの問題が発生した場合には、自治体、弁護士会、日本損害保険協会などが設けている窓口に相談を。

*「遺失利益」…生存していたら、将来得られたであろう収入。

故人の預貯金に関する手続き

預貯金などの「相続財産」は、相続が終わるまでは名義変更ができなくなります。
クレジットカード等の解約は、葬儀後すみやかに行いましょう。

預貯金の支払い申請・名義変更

●預貯金の支払い申請

故人の銀行預金や郵便貯金は、死亡と同時に相続財産となります。金融機関は口座名義人の死亡を知った時点で口座を凍結しますから、たとえ遺族であっても預金などを引き出すことができなくなります。

預金などを引き出すためには、相続終了後に口座名義の変更をしなければなりません。変更には遺産分割協議書、相続人全員の戸籍《こせき》謄本《とうほん》・印鑑登録証明書、被相続人の全謄本《ぜんとうほん》などが必要です（左表参照）。

金融機関によっては、葬儀費用などの支払いに必要な場合を考慮して、150万円程度の支払いに応じてくれることがありますが、できれば臨終《りんじゅう》が近づいた段階で、ある程度の現金を用意しておきたいものです。

●名義変更手続き

株式や債券、不動産、特許権、自動車なども「相続財産」となりますので、名義の変更には預貯金と同様の手続きが必要です（左表を参照）。

故人が住んでいた住まいが賃貸だった場合、借家権や借地権は同じ契約条件のまま、相続人が引き継ぐことができます。この際に家主の承諾は基本的に不要です。

故人名義のクレジットカードは忘れずに解約しましょう。携帯電話やインターネットのプロバイダーなども、故人名義のものは解約します（固定電話は名義変更が可能です）。運転免許証やパスポートは、形見として保管しておいてもかまいませんが、盗難などには注意しましょう。会社や学校の身分証明書は、発行元に返却します。

名義変更のための手続き

手続き	申請窓口	必要な書類等	備考
預貯金の名義変更	各金融機関	□預貯金通帳 □口座名義の変更依頼書 □遺産分割協議書等 □相続人全員の戸籍謄本 □被相続人（故人）の全謄本 □相続人全員の印鑑登録証明書など	
不動産の移転登記	管轄する法務局	□登記する不動産の登記簿謄本または権利書 □所有権移転登記申請書 □被相続人（故人）と相続人全員の住民票 □相続人全員の戸籍謄本 □固定資産評価証明書 □その他 （遺産分割協議書、相続人全員の印鑑登録証明書等）	登録免許税が必要 （金額は評価額による）
株主名義の書き換え	株式発行会社指定の 信託銀行 証券会社等	□株券 □株主名義書き換え請求書・株主票 □相続人全員の戸籍謄本 □被相続人（故人）の除籍謄本 □相続人全員の印鑑登録証明書 □その他（遺産分割協議書等）	
自動車の移転登録	新名義人の 管轄陸運事務所	□移転登録申請書 □相続人の戸籍謄本 □遺産分割協議書等 □被相続人（故人）と相続人の住民票 □相続人全員の印鑑登録証明書	登録手数料が必要 （場合によってナンバープレート代等）

※必要な書類は各機関によって少しずつ異なるので、詳細は窓口に問い合わせを。

生命保険の受け取り

生命保険など死亡保険金は黙っていてはもらえません。
また、請求には時効があります。なるべく早めに、必要書類を添えて請求しましょう。

生命保険の請求

●請求する時期

故人が生命保険や簡易保険、共済などに加入していた場合には、死亡保険金の請求手続きを行います。ただし、これらはこちらから請求しなければ保険金は支払われません。

また、請求には時効があります。法的には2年間（保険会社などによっては3〜5年）で、請求権は消滅してしまいます。忘れないうちに、なるべく早めに請求しましょう。

●必要な書類等

死後の諸手続きには、死亡診断書や住民票、戸籍謄本《こせきとうほん》、印鑑登録証明書などが何通も必要になります（左表を参照）。住所地と本籍地が違う場合など、戸籍謄本を取るために余分な手間がかからないように、あらかじめ必要な枚数を用意しておきましょう。

なお、必要な書類等は保険会社によって異なる場合もありますので、詳細は加入していた保険会社に問い合わせましょう。その際に、保険証券が手元にあると話がスムーズに進みます。

保険金にかかる税金

保険金は、契約者・被保険者・受取人が誰かによって、かかる税金が異なります。

“契約者＝被保険者（故人）”の場合には相続税がかかります。ただし、受取人が法定相続人なら1人につき500万円まで非課税です（P298参照）。

“契約者＝受取人”の場合には、一時所得として所得税がかかります。契約者・被保険者・受取人がそれぞれ異なる場合には、贈与税がかかります。

保険金の請求

●事故死などの場合

不正な保険金の請求などを防ぐために、保険会社では支払いに際しては必ず審査を行います。死亡原因が自殺、事故の場合や、遭難、変死などの場合には、審査はより厳しくなります。

このような場合には、警察の発行した事故証明や死体検案書、事故が報じられた新聞記事などの提出が必要になります。

●保険金を受け取れない場合

次のようなケースでは、保険金が受け取れないこともあります。

まず、故人が自分自身を受取人に指定していたり、受取人に誰も指定していないような場合です。この場合には保険金は相続財産となりますから、相続が決定してからでなければ請求できません。

当たり前のことですが、契約者や受取人が被保険者を故意に死亡させた場合には保険金は受け取れません。戦争に巻き込まれたり、紛争地帯を旅行中に死亡したなども請求できないケースがほとんどです。

このほか、契約日から1年以内に自殺したときにも保険金は支払われません。「保険金が支払われないケース」は保険の約款に詳細に記載されています。

生命保険金の請求手続き（目安）

保険の種類	請求先	必要書類等	請求期限
生命保険	生命保険会社	□死亡保険金請求書 □死亡診断書（死体検案書） □死亡者の戸籍謄本 □受取人の戸籍謄本・印鑑登録証明書 □保険証券・最終保険料領収書	死後3年以内
簡易保険	郵便局	□保険証書 □死亡診断書（死体検案書） □死亡者の住民票等 □請求者の住民票等	5年以内

健康保険の手続き

健康保険の加入者や扶養家族が死亡した場合には、葬祭費などが支給されます。金額や手続きは保険の種類や自治体によって異なります。

葬祭費や埋葬料の請求

●国民健康保険の場合

国民健康保険の被保険者や家族が死亡した場合には、葬祭費や埋《まい》葬《そう》料などの名目で保険金が支給されます。金額は自治体によって異なりますが、1万～7万円程度のところが多いようです。

手続きには、支給申請書・請求書（役所に備え付け）、健康保険証、葬儀費用の領収書などが必要で（自治体により異なる）、役所の健康保険の窓口で行います。請求期限は通常、死後2年以内です。

●組合健康保険などの場合

故人が企業の組合健康保険などに加入していた場合にも埋葬料が支給されます。金額は、加入者本人が死亡したときは、故人の標準報酬月額の1か月分（最低5万円）。扶養家族の場合は、加入者に5万円が支給されます。手続きには、健康保険証、埋葬許可証や死亡診断書、などが必要で、勤務先の健康保険組合か、全国健康保険協会（協会けんぽ）で行います。

高額療養費

●高額療養費とは？

高額療養費とは、健康保険に加入している人で、同一月（1日から月末まで）にかかった医療費の自己負担額が高額になった場合、一定の金額（自己負担限度額）を超えた分が、あとで払い戻される制度です。自己負担限度額は、年齢や所得の額等によって異なります。一例として、70歳未満で、標準報酬月額が28万円～50万円の方の場合、自己負担限度額は、80，100円＋（総医療費－267，000円）×1％で算出します（平成27年度1月から）。

なお、1人の自己負担額が基準

額を超えない場合でも、同一世帯内で同じ月に2万1千円以上の自己負担をしている場合には、合算が許されます。

●高額療養費の請求

ある月に支払った医療費は、支払った月の2~3か月後に自治体や健康保険組合から通知されます。これが基準額を超えていたら高額療養費の請求をします。請求の方法や必要な書類等は、組合や自治体によって異なりますので、詳細は各窓口に問い合わせてください。詳しくは、全国健康保険協会のWEBサイトで確認できます。(http://www.kyoukaikenpo.or.jp/)

故人の扶養家族の健康保険は翌日から失効状態に

故人が勤務先で加入していた企業の組合健康保険などは、死亡の翌日から効力を失ってしまいます。そのままでは残された扶養家族は無保険状態となるため、住所地の役所で、国民健康保険の加入手続きを行います。その際には「健康保険資格喪失証明書」が必要です。

高額療養費の支給される時期

高額療養費が支払われるまでには通常、数か月かかります。死亡して退院する際に医療費を支払うのが困難な場合などには、高額療養費として返還される金額の9割を限度に貸し付けをしてくれる制度もあります。

葬祭費・埋葬料(費)の申請方法

	葬祭料	埋葬料(費)
提出先	故人が住んでいた市区町村役場の窓口	故人の勤務先の管轄協会けんぽ(年金事務所)もしくは健康保険組合
提出できる人	葬儀を行った喪主等	生計を維持されていて埋葬を行った人(該当者がいない場合は埋葬を行った人)
用意するもの	葬儀にかかった領収書、印鑑など	埋葬にかかった領収書、印鑑、(代理申請の場合)委任状
期限	葬儀を執り行った日の翌日から2年で時効	埋葬料:死亡した日の翌日から2年で時効 埋葬費:埋葬を行った日の翌日から2年で時効
備考	申請の手数料等は不要	会社が手続きを行う場合あり。要確認

年金の手続き

受給の停止や未支給年金・遺族年金の請求などはできるだけ早めに。
年金の種類によって届け出窓口が異なる場合があるので注意が必要です。

年金受給停止・未支給年金

●年金受給権者死亡届

年金を受給する権利は死亡とともに失われます。故人が老齢年金（老齢基礎年金・老齢厚生年金等）を受けていた場合には、「年金受給権者死亡届」を提出し、受給停止の手続きをします。この手続きには、年金証書と死亡を証明する書類（戸籍抄本《こせきしょうほん》や死亡診断書など）*1が必要となります。なお、この手続きが遅れると、受け取った年金を返還することになりますので注意しましょう。

●未払いの年金がある場合

年金は死亡した月の分まで支払われます。ところが支払いは2か月に1回のため、死亡月の分が未払いになるケースが起こり、これを「未支給年金」といいます。故人と生計をともにしていた遺族（配偶者、子、父母、孫、祖父母、兄弟姉妹、その他3親等内の親族）*2がいる場合、この未支給年金を受け取ることができます。

未支給年金は、「未支給年金・保険給付請求書」に必要事項を記入し、戸籍謄本《こせきとうほん》、故人と請求者が生計を同じくしていたことがわか

年金の種類によって届け出窓口が異なる

年金に関する届け出窓口は、故人が国民年金の第１号被保険者（自営業等）だった場合には、自治体の国民年金の窓口でも可能な手続きがあります。

届け出先は、年金事務所または街角の年金相談センターです。共済年金については各組合に問い合わせてください。

どこに届け出ればいいのかがわからないときには、最寄りの「年金事務所」や「街角の年金相談センター」、「ねんきんダイヤル（0570-05-1165）」に問い合わせてみましょう。

＊１　ただし、住民票コードが収録されている人は不要。
＊２　共済年金では３親等内の親族でも相続人にあたる人のみ。

る書類を添えて請求します。

遺族年金

●遺族年金とは？

一家の大黒柱が死亡した場合、残された遺族は収入を失い、生活に支障が出てしまいます。このようなケースで支給されるのが「遺族年金」です。遺族年金には、国民年金加入者が対象となる「遺族基礎年金」のほか、厚生年金加入者が対象となる「遺族厚生年金」、共済年金加入者が対象となる「遺族共済退職年金」などがあります。受給金額は、故人が加入していた年金の種類、遺族の人数や年齢などによって異なります。

●遺族基礎年金

遺族基礎年金とは、国民年金に加入していた人が死亡した場合に、遺族が受け取れる年金です。受給要件は次のようなものです。

◆死亡した人についての条件

被保険者または老齢基礎年金の資格期間を満たした者（※ただし、加入期間の3分の2以上保険料を納めていること）。ただし平成38年4月1日前に死亡した場合は、死亡日に65歳未満であれば、前々月までの1年間に保険料の滞納がなければ受けられます。

◆受給対象者の条件

死亡した者によって生計を維持されていたケースで、次の人が対象になります。

❶子のある配偶者
❷子

「生計を維持されていた」とは年収が将来にわたって850万円に満たない場合。将来850万円に満たなくなる場合も含みます。

「子」とは、18歳未満の子（18歳で3月31日を経過していない）か、20歳未満で障害年金の障害等級1級または2級の子に限ります。

◆年[*3]金額（平成27年4月分から）

780，100円＋子の加算です。子の加算は、第1子・第2子が各224，500円、第3子以降は各74，800円です。

遺族基礎年金がもらえない場合

●寡婦年金と死亡一時金

18歳未満の子どもがいない妻は、夫が死亡しても遺族基礎年金はもらえませんが、条件を満たしていれば「寡婦《かふ》年金」か「死亡一時金」を受け取ることができます。

寡婦年金は、国民年金の第1号被保険者として保険料を納めた期

＊3 参照：日本年金機構　http://www.nenkin.go.jp/

遺族基礎年金と遺族厚生年金の請求方法

請求先
- 遺族基礎年金
- 遺族厚生年金

遺族基礎年金のみに該当する場合は、住所地の市区町村へ、それ以外の場合は最寄りの年金事務所へ。手続き期限は死亡から5年以内

請求者
- 給付対象の遺族

提出書類
- 年金請求書（国民年金・厚生年金保険遺族給付）

必要なもの

故人と請求者、両方について必要なもの
- □年金手帳
- □年金証書・恩給証書（受給権があるもの全て）
- □戸籍謄本（全部事項証明書）※死亡された日以降のもの
- □健康保険証（子がいれば子の分も）

その他必要なもの
- □世帯全員の住民票（生計維持証明）
- □住民票の除票
- □死亡診断書のコピー
- □所得証明書
- □課税（非課税）証明書
- □在学証明書または学生証等（義務教育終了前は不要）
- □請求人の預金通帳または貯金通帳と印鑑（認印可）

など

遺族年金や寡婦年金における配偶者の条件

遺族年金や寡婦年金は、故人の収入で生計を維持していた配偶者に対して支払われます。この場合の配偶者とは、必ずしも戸籍上の配偶者である必要はありません。事実婚や内縁の妻でも受け取れるのです。仮に戸籍上の妻がいても、故人の収入で生計を維持していたことが証明できれば、内縁の妻が遺族年金を受け取ることができます。

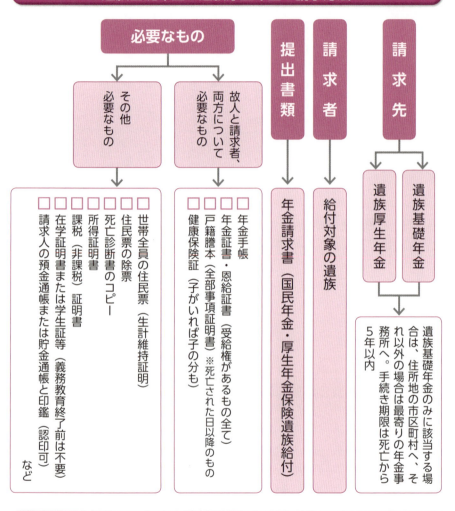

間（免除期間を含む）が25年以上ある夫が亡くなったときに、10年以上継続して婚姻関係にあり、生計維持されていた妻が受けることができます。寡婦年金を受け取るためには、次のすべての条件を満たしていることが必要です。

❶夫（故人）が第1号被保険者として25年以上、国民年金保険料を納付している。
❷夫（故人）が障害基礎年金、老齢基礎年金を受け取っていない。
❸結婚期間が10年以上であり、夫によって生計維持をされていた。
❹妻が老齢基礎年金の繰り上げ支給を受けていない。

これらをすべて満たすと、妻が60歳から65歳になるまで寡婦年金が受け取れます。金額は、夫が受け取る予定だった老齢基礎年金金額の4分の3です。

夫（故人）の保険料納付期間が3年以上あり、個人が年金を受け取らずに死亡した場合には「死亡一時金」が給付されます。金額は保険料の納付期間によって異なります。なお、寡婦年金と死亡一時金は、どちらか一方しか受け取ることができません。

厚生年金・共済年金

●遺族厚生年金

故人が厚生年金や共済年金に加入していた場合には、遺族厚生年金・遺族共済年金が支給されます。なお、これらは遺族基礎年金に上乗せして支給されます。

このうち、遺族厚生年金の受給要件は次の通りです。

◆死亡した人についての条件

❶厚生年金に加入しているか、加入中の疾病が原因で初診日から5年以内に死亡したとき（※ただし保険料納付期間が加入期間の3分の2以上であること）。ただし平成38年4月1日前の場合は死亡日に65歳未満であれば、死亡の前々月までの1年間に滞納がなければ受け取れます。
❷老齢厚生年金の資格期間を満たした者が死亡したとき。
❸1級・2級の障害厚生年金を受けられる者が死亡したとき。

◆遺族についての条件

❶遺族基礎年金受給対象者（子どものいる妻・子ども）
❷子どものいない妻
❸55歳以上の夫、父母、祖父母（支給は60歳から）
❹孫（18歳未満の者、または20歳

未満で障害等級1級か2級の障害者で、かつ、未婚である者)。

年金の額は、死亡した人の厚生年金への加入期間、期間中の報酬・賞与の平均額から計算されます。計算式は下記のとおり(平成27年4月~)。大まかな計算ですが、加入期間が35年、給与(月額・概算)が50万円程度だと、年額105万円ほどになります。

●遺族厚生年金の中高齢の加算

次のいずれかに該当する妻は、40歳から65歳になるまでの間、585,100円(年額)が遺族厚生年金に加算されます。

❶夫が亡くなったとき、40歳以上65歳未満で、生計を同じくしている子がいない妻

❷遺族厚生年金と遺族基礎年金を受けていた子のある妻(40歳に達した当時、子がいるため遺族基礎年金を受けていた妻に限る。)が、子が18歳到達年度の末日に達した(障害の状態にある場合は20歳に達した)ため、遺族基礎年金を受給できなくなったとき。

●経過的寡婦加算

遺族厚生年金を受けている妻が65歳になり、自分の老齢基礎年金を受けるようになったときに、65歳までの中高齢寡婦加算に代わって一定額が加算されます。これを経過的寡婦加算といいます。

これは、老齢基礎年金の額が中高齢寡婦加算の額に満たない場合、65歳から年金額が低下するのを防止するため設けられたものです。

遺族厚生年金の計算式

$$\left\{\text{平均標準報酬月額}\times\frac{7.125}{1000}\times\text{平成15年3月までの被保険者期間の月数}+\text{平均標準報酬額}\times\frac{5.481}{1000}\times\text{平成15年4月以降の被保険者期間の月数}\right\}\times\frac{3}{4}$$

受け取れる遺族年金はどれ？

スタート

亡くなった方に生活を維持されていた

- No → 該当なし
- Yes ↓

亡くなった方は
Ⓐ会社員
Ⓑ自営業等

Ⓐ

故人は次のどれかに該当する
❶厚生年金に加入して在籍中だった
❷退職していたが、❶のときの病気等が原因で初診日から5年以内に死亡した
❸障害年金（1級、2級）を受けることができた
❹老齢厚生年金の需給資格期間を満たしていた

- No → 該当なし
- Yes ↓

残された方が次のどれかに該当する
❶妻、18歳の年度末までの子、20歳未満で1級または2級の障害を持つ子、55歳未満の夫
❷55歳以上の父母、祖父母、18歳未満の孫

- No → 該当なし
- Yes ↓

遺族基礎年金
＋
遺族厚生年金
残された妻の年齢によって加算あり
※遺族厚生年金は遺族基礎年金に上乗せして支給される

Ⓑ

故人が次のどれかに該当する
❶国民年金に加入中に死亡した
❷国民年金に加入していた60歳以上65歳未満の日本在住者
❸老齢基礎年金の受給権者もしくは需給資格期間を満たしていた

- No → 該当なし
- Yes ↓

18歳の年度末までの子、20歳未満で1級または2級の障害を持つ子がいる妻または夫

- Yes → **遺族基礎年金**
- No ↓

国民年金を納付した期間（免除期間含む）が25年以上ある夫が年金をもらわずに死亡した　など

- Yes ↓
  亡くなった夫と10年以上継続して婚姻期間がある65歳未満の妻で、自身の年金をもらっていない
  - Yes → **寡婦年金**
  - No → 該当なし
- No ↓
  国民年金を3年以上納付していた方が、老齢基礎年金、障害基礎年金の両方をもらわずに死亡した
  - Yes → **死亡一時金**
  - No → 該当なし

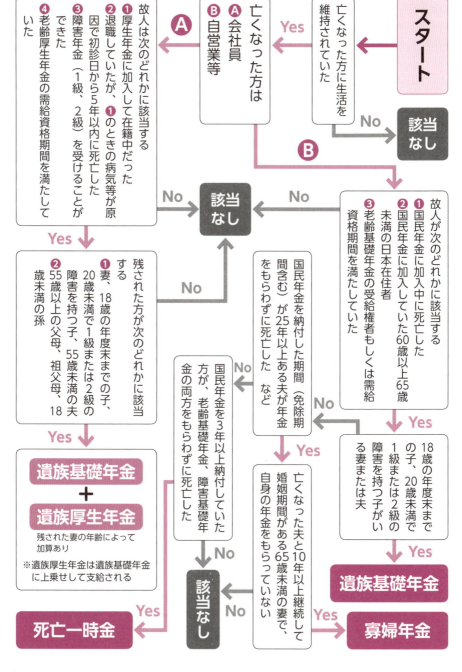

遺品の整理と形見分け

四十九日を過ぎたら遺品の整理と形見分けを。廃棄してはいけない物もありますので、形見分けをするときには相手と内容に注意しましょう。

3年から5年は保存

●遺品の整理

人はさまざまな物を残して亡くなっていきます。その一つひとつが、遺族にとっては大切な故人の思い出ですが、いつかは整理も必要です。四十九日《しじゅうくにち》（七七忌《しちしちき》）が過ぎたら少しずつ片付けましょう。

仕事関係の書類や資料などは、勝手に破棄したりせずに故人の上司や部下に相談しましょう。故人が自営業の場合、領収書や請求書などは5年間は保存しておきます。日記や手帳なども故人の形見や思い出として、また、故人の生き方を学ぶときのためにも3年くらいは保存しておきましょう。

●形見分け

故人が愛用していた物や大切にしていた物を、故人が親しくしていた友人や近親者に贈るのが「形見分け」です。装飾品、装身具、時計、万年筆、書物、盆栽、コレクションなどが多いようですが、あまり古い物や汚れている物、傷んでいる物は避けます。もらったほうは捨てるわけにはいかないので、注意しましょう。

品物はできるだけきれいに手入れをし、衣類などの場合はクリーニングしてから贈ります。なお、形見分けは包装せずにそのまま渡すのが礼儀だとされています。

形見分けのしきたり

目上の人に形見分けをするのは失礼に当たる場合があります。本人から欲しいと言われた場合を除き、慎重になったほうがいいかもしれません。また、あまりに高価な品物はもらった相手の精神的負担となるばかりでなく、場合によっては贈与税の対象になることがあるので注意しましょう。

確定申告

故人が自営業者だった場合には、死後4か月以内に確定申告をしなければなりません。
また、サラリーマンでも確定申告が必要なケースがあります。

所得税の確定申告

●故人が自営業者の場合

故人が自営業を営んでいた場合には、死亡年の1月1日～死亡日までの所得と消費税に対する確定申告を、法定相続人（P287参照）が行わなければなりません。これを「準確定申告」といいます。前年分の確定申告を行っていない場合も同様に行いましょう。期限はいずれも死後4か月以内です。

申告先は故人の住所地の税務署です。申告によって確定した所得税・消費税は相続人が支払わなければなりません。しかし、その金額は相続を計算するときに相続財産から債務として控除することができます。

●故人がサラリーマンの場合

故人がサラリーマンで、死亡後に勤務先で年末調整を行ってくれた場合には確定申告は不要です。ただし、故人の年収が2千万円を超える場合や、給与以外の所得が20万円以上あった場合などには確定申告が必要になります。

また、医療費控除や住宅取得控除などを受けるときにも確定申告が必要になります。

保険料が所得から控除される場合

社会保険料、生命保険料、損害保険料については、保険料が所得から控除される場合があります。故人が死亡の日までに支払ったものについては、確定申告の際に所得から控除されます。

ただし、医療費控除については、死亡時に入院していた場合などには、故人の入院費を死亡したのちに支払うことになるため、所得の控除対象にはならないので注意が必要です。

確定申告の諸手続一覧

手続き内容	窓口	必要な書類等	備考
所得税の確定申告	税務署	□所得税準確定申告書 □死亡日までの所得計算書 □各控除のための領収書等 □準確定申告書の付票	確定申告をしなければならない人が確定申告をしないで死亡した場合
個人事業の改廃業	税務署	□個人事業の改廃業等届出書 □その他（青色申告の取りやめ届け書等）	
相続税の申告・納税	税務署	□相続税の申告書 □その他（各控除の計算書、財産の明細書等）	相続を知った日の翌日から10か月以内

第3章

法要と追悼のしきたりと進行について

- **仏式の法要について**
  法要一覧／仏式の法要と準備／仏式法要の進行
- **仏式以外の追悼儀礼について**
  神式／キリスト教／無宗教
- **お盆とお彼岸**
  お盆を迎える／お彼岸

法要の意味と種類

初七日や四十九日などの法要は死者の冥福を祈る儀式です。大きな区切りとなる法要は、親戚や友人・知人を呼び、僧侶を招いて行います。

法要とは

●法要の意味

法要《ほうよう》とは、死者の冥福《めいふく》を祈り、その霊を慰めるために行う仏教的な儀式のことで、「法事《ほうじ》」ともいいます。死後7日目に行われる「初七日《しょなのか》」や1年後の「一周忌《いっしゅうき》」など、区切りの日に行われます。

本来はすべての法要に僧侶を呼んで読経《どきょう》してもらうべきなのでしょうが、現実には大きな区切りの法要だけを行い、それ以外は省略するか、身内だけで拝礼する程度ですませることが多いようです。

●追善法要

仏教では、人が亡くなってからの7週間を「中陰《ちゅういん》」といいます。この7週間の間には、7日に一度、合計7回、*閻魔《えんま》庁で審判が行われるとされています。生前の功徳《くどく》と罪業によって裁かれるわけです。

この間、死者は来世で行くべき場所が決まるのを待って、現世と冥土《めいど》の間をさまよっています。そこで、死者の霊が無事に極楽浄土《ごくらくじょうど》に行くことができ、成仏《じょうぶつ》するようにと、7日ごとに供養するわけです。これを「追善《ついぜん》供養」または「中陰供養」といいます。

法要の日数の数え方

法要の日数の数え方は、関東と関西で異なります。関東では死亡した日を含めて数えるのに対して、関西では死亡日の前日から数えます。

たとえば、月曜日に死亡した場合、初七日は、関東では日曜日になりますが、関西では土曜日になるのです。しかし、最近は関西でも関東のように数えることが多くなっています。

*「閻魔庁」…閻魔大王が亡者の生前の罪悪を取り調べる所。

●初七日から四十九日まで

本来は、初七日から四十九日《しじゅうくにち》までの間に7回の法要が営まれるのですが、現在では初七日と四十九日の法要だけ行うのが一般的です。

死亡した日から7日目が「初七日」で、最近では葬儀のあとの遺《い》骨迎《こつむか》えとあわせて行うことが多くなっています。

四十九日は「満中陰《まんちゅういん》」といい、この日の審判によって死者の運命が決まるとされる重要な日です。そのため、四十九日の法要は、一周忌までの法要の中で最も重要とされ、近親者や友人、知人を呼び、僧侶を招いて読経をしていただきます。そして法要後には、参会者を精進落《しょうじんお》としの料理でもてなします。

四十九日の法要を終えると忌《き》が明けるとされています。

忌明け

●忌明けにすること

四十九日で忌が明けたときには、するべきことがいくつかあります。

◆神棚封じをとく

葬儀の際に神棚《かみだな》に貼った白い半紙をはずします。

◆仏壇の扉を開ける

家に仏壇がある場合、葬儀のときには扉を閉じておきますが、忌明けとともに扉を開けます。簡単に掃除もしましょう。

◆香典返し

香典《こうでん》をいただいた人には、あいさつ状を添えて香典返しを送ります。即日返しをした場合にはあいさつ状を送ります。

◆壇払い

遺骨を安置していた後飾《あとかざ》りを片付けます。遺影は仏壇の上などに飾ります。

壇に飾ってあった白木の位牌《いはい》は納骨《のうこつ》のときに菩提寺《ぼだいじ》に納め、漆塗《うるしぬ》りに金文字の位牌に替えます。

月忌法要と年忌法要

●祥月命日と月忌

故人が亡くなった日を「命日《めいにち》」といいます。命日には、死亡したのと同じ「月と日」を示す「祥月《しょうつき》命日《めいにち》」と死亡したのと同じ「日」を示す「月忌《がっき》」とに分けられます。たとえば4月1日に死亡した場合、毎年の4月1日が「祥月命日」で毎月1日が「月忌」です。

信心深い家庭では月忌のたびに僧侶を呼んで読経《どきょう》してもらうこともあるようですが、あまり一般的ではありません。できれば、新しい生花を供えて礼拝*《らいはい》するくらいのことはしたいものです。

●月忌法要と年忌法要

四十九日の次の法要《ほうよう》が百か日《ひゃっにち》です。百か日がすむと、毎年の祥月命日に法要を行います。これが「年忌法要《ねんきほうよう》」です。

死亡した年の翌年の祥月命日に行われるのが「一周忌《いっしゅうき》」ですが、一周忌の次は「三回忌《さんかいき》」。二周忌はありません（ただし三回忌は死後満2年目に行われます）。以後、年忌法要が行われる年はP169を参照のこと。

年忌法要と弔い上げ

●三十三回忌で弔い上げ

一周忌《いっしゅうき》は近親者や友人・知人などを招いて行います。故人を供養《くよう》してもらうことはもちろんですが、故人が亡くなったあと、遺族が悲しみから立ち直って元気で過ごしている姿をお見せして、安心してもらうという意味もあります。そのために、一周忌は比較的大規模に行うことが多いようです。僧侶を招いて読経してもらい、式が終了したあとには会食の席を設けます。

三回忌にも、近親者や親しかった友人や知人などを招くのが一般的です。それ以降は、だんだんと法要に招く人数を減らしていき、七回忌以降は内輪だけでささやかに行うことが多いようです。

仏教では、死後33年がたつとどんな人でも無罪放免となり、極楽《ごくらく》浄土《じょうど》に行けるとされます。そこで年忌法要は、三十三回忌を最後に切り上げるのが一般的です。これを「弔《とむら》い上《あ》げ」といい、戒名《かいみょう》を過《か》去帳《こちょう》に転記し、位牌《いはい》を菩提寺《ぼだいじ》に納めます。最後の法要ということで、親戚や友人・知人を招いて盛大に行うこともあるようです。

＊「礼拝」…仏壇に向かっておがむこと。

仏式の法要と準備

重要な法要は、僧侶や参列者を招いて行います。参列者の都合を考えて、法要の準備は早いうちから周到に行いましょう。施主は喪服を着用します。

特に重要な法要

●僧侶・参列者を招く

法要《ほうよう》のなかでも特に重要なものには、親類や友人・知人を呼び、僧侶を招いて読経《どきょう》をしていただきます。その後、お墓参りをして、卒塔婆供養《そとばくよう》（P168参照）を行うこともあります。

法要の後には、お斎《とき》（会食の席）を設けて僧侶と参列者を招きます。故人の冥福《めいふく》を祈り、霊を慰《なぐさ》めるため、盛大に行うことが多いようです。

特に重要な法要

四十九日法要
- 死後49日目

一周忌法要
- 死後1年目

三回忌法要
- 死後満2年目

三十三回忌法要
- 死後満32年目

●法要の準備の期間

大規模な法要を行うときには、それなりの準備が必要です。僧侶や参列者の都合もあるため、遅くとも2か月前には準備を始めるようにしましょう。

法要が重なることもあります。たとえば祖父の三十三回忌《さんじゅうさんかいき》と父親の七回忌《しちかいき》が重なるなど、同じ年に複数の法事が重なった場合には、「併修《へいしゅう》」または「合斎《ごうさい》」といって、複数の法要をあわせて行うこともできます。ただし、誰かの一周忌《いっしゅうき》と別の人の三回忌《さんかいき》は、併修はせずに単独で営みます。

併修を行う場合には、亡くなってからの日が浅いほうの人の命日に合わせます。

法要の準備

法要の準備は次のような手順で

進めます。

❶施主の決定

法要を主催する人のことを「施《せ》主《しゅ》」といいます。施主は、葬儀や告別式で喪主だった人が務めるのが一般的です。

❷日程の決定・僧侶への依頼

菩提寺《ぼだいじ》の僧侶と相談のうえ、日程を決定します。基本的には年忌《ねんき》法要《ほうよう》は祥月命日《しょうつきめいにち》に行いますが、参列者の都合を考えて土曜日や日曜日に行うことも多いようです。なお、祥月命日ではない日に行う場合には、必ず前にずらします。

日程が決定したら、正式に僧侶に依頼しましょう。

❸会場の決定

法要は仏壇のある自宅か菩提寺で行われるのが一般的です。ただし、法要後には僧侶や参列者を会食でもてなすために、それなりの広さが必要なので、斎場《さいじょう》を利用することもあります。お墓参りをすることも考慮に入れて、移動に便利な場所を選ぶようにしましょう。

❹招く人を決定

四十九日《しじゅうくにち》や一周忌は重要な法要なので、近親者はもちろんですが、故人の友人や知人など、比較的多くの参列者を招いて営みます。

❺案内状の送付

招く人が決まったら案内状を作成して郵送します。会食の席を設

引き物と表書き

引き物にはお茶やお菓子、クッキー、バスタオル、紅茶、角砂糖などが多いようです。生ものやかさばるものは避けます。

表書きは「粗供養《そくよう》」または「志《こころざし》」が一般的ですが、「○○（戒名《かいみょう》）の○回忌」の左側中央に「粗供養」としてもいいでしょう。水引《みずひき》の下に施主の名前を書きます。

僧侶に法要を依頼するときは

法要を営むときには、施主が直接、菩提寺に出向いて僧侶に依頼します。僧侶の都合もあるでしょうから、なるべく早いほうがいいでしょう。依頼する際には、誰の何回忌なのかや、参列者の人数などを伝えます。

卒塔婆の由来

「卒塔婆《そとば》」は梵語の「ストゥーパ」がなまったもので、「塔《とう》」を意味します。釈迦《しゃか》の遺骨を納めた塔である「五輪塔《ごりんとう》」が簡略されたものだとされており、卒塔婆は五輪塔に似せて４つの切り込みがあります。法要の際に卒塔婆を立てますが、「卒塔婆供養」といいます。

法要の準備一覧

2か月以上前

❶**施主の決定**／通常は葬儀で喪主を務めた人
❷**日程の決定・僧侶への依頼**／僧侶と参列者の都合を考えて早めに

▼

2か月前

❸**会場の決定**／人数や交通の便を考慮する
❹**招く人を決定**／一周忌までは大勢を招いて行う

▼

1～2か月前

❺**案内状の送付**／往復ハガキなどで返事をもらう

▼

2～3週間前

❺**案内状の送付**／往復ハガキなどで返事をもらう

▼

できるだけ早く

❼**卒塔婆供養の準備**／
卒塔婆を立てる場合にはできるだけ早めに菩提寺に依頼

ける場合には、往復ハガキにするか返信用のハガキを同封して、早めに返事をもらうようにします。

❻会食の手配・引き物の手配

参列者の人数が決まったら、会食と引《ひ》き物《もの》（手みやげ）の手配を行います。

❼卒塔婆供養の準備

法要の際に卒塔婆《そとば》を立てる場合には、事前に寺院に依頼をしておきます。

法要の服装

●施主は三回忌までは喪服

法要の服装については、葬儀ほど厳密な決まりはありませんが、施主《せしゅ》（遺族）側の人間は、三回忌までは正式な喪服《もふく》を着用しましょう。それ以降の法要は地味な平服《へいふく》でもかまいませんが、あまりくだけた服装で、ほかの参列者に対して失礼にならないように注意しましょう。

卒塔婆供養

●事前に菩提寺に連絡

納骨法要《のうこつほうよう》や年忌《ねんき》法要などの際に、施主や参列者が卒塔婆を立てるというならわしがあります。これが「卒塔婆供養《くよう》」です。

卒塔婆には、僧侶の手で経文《きょうもん》、戒名《かいみょう》、五大思想を表す梵字《ぼんじ》（空・風・火・水・地）、建立《こんりゅう》年月日などを書いていただきます。卒塔婆供養をしたい場合には、なるべく早めにお願いしておかなければなりません。

卒塔婆は、お墓をお参りする際、墓石の背面にある塔婆立てにまっすぐに立てます。

法要の案内（四十九日）

拝啓　秋風の心地よい季節となりましたが、皆様にはお変わりなくお過ごしのことと存じます。

　先般、父の葬儀に際しましてはご芳情を賜り、まことにありがとうございました。その後は家族一同、大過なく過ごしております。

　さて、来たる○月○日は父○○の四十九日忌にあたります。つきましては左記の通り、七七日の法要を営みたく存じます。ご多用の折、まことに恐縮ではございますが、ご出席賜りたく存じます。

　なお、当日は法要ののち、供養のしるしまでの粗餐をご用意いたしておりますので、そのつもりでお越しくださいますよう、お願い申し上げます。

敬具

記

日時　○月○日（○曜日）
　　　午前○時
場所　○○○○

❶はじめに時候のあいさつを添える。

❷亡くなられた方の名前はフルネームでもよい。

❸誰の何回忌なのかを明記する。

❹日時／場所は、別記にして正確に。わかりにくい場合には地図を添える。

❺返事のお願いを忘れない。

●一周忌の案内用書き換え文例

早いもので夫○○が他界いたしましてからまもなく一年になります。来たる○月○日が故人の祥月命日に当たり、一周忌を迎えることになりました。

同封する返信ハガキの文例

ご出席（　）名
ご欠席
お手数ですが、○月○日までにご返信くださいますよう、お願い申し上げます。
ご住所〒
ご芳名

※平服でお願いしたい場合には、その旨を記する。
※家族で参列する場合には人数を書いてもらう。

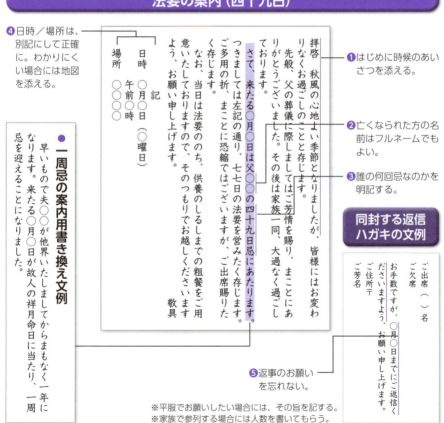

法要一覧（仏式）

※色文字の法要は、特に重要な法要です。

《忌日法要》

初七日【しょなのか（しょしちにち）】●死後7日目（死亡日を含む）
葬儀の当日に、火葬後の遺骨迎えとあわせて行われることが多い。

二七日【ふたなのか（にしちにち）】●死後14日目

三七日【みなのか（さんしちにち）】●死後21日目

四七日【よなのか（ししちにち）】●死後28日目

五七日【いつなのか（ごしちにち）】

（三十五日）【さんじゅうごにち】●死後35日目
（忌明《きあ》けの法要《ほうよう》を行うこともある）

六七日【むなのか（ろくしちにち）】●死後42日目

七七日【なななのか（しちしちにち）】

（四十九日）【しじゅうくにち】●死後49日目
忌明けの法要を行う。お墓がある場合には、この日に納骨することが多い。

百か日【ひゃっかにち】●死後100日目

《年忌法要》これ以降の法要は、祥月命日《しょうつきめいにち》に行う。

一周忌【いっしゅうき】●死後1年目
近親者や友人・知人を招いて行う。この日に納骨することも多い。

三回忌【さんかいき】●死亡した年を含めて3年目
死後満2年目に行われる、近親者以外の人を招いて行う最後の法要。遅くともこの日までには納骨する。

七回忌【しちかいき】●死亡した年を含めて7年目
家族や親戚など、内輪だけでささやかに行う。

十三回忌【じゅうさんかいき】●死亡した年を含めて13年目
家族や親戚など、内輪だけでささやかに行う。

十七回忌【じゅうしちかいき】●死亡した年を含めて17年目
家族や親戚など、内輪だけでささやかに行う

二十三回忌【にじゅうさんかいき】●死亡した年を含めて23年目
家族や親戚など、内輪だけでささやかに行う。

二十七回忌【にじゅうしちかいき】●死亡した年を含めて27年目
家族や親戚など、内輪だけでささやかに行う。

三十三回忌【さんじゅうさんかいき】●死亡した年を含めて33年目
最後の法要で、これをもって弔い上げとすることが多い。

五十回忌【ごじゅっかいき】●死亡した年を含めて50年目
三十三回忌以降は、50年ごとに五十回忌、百回忌を行う。

百回忌【ひゃっかいき】●死亡した年を含めて100年目

仏式法要の進行

法要の内容に特別な決まりはありません。僧侶の指示に従えばいいでしょう。法事後、お墓参りに行く場合には、移動手段を考えます。

法要の進行

●読経・焼香・法話

法要《ほうよう》の内容には、葬儀のような特別な決まりはありません。僧侶の指示に従えばいいでしょう。

通常は、最初に僧侶の読経《どきょう》があり、途中で合図があれば焼香《しょうこう》を行います。焼香の順番は、基本的には故人との関係の深い順に行いますが、葬儀ほど厳密にする必要はないでしょう。

読経のあとに僧侶から法話《ほうわ》をいただくことがあります。読経・焼香・法話で、およそ1時間程度が目安でしょう。

●お墓参り

読経・焼香・法話の次はお墓参りです。法要を菩提寺《ぼだいじ》で行う場合には問題がありませんが、自宅や斎場《さいじょう》で行う場合には、移動の方法を考えなければなりません。

会場までの距離が近い場合には徒歩でもかまいませんが、遠い場合にはマイクロバスなどを用意します。移動が大変であればお墓参りは日を改めて家族だけで行ってもかまいません。

僧侶にお墓参りを同行していただいているときには、墓前で読経してもらうこともあります。卒塔《そと》婆《ば》をお願いしてあったときは、このときに塔婆立てに立てます。

※お墓参りの作法はP190参照

僧侶へのお布施

お布施《ふせ》は、法要が始まる前、施主が僧侶にあいさつをするときに渡します。金額は３万円か５万円が目安です。なお、法要を自宅で行った場合には「御車代」を、寺院で行った場合には寺院側の接待に対するお礼を５千円から１万円程度上乗せします。

会食（お斎）

●参列者へのもてなし

法要後の会食のことを「お斎《とき》」ともいいます。僧侶や、故人のために時間をさいてくれた参列者に対して感謝の気持ちを込めておもてなしをします。

自宅や斎場で行う場合には、仕出しなどをとります。また、法事《ほうじ》の会場とは別に、レストランやホテルなどを予約してもかまいません。

会食の席次は葬儀などに準じればいいのですが、僧侶に最上席に座っていただくこと以外は、それほど神経質になる必要はないでしょう。施主《せしゅ》は僧侶の隣に座って、僧侶をもてなします。また、ほかの家族は末席に座って参列者に気を配ります。

●会食の流れ

会食を始める前に、施主が簡単にお礼のあいさつをします。会食では、故人を偲《しの》びながらなごやかなひとときを過ごしてもらうよう、気をつかいましょう。

会食は1時間程度で頃合いを見て終わりにします。簡単にあいさつをしたら、僧侶をお送りし、参列者が散会《さんかい》します。その際に、引《ひ》き物《もの》を忘れずに手渡しましょう。

一周忌法要のあいさつ例

本日はお忙しいなか、夫の一周忌の法要にご参列いただきまして、まことにありがとうございました。心から御礼申し上げます。

夫が亡くなりましてからしばらくはただ呆然《ぼうぜん》とするばかりでございましたが、あれから1年の歳月がたち、ようやく元気を取り戻すことができました。これもひとえに皆様方のお力添えのおかげと感謝しております。

ささやかではございますが、酒肴《しゅこう》をご用意いたしました。ごゆっくりおくつろぎくださいますよう、お願い申し上げます。

本日はまことにありがとうございました。

仏式以外の追悼儀礼

神道では仏式の法要にあたるものに「霊祭」があります。キリスト教でも「追悼ミサ」や召天記念日の「記念式」などが行われます。

神式の霊祭

●翌日祭から五十日祭

神道にも仏教の法要にあたる儀式があり、「霊祭《れいさい》」といいます。

霊祭はまず、葬儀の翌日から五《ご》十日祭《じゅうにちさい》まで10日ごとに行われます。最近では「翌日祭《よくじつさい》」はほとんど行われなくなり、「四十日祭《よんじゅうにちさい》」までの霊祭も省略されることが多くなりました。

ただし、五十日祭は忌明《きあ》けとなる重要な霊祭です。近親者や親しい人を集め、神官《しんかん》を招いてきちんととり行わなければなりません。墓前や自宅の霊前に供物《くもつ》を供え、神官に祭祀《さいし》を奏上《そうじょう》していただき、玉串《たまぐし》を捧げます（Ｐ１１１参照）。

五十日祭の翌日には「清祓《きよばら》いの儀《ぎ》」を行います。手水《ちょうず》の儀（Ｐ１１３参照）、祓詞の奏上などの後、神棚封《かみだなふう》じをといて、これで忌明けとなります。

●五十日祭以後の霊祭

五十日祭から百日祭《ひゃくにちさい》までの間に、仮《かり》御《み》霊舎《たまや》に祀《まつ》ってあった故人の霊《れい》璽《じ》を御霊舎《みたまや》に移します。この儀式が「合祀祭《ごうしさい》」です。

百日祭以降は、祥月命日《しょうつきめいにち》に「式《しき》年祭《ねんさい》」という霊祭を行います。式年祭のなかでは、十年祭のときに規模の大きな祭式を行うことが多いようです。霊祭は、通常は二十年祭までで終わりにするのが一般的です。

神道の追悼儀式を霊祭という。

キリスト教の追悼儀礼

カトリックの追悼儀礼

カトリックでは追悼《ついとう》ミサを行います。一般的には死亡した日から3日目、7日目、30日目などに行うことが多いようです。

追悼ミサは、遺族、近親者、友人、知人などが集まり、教会で行います。聖歌の斉唱《せいしょう》、祈祷《きとう》、神父の説教などが行われたあと、教会の一室や自宅などで茶話会《さわかい》を開くこともあるようです。

11月はカトリックにとって特別な月。仏教のお彼岸《ひがん》にあたる「死者の月」とされています。特に11月2日は「万霊節《ばんれいせつ》（オールソウルズデイ）」で、教会では死者のための特別なミサが行われます。

これ以外に特別な追悼儀礼はありませんが、毎年の命日に記念のミサを行うことも多いようです。

プロテスタントの追悼儀礼

プロテスタントでは、死後1か月目の召天《しょうてん》記念日（亡くなった日）に「記念式」を行います。教会、墓前、自宅などで、近親者や知人・友人が集まり、牧師を招いて、賛美歌の斉唱、祈祷、牧師の説教などが行われます。その後、茶話会が催されます。

これ以外には特に追悼儀礼はありませんが、死後、4～5年目までは、毎年の召天記念日に記念式を行うこともあるようです。記念日には、自宅に花と遺影《いえい》を飾り付けた祭壇をつくり、牧師を招き、お祈りや説教をしていただきます。

教会へのお礼

神父や牧師へのお礼は、教会への寄付という形で行い、金額に決まりはありません。表書きはカトリックでは「御ミサ料」、プロテスタントでは「記念献金」とします。

どうしても神父や牧師個人にお礼をしたいときには、「御礼」や「御車代」として包めば失礼になりません。

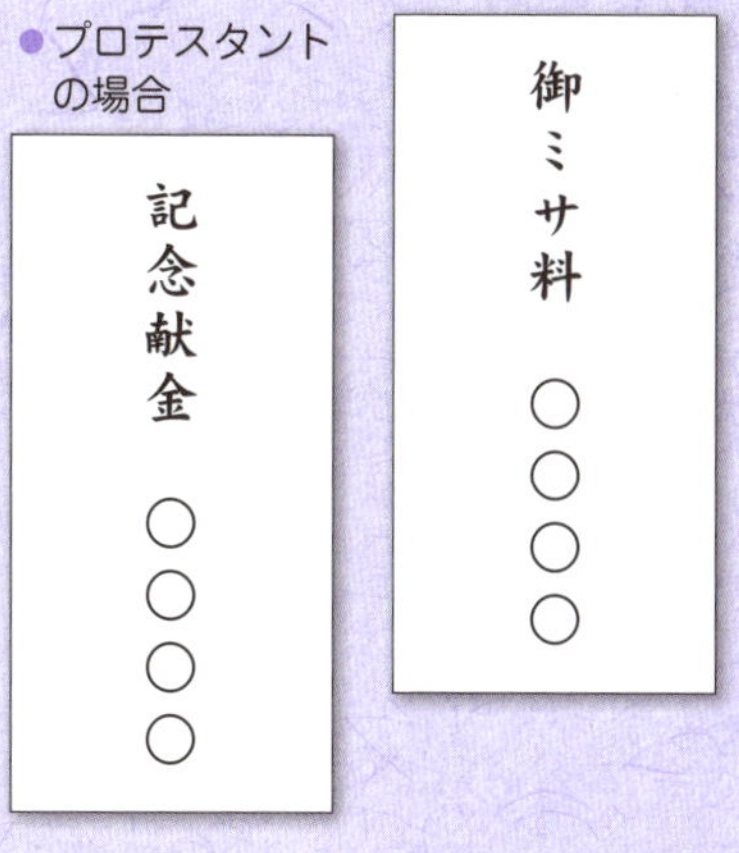

●カトリックの場合　●プロテスタントの場合

神道・キリスト教のお墓参り

●神道のお墓参り

神道でもお盆《ぼん》や春秋のお彼岸にはお墓参りをします。このほか、毎年の祥月命日《しょうつきめいにち》に行う「式年祭《しきねんさい》」のときにもお参りをします。

墓地・墓石を清めたら、水、洗米《せんまい》、塩、御神酒《おみき》などの供物《くもつ》を供えます。故人の好物を供えてもかまいません。花立てには榊《さかき》を飾ります。線香は供えません。拝礼《はいれい》の方法は、まず深く礼をしてから柏手《かしわで》を一度、その後、二礼二拍手一礼をします。

●キリスト教のお墓参り

キリスト教ではお墓参りについての特別な決まりはありません。基本的には故人の命日にお参りをしているようです。

カトリックでは11月2日の万霊節の日に、教会で行われるミサに参加する前に、家族でお墓参りをすることが多いようです。

お墓参りの作法も特別なものはありません。仏式と同じように墓地や墓石をきれいに掃除し、生花を供えて礼拝《れいはい》します。

無宗教の追悼儀礼

無宗教だからといって、決して故人や祖先を大切に思う気持ちを持っていないわけではありません。「法事《ほうじ》」という意識ではなくてもいいので、何年おきかの祥月命日《しょうつきめいにち》に「故人を偲《しの》ぶ会」のような機会を設けてはいかがでしょうか。形式はまったく自由でかまいません。葬儀後の「送る会」や「偲ぶ会」を少しカジュアルな雰囲気にしたものでよいでしょう。多くの場合、遺族が行いますが、故人の親友が企画してもよいでしょう。故人も喜んでくれるはずです。

キリスト教では、ミサや記念式という形式で追悼儀礼が行われる。

お盆を迎える

先祖の霊が帰ってくるお盆には、精霊棚を設けてお迎えします。亡くなってから初めて迎える「新盆」は、特に手厚く供養をします。

お盆のしきたり

●お盆の期間

お盆《ぼん》には先祖の霊が帰ってくるといわれています。本来は7月13日を「お盆の入り」、16日を「お盆の明け」といい、この間の4日間をお盆といいます。ただし、最近では月遅れ（8月15日前後）に行うところが多く、地方によっては旧暦の7月にあたる8月の後半に行うこともあるようです。

●精霊棚を設ける

お盆の前には仏壇をきれいにし、「入り」の前日には先祖の霊を迎えるための精霊棚《しょうりょうだな》（盆棚）を設けます。

13日（入り）の夕方には、先祖の霊が迷わないように、庭先や玄関の前でおがら*で「迎え火」を焚《た》きます（都市部ではろうそくで代用します）。墓地が近くにある場合には、盆灯籠《ぼんどうろう》（提灯《ちょうちん》）を持って迎えに行きます。

16日（明け）の夕方には、迎え火と同じように送り火を焚き、先祖の霊を送り出します。地方によっては送り火をしたあとに、お飾りや供物《くもつ》を川や海に流す「精霊流《しょうろうなが》し」や「灯籠流《とうろうなが》し」を行うところもありましたが、環境問題などから、最近は少なくなったようです。

お盆の由来

お盆は正式には「盂蘭盆会《うらぼんえ》」といいます。語源は梵語《ぼんご》の「ウランバナ」。逆さづりの苦痛というような意味です。ウランバナに苦しむ母親を救うため、お釈迦様《しゃかさま》の弟子が、お釈迦様の教えによって、7月15日に10万の僧侶に食物を施し供養をしたのがお盆の始まりだとされています。また、弟子たちが喜びのあまり踊りだしたことが盆踊りのはじまりともいわれます。

＊「おがら」…アサの皮をはいだ茎。麻幹と書き、あさがらともいわれる。

新盆の迎え方

●亡くなって初めてのお盆

亡くなってから初めて迎えるお盆を「新盆《にいぼん》（初盆《はつぼん》）」といいます。ただし、四十九日《しじゅうくにち》の忌明《きあ》け前にお盆を迎える場合には、新盆の供養《くよう》は翌年になります。

新盆は、亡くなった故人の霊が初めて帰ってくる日です。近親者や友人、知人を集め、ていねいに供養しましょう。お墓参りをし、僧侶を招いて読経《どきょう》をしていただき、料理をふるまいます。

初めて帰ってくる霊が迷わないように、軒先や仏壇の脇に提灯《ちょうちん》を飾り、夜には明かりを入れます。このために、新盆を迎える家には親戚が提灯を贈るならわしもあります。正式にはその家の家紋の入った白い提灯を新盆専用として贈ります。この白い提灯は新盆のあと、送り火で燃やしたり菩提寺《ぼだいじ》に納めたりするのですが、最近では、毎年使えるように絵柄のついた提灯を贈ることが多いようです。

精霊棚の飾り方の例

初物の果物や野菜、菓子、花、故人の好物などを供えます。また、キュウリでつくった馬とナスでつくった牛を供えるのが昔からのならわしです。
この意味は、先祖の霊が馬に乗って一刻も早くこの世に帰ってくるように。そして、牛に乗ってゆっくりとあの世に戻っていくようにという願いをこめたものだといわれています。

お彼岸

春分の日と秋分の日を中心にして前後3日ずつの間を「お彼岸」といいます。この期間中には、家族そろってお墓参りをして、先祖を供養しましょう。

お彼岸のしきたり

●お墓参りをして先祖供養

「彼岸《ひがん》」とは「向こう岸」という意味です。さまざまな迷いを脱し、生死を超越した理想の境地で、いわば悟りの境地とでもいうのでしょうか。一方、私たちは「此岸《しがん》」である現実の世界で、日々、煩悩《ぼんのう》に苦しみ、もがいているわけです。

お彼岸は正しくは「彼岸会《ひがんえ》」といいます。春は3月の春分《しゅんぶん》の日を中日《ちゅうにち》として前後3日間、秋は9月の秋分《しゅうぶん》の日を中日として前後3日間、それぞれ1週間が彼岸会です。

お彼岸には、此岸から彼岸に渡るために、それぞれの宗派の教えをしっかりと守り、修行に励まなければなりません。

とはいえ、一般の家庭では修行はできませんから、家族そろってお墓参りをし、故人を偲《しの》び、先祖を供養《くよう》します。

お彼岸といえばおなじみの食べ物があります。春のぼたもちと秋のおはぎです。ぼたもちの名の由来は、「牡丹《ぼたん》」の花が咲く春の彼岸に供えるため、ぼたもち（牡丹餅）と呼ばれるようになったという説があります。

また、秋の彼岸に供える場合は、同じものを秋に咲く「萩《はぎ》」にたとえて、おはぎ（御萩）と一般的に呼ばれるようになったのです。

お彼岸の由来

春分の日と秋分の日は、太陽は赤道上にあるため、真東から昇り真西に沈みます。この「真西」というのは極楽浄土《ごくらくじょうど》があるとされている方角でもあります。そこで、春分の日と秋分の日を、彼岸と此岸が最も近づき交流できる「お彼岸」とするようになったといわれています。お彼岸は、日本独自の行事です。

イザというときのQ&A

こんなとき、どうすればいい？

法要と追悼の段取りと進め方、年賀欠礼、お祝いのマナーについて

Q **親の三回忌《さんかいき》と兄弟の出産の時期が重なりそう。できれば三回忌のほうを前倒しして行いたいのですが…**

A 法要の前倒しについては、特に決まりやしきたりのようなものはありません。さまざまな都合で、半年以上も早く行うこともあります。菩提寺《ぼだいじ》がある場合には、事情を話して相談してみてください。ただし、法要を遅らせることはしてはいけません。

Q **法事などのあとの会食は、僧侶の方々は多忙なため、最初からお誘いせずに御膳料をお渡ししたほうがいいと聞きましたが…**

A 基本的にはまずお誘いをして、先方から事情があって断られた場合のために、御膳料を用意しておくというのが筋でしょう。特に、お寺で法要を行う場合には必ず声をかけるべきでしょう。

Q **法事の日程を決める際にも、友引は避けるべきでしょうか？**

A 特にこだわる必要はありませんが、家族や親戚のなかに気にする人がいるような場合には別の日を検討したほうがいいのではないでしょうか。もちろん、その場合には前倒しにします。

Q **法事などの席で「乾杯」をするときにはどうすればいいのですか？**

A このようなときには「乾杯」ではなく「献杯」といいます。故人に杯を献上するという意味です。音頭をとる人はあいさつをしたあとに「献杯」と声をかけます。

Q 義母が亡くなった場合、私や子どもたちも欠礼したほうがいいのでしょうか？

A 欠礼はがきを出す必要があるのはあなた自身までです。義母とあなたの関係は一親等で、実母と同じ扱いになります。

Q 実の兄が亡くなりました。私はすでに結婚していて姓も違うのですが、欠礼となるのでしょうか？

A 実の兄であれば、たとえ姓が違っていても年賀欠礼となります。ただし、ご主人までが欠礼する必要はありません。あなたが個人の名前で出す相手に対してでよいでしょう。

Q 四十九日《しじゅうくにち》の法要の際に、お墓の御魂入れと納骨も同時に行う予定です。この場合、お布施《ふせ》はどのようにしたら？

A 基本的なお布施の金額については、お寺ごとに異なりますので、一概には決められません。一般的には3万円前後でしょうか。このケースの場合には、四十九日の法要、お墓の魂入れ、納骨と、3種類の読経《どきょう》をお願いするわけですから、基本のお布施の金額の3倍をお支払いしなければなりません。

Q 祖父や祖母を亡くした場合、年賀欠礼にしたほうがよいのでしょうか？

A 最近では、亡くなった祖父母と同居している場合をのぞいては、欠礼しないことが多くなっているようです。

Q 兄の奥さんが2月に亡くなりました。残された子どもが4月に中学校に入学するのですが、入学祝いを贈るべきでしょうか？

A そのお子さんが、悲しみを乗り越えてたくましく生きるためにも、喪に服している期間であっても新しい門出をお祝いするのは悪いことではないでしょう。

ペットの葬儀について

最近では亡くなったペットの葬儀をする人が増え、取り扱う業者も増えています。費用は施設やサービスの内容などによってまちまちです。

●自治体のサービスが主流

ペットも大切な家族です。死んだときには、それなりの弔《とむら》いをしてあげたいと思うのは、飼い主として自然な気持ちでしょう。

ペットの葬儀を行う場合、自治体のサービスを利用するのが一般的です。すべての自治体で行っているわけではありませんが、ペットの火葬《かそう》を行っているところは少なくありません。火葬料金は数千円程度。通常は火葬のみですが、遺骨を持ち帰れるケースもあります。

一方、民間の大きな業者では、告別ホールや火葬場から、法要室《ほうようしつ》や納骨室《のうこつしつ》までもち、葬儀では僧侶が読経《どきょう》してくれ、火葬後は遺骨を納骨室に保管し、法要も行います。小さな業者では、車載火葬炉だけのところもあります。

料金は、サービスの内容によって異なります。もっとも安いのが移動式の火葬炉で火葬だけするもの。自社の火葬場で火葬し、葬儀や納骨まですると、かなり高額になります。

自治体のサービス

●**千葉県A市の場合**

ペットの火葬　1体4,200円（引き取りを含む）、2,100円（持ち込み）

※持ち込みの場合には希望すれば遺骨を持ち帰れる。

ペット葬儀料金の例

●**移動火葬社で火葬のみの場合（A社）**

火葬料　ペットの重さ5～10kg　8,000円（骨壺代を含む）

●**自社火葬場で火葬、自社納骨堂で納骨の場合（B社）**

火葬料　ペットの重さ5～15kg　34,650円（家族の立ち会いなし）
39,900円（立ち会いあり）

納骨費用

個別霊座　10,000円～60,000円（1年間）
合 霊 堂　5,000円（永代）

第4章

お墓と仏壇の基礎知識

―選び方・建て方・祀り方―

●**お墓について**
お墓の買い方・建て方の基礎知識／納骨／お墓参りの時期と作法／お墓の改葬・移動／ペットのお墓

●**仏壇について**
仏壇の基礎知識／種類と安置の仕方／仏壇の購入／参り方と手入れ／仏式以外の祭壇

お墓の買い方・建て方の基礎知識

墓地は土地を購入するのではなく、半永久的に使用する権利を取得するものです。経営母体によって墓地には3種類があり、それぞれに特徴があります。

お墓の購入

●永代使用権を購入する

いわゆる「先祖代々の墓」は、一般的に長男が引き継ぎます。それ以外の家族は新たにお墓を購入しなければならないわけです。

お墓を購入するといっても、その土地の所有権を取得するのではありません。購入するのは「永代《えいたい》使用権」、つまり墓地を永遠に使用する「権利」です。お墓の価格のことを「永代使用料」、「墓地使用料」と呼ぶのはこのためです。

永代使用権は、子々孫々《ししそんそん》まで代々引き継ぐことができます。

●お墓を建てる時期

お墓をいつまでに建てなければならないという決まりはありません。一般的に、納骨《のうこつ》は四十九日《しじゅうくにち》の法要《ほうよう》のときに行うことが多いのですが、これも決まりではありません。もともと墓があるなら別ですが、亡くなってから49日以内にお墓を購入するのは、時間的にも金銭的もたいへんなことです。

最近は、生きているうちに墓地を買ってお墓を建てる人も増えてきているといいます。自分の好きな場所に好きなお墓を建てられるうえ、相続税の節税対策にもなるというのがその理由のようです。

墓地の種類

●経営母体により3種類

生前墓とは？

生きているうちに建てるお墓のことを生前墓《せいぜんばか》といいます。生前墓はまた「寿陵《じゅりょう》」、「寿蔵《じゅぞう》」ともいいます。

生前墓を建てると早死にするというような言い伝えもあるようですが、「寿」という文字が使われることからもわかるように、縁起のいい、仏教的には功徳《くどく》の高い行為です。

墓地は経営する母体によって、「公営墓地」、「寺院墓地」、「民営墓地」の3種類に分けることができます。それぞれに特徴や購入に際しての条件などがあります。

◆公営墓地

「○○市営霊園」のように、都道府県や市町村などの自治体が運営管理している墓地です。基本的に、その自治体の住民でなければ購入できません。公営ですから、民営の墓地に比べると永代使用料や管理費が安いのが魅力です。

◆寺院墓地

宗教法人が運営管理している墓地です。寺院の境内や敷地内に設けられています。*檀家《だんか》でなければ購入できない場合と、宗派は問わない場合があります。

◆民営公園墓地

財団法人などの公益法人や企業などが運営管理している墓地です。通常は宗教・宗派を問わず、誰でも購入できます。大規模開発が多く、公園のように整備されているところが多いようです。

●永代供養墓と共同墓地

最近増えている形態で、現代の事情にマッチしたお墓に「永代供養墓」と「共同墓地」があります。

経営形態別 墓地のメリット・デメリット

	メリット	デメリット
公営墓地	・宗教や宗派を問わず利用できる。 ・民営に比べると永代使用料や管理費が安めで、倒産などの心配がほとんどない。	・その自治体の住人でなければ購入できないことが多い。 ・募集時期が限られていて、競争率も高い。 ・納骨すべき遺骨がないと購入できないことがある。
寺院墓地	・寺院が管理しているので管理が行き届く。 ・法要などのときに寺院が隣接しているので便利。	・宗教や宗派が限定されている。 ・*檀那寺《だんなでら》との付き合い（寄付やお布施《ふせ》など）が必要。 ・自由な形のお墓がつくれない。
民営墓地	・宗教・宗旨《しゅうし》を問わずに誰でも利用できる。 ・数が比較的多く、いつでも募集している。 ・駐車場や休憩室など、設備が整っている	・公営墓地に比べると永代使用料や管理費が高い。 ・経営母体によって管理の質にバラツキがある。 ・永続性に保証がない。

*「檀家」…その寺院を信仰する人。その寺院に墓をもつ人。
*「檀那寺」…自家の信仰している寺院。

●永代供養墓

近親者がいない、夫婦ふたりだけで入りたいなどの場合に、お寺や霊園が管理、供養してもくれるお墓です。供養の期間は管理者によって異なりますが、三十三回忌までというところが多いようです。

●共同墓地

共同墓地は、広い納骨スペースに共同で骨壺を収めるタイプのお墓です。「集合墓」「合葬墓」などと呼ばれ、墓石を個人で購入する必要がないため安価ですみ、またお墓参りをする人がいなくても、お寺が恒久的に供養してくれます。

お墓にかかる費用

●初めに予算を決めておく

お墓を建てるには、さまざまな費用がかかります。一般的には200万～300万円が相場といわれていますが、上を見たら1000万円を超えるようなケースもめずらしくありません。初めに予算を決めておきましょう。購入後も毎年、管理費がかかります。お墓が完成したときには「開眼法要《かいげんほうよう》」を、誰かが亡くなったときには「納骨法要《のうこつほうよう》」を行います。その際のお布施《ふせ》も忘れないようにします。

お墓を購入する手順

●墓地購入の目的を明確に

お墓を建てるときには、次のような手順で進めます。

❶誰が入るのかを決める

家墓《いえばか》にして子どもや子孫の代まで使うのか、自分や夫婦だけが入

開眼法要とは？

墓石に魂を入れる法要で「入魂式《にゅうこんしき》」、「御魂《みたま》入《い》れ」ともいいます。その際のお布施は3万～5万円が相場だといわれています。生前墓《せいぜんばか》のときはお墓の完成時に、新しい仏のためにお墓を建てた場合は納骨式とあわせて行います。

納骨法要とは？

納骨の際に行います。一般的に納骨は四十九日《しじゅうくにち》や一周忌《いっしゅうき》法要の際に行われるので、納骨式はそれらとあわせて厳《げん》粛《しゅく》に行います。

石材店は選べないの？

石材店は墓石の販売・加工だけではなく、墓地の販売や開発・運営まで行っているところがあります。そのように墓地と石材店に深いつながりがある場合には、指定された石材店以外でお墓を建てることは、事実上、できないことになっています。どうしても不満な場合には、その墓地はあきらめるよりしかたがありません。

るのかを決めます。それによって墓地の選び方も変わってきます。

❷墓石のデザインを決める

一般的な和型のお墓にするのか、洋型の墓石や斬新なデザインにするのか。寺院墓地などでは墓石のデザインや高さなどに制限を設けているところもあります。

❸墓地を購入する（永代使用権）

目的や好みに合う墓地を探し、墓地（永代《えいたい》使用権）を購入します。選ぶ際には、お参りがしやすいように交通の便も考慮しましょう。

❹石材店を決める

墓地によっては「1年以内にお墓を建てなければならない」などの条件があるので確認しておきましょう。

なお、民営墓地の場合、石材店を指定されることがあります。

お墓を建てるときにかかる費用 ＝ **墓地の永代使用料＋年間管理費** ＋ **墓石建立費（石材費、石材加工費、工事費など）** ＋ **開眼法要・納骨式のお布施**

墓地の永代使用料と年間管理費の例（墓地1㎡あたり）

	永代使用料	年間管理費
都営霊園（小平、多磨、八柱）	13～28万円（一般墓地）	590円前後
民営墓地（東京近郊20～40キロ圏内）	60万円前後	7,000～10,000円
寺院内墓地	不定 ※檀家との関係で決まる場合も多い	不定 ※お布施として納める

※民営墓地の価格は、公益社団法人全日本墓園協会・主任研究員による調査を参考にしています。

こんな時どうする?

「墓相が悪い」と言われた

「墓相」とは、お墓の形や建て方のこと。具体的には、墓地や墓石の方位、墓石の材質や形状・配列などを指します。墓相には、家相や手相などのように、「良い悪い」があるとされています。たとえば、東～南向きは良いが北向きは良くない、などというものです。たしかに、日当たりは良いに越したことがないでしょう。ところが、なかには「墓相が家庭の幸・不幸や家族の運・不運まで左右する」などという非科学的なものもあります。この墓石は相が悪い、などといって高価な墓石を販売するようなケースには注意が必要です。いずれにしてもあまり神経質になる必要はありません。

墓石の基本

●お墓の構成

一般的な和型のお墓の構成は次のページの図のようになっています。❶～❼までは最低限必要なもの。また、墓石の地下にある遺骨を納めるためのカロート（納骨《のうこつ》棺《かん》）は必ず必要となります。

メインの墓石以外にもさまざまな付属物があります。石材店に依頼するときには見積もりを取り、何が含まれていて何が含まれていないのかをチェックしましょう。

●石材選び

お墓には天然の石が使われます。しかも、子々孫々《ししそんそん》まで長持ちしなければ困るので、風雨や陽射しにさらされても欠けたり、崩れたりしない、御影石《みかげいし》など耐久性の高い石材が用いられます。それに加えて美しさも重要なポイントになります。

●デザイン

最近は、和型の墓石以外にもさまざまな形の墓石が見られるようになりました。公園墓地では、背が低く横に長い「洋型墓石」が多く、ゴルフのクラブや楽器など、故人の職業や趣味をモチーフにしたユニークな形のデザイン墓石も増えています。

こうしたデザイン墓石は、デザイン料や加工料がかかりますから、通常の和型墓石よりは割高になります。また、墓地によってはデザインが制限されているところもあるので、確認しておきましょう。

購入したお墓の平均価格（永代使用料＋墓石価格）

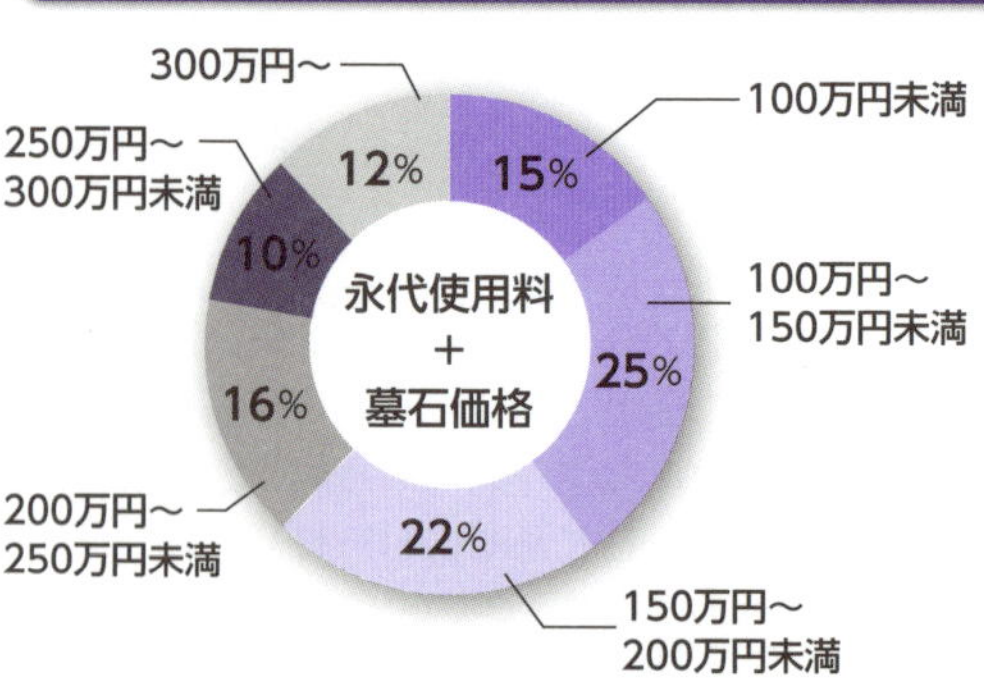

全　国	196.37万円
東日本	203.50万円
西日本	174.35万円
東京都	256.71万円
神奈川県	212.68万円
千葉県	177.60万円
埼玉県	191.70万円
愛知県	146.06万円
大阪府	172.85万円
京都府	218.26万円
兵庫県	181.26万円
広島県	115.69万円
福岡県	194.44万円

出典：いいお墓 http://www.e-ohaka.com/ より（2014年版）

一般的なお墓の構成

カロート

カロートは、墓石の下につくられた骨壺を納める納骨室で、通常は5～6個の骨壺が収められるようになっています。

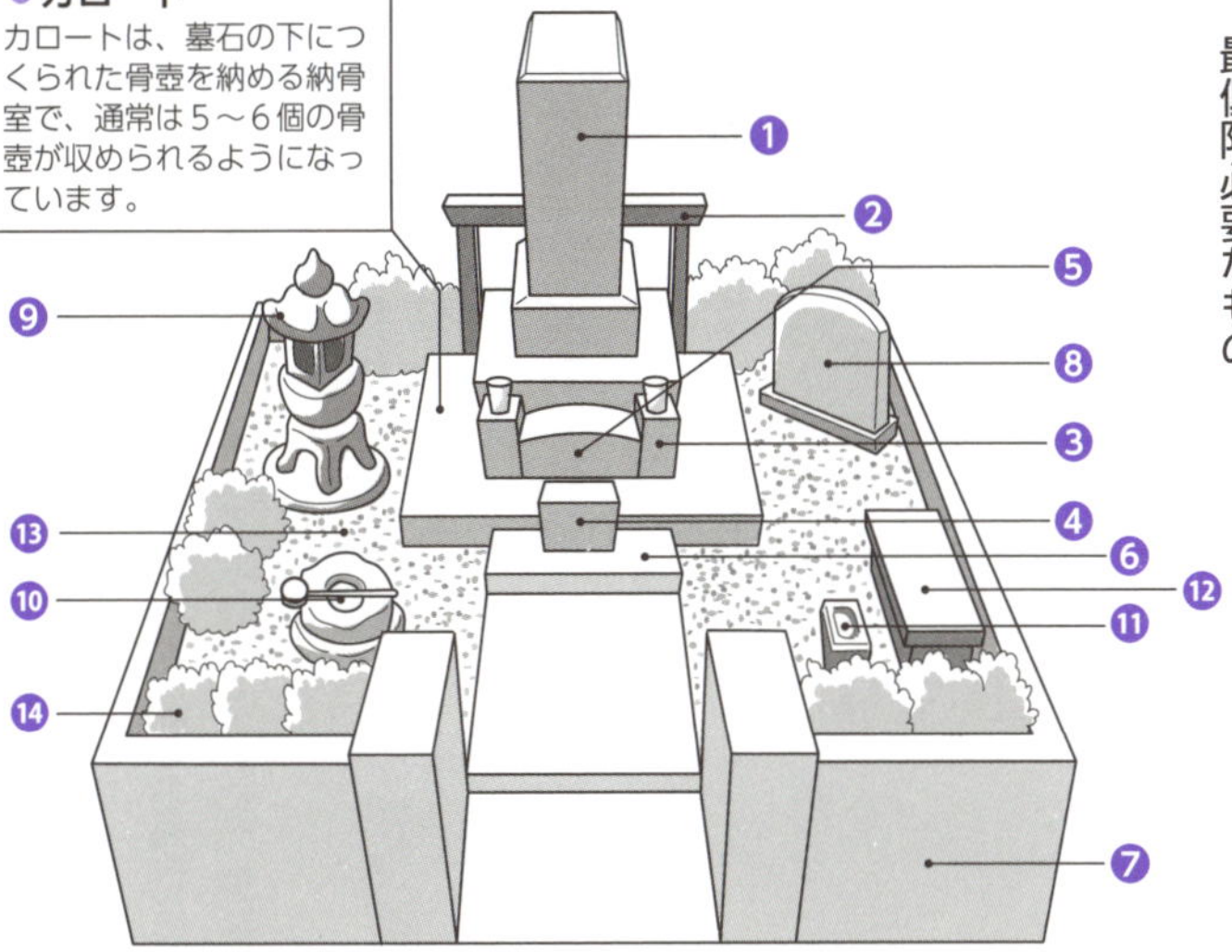

最低限必要なもの
1. 墓石
2. 塔婆《とうば》立て
3. 花立て
4. 香炉
5. 水鉢
6. 拝石
7. 外柵

8. 墓誌
9. 灯籠
10. つくばい
11. 名刺受け
12. 物置台
13. 化粧砂利
14. 植木

墓石の文字の刻み方

墓石に刻む文字は、家名や信仰する宗教の題目、故人の好んだ言葉など、さまざまなものがあります。

◆和型墓石
○○家先祖代々の墓
南無阿彌陀佛

◆洋型墓石
○○家
～故人の好んだ言葉を刻む例～
心／静／ふれあい

◆神道
○○家奥津城
○○家奥都城

神道型

和型と似ていますが、上部がとがっていてトキンと呼ばれます。

和型

台石の上に角柱塔型をのせたもっとも一般的なお墓です。

写真協力／メモリアルアートの大野屋

デザイン墓石

故人の好きなものなどを表現したデザイン墓石です。

洋式

横幅の広いモダンな墓石で、公園墓地や霊園によっては洋型で統一しているところもあります。

お墓の改葬・移動

遺骨を現在のお墓から別のお墓に移す「改葬」には手間がかかります。手順をふまえて、ひとつひとつ間違いのないように進めていきましょう。

改葬の進め方

●どんなときに改葬するか

すでに埋葬《まいそう》されている遺骨《いこつ》を、現在のお墓から別のお墓に移すことを「改葬《かいそう》」といいます。

改葬は、遠く離れた郷里にある先祖代々の墓を、現在の住まいの近くに移したいという場合に行われます。

また、夫婦それぞれの親の「家《いえ》墓《ばか》」を「両家墓《りょうけばか》」としてひとつにまとめるケースでも、少なくともどちらか一方の墓を改葬しなければなりません。

●改葬の手順

改葬するためには、改葬先のお墓が必要です。新しくお墓を建てる場合はもちろんですが、両家墓のケースのように、ふたつあるお墓をひとつにする場合にも、宗教や宗派の問題はないか、改葬先のお墓に遺骨がすべて納められるか、などの確認が必要です。

改葬先が決まったら、現在使用している墓地からは改葬の許可を得て「埋葬証明書」を発行してもらいます。公営墓地や民営墓地の場合は管理事務所に、寺院墓地の場合は住職に申し出ます。それと同時に、改葬先の墓地の管理者からは、受け入れ証明書（または永《えい》代《たい》使用承諾書など）を発行してもらいます。

●改葬のための法的な手続き

改葬には「墓埋法《ぼまいほう》」に基づいた法的な手続きが必要です。

寺院墓地からの改葬

寺院墓地の場合、住職が改葬を快く思わないこともあります。檀那寺にとっては檀家が減るのがあまりよろこばしくないことだからです。時間をかけてていねいに事情を説明し、承諾を得ます。

現墓地のある市区町村の役所で「改葬許可申請書」をもらい、必要事項を記入し、現墓地の管理者に署名押印《おういん》をしてもらいます（埋葬証明書で代用できる場合もあります）。これを「受け入れ証明書（永代使用承諾書）」とともに、再び役所に提出して、「改葬許可証」を受け取り、これを改葬先の墓地の管理者に提出します。

●閉眼供養と開眼法要

事務手続きが終わったら、いよいよ改葬です。改葬の日程は、遺骨の移動等を行う石材店と、法事《ほうじ》を行う僧侶に相談して決定します。

最初に、僧侶によって現在のお墓の「閉眼《へいげん》供養《くよう》（御魂抜《みたまぬ》き）」の儀式が行われます。これは墓石から仏心を抜く儀式です。

次に、お墓から遺骨を取り出し、骨壺《こつつぼ》に入れたまま移動して、改葬先に運びます。改葬先では新しいお墓の「開眼《かいげん》法要」を行い、移動した遺骨を埋葬します。

遺骨を取り出した墓地は、墓石を撤去して更地に戻します。こうした実務は石材店にお願いすることになります。

お墓の改葬の手順

1. 改葬先（新しい墓地など）を確保する。
2. 改葬先から「受け入れ証明書」を発行してもらう。
3. 現墓地から「埋葬証明書」を発行してもらう。
4. 自治体にある「改葬許可申請書」に記入し、「受け入れ証明書」、「埋葬証明書」とともに役所に提出し「改葬許可証」を受け取る。
5. 改葬先に「改葬許可証」を提出する。
6. 現墓地で「閉眼供養」を行い、遺骨を取り出す。
7. 改葬先墓地で「開眼法要」を行い、遺骨を納骨する。
8. 旧墓地を更地に戻す。

僧侶を呼び、閉眼供養・開眼供養を行う。

お墓参りの時期と作法

お彼岸、お盆、命日、年末以外でも、機会を見つけてお参りに行くようにしましょう。掃除をした後、線香や生花を供えてお参りをします。

お墓参りの時期

●お彼岸やお盆、命日など

仏式では、「春秋のお彼岸《ひがん》」、「お盆《ぼん》」、「故人の命日《めいにち》」、「年末」にお参りをするのが一般的です。もちろん、これ以外の日にお参りをしてもかまいません。結婚や出産などを故人や先祖に報告したいとき、いいことがあったとき、悩み事があるとき……。機会を見つけてできるだけお参りをすることが、故人に対しての最高の供養《くよう》になります。思い立ったときに気軽にお参りに行けるように、交通の便も考慮して墓地を選ぶとよいでしょう。

お墓参りの作法

●まずはお墓の掃除

菩提寺《ぼだいじ》にお墓がある場合には、必ずご住職にあいさつします。その後、ご本尊《ほんぞん》にお参りをしてから自分の家のお墓にお参りするようにしましょう。

まず、お墓を掃除します。ほうき、手桶《ておけ》、ひしゃくなどは寺院や霊園の管理事務所に用意してありますが、それ以外の道具（ぞうきんやタワシ）は持参しましょう。線香や樒《しきみ》を用意しているところもあります。

●花と線香を供え、合掌する

お墓がきれいになったらお参りをします。

まず花と線香を供え、お菓子や果物などの供物《くもつ》は半紙を敷いて供えます。線香は、ひとりでお参りをするときは束のまま火をつけて線香立てに、複数の場合は、線香を分けてそれぞれが供えます。

手桶にくんだきれいな水を、ひしゃくで墓石にまんべんなくかけます。これは仏の喉をうるおすためだといわれています（左図❶）。

数珠《じゅず》を手に持って墓石の正面に

向かい、しゃがむか腰を低くして、合掌《がっしょう》します。このときに、心の中で故人に語りかけたり、お経、念仏、お題目を唱えます（下図❷）。

お参りが終わったら、供物の果物や菓子などは持ち帰り、火の始末にも気をつけましょう。

なお、複数でお参りに行く場合には、故人と縁の深い順にお参りをします。墓地内に祖先の墓がいくつか並んでいる場合は、古い祖先の墓から拝みましょう。

墓石に アルコールは禁物

故人が好きだったからといって、墓石にお酒やビールをかける人がいます。アルコールは墓石を傷める原因になるので、やめましょう。どうしてもという場合は、あとで墓石を水洗いします。

お参りに持参するもの

ぞうきん・タオル、スポンジ・タワシ、軍手、スコップ、植木ばさみ、線香、ろうそく、マッチ、供物、供花、半紙、数珠、ゴミ袋

※管理事務所で用意してあることもあります。

お墓掃除の手順

❶墓石にひしゃくで水をかけ、タワシやスポンジで汚れや苔《こけ》をきれいに落とします。

❷汚れが落ちたら水洗いし、タオルやぞうきんで水気を拭きます。

❸水鉢《みずばち》をすすいで、きれいな水を張ります。

❹植栽の伸びすぎた枝などは短く刈り込みます。

❺敷地内の落ち葉や雑草、ゴミなどを取り除き、掃き清めます。

❻古くなった卒塔婆《そとば》は、寺院や管理事務所で処理してもらいます。

墓参りの作法

❶

花と供物、線香をそなえ、ひとりずつひしゃくの水をまんべんなくかける。

❷

しゃがむか腰を低くして、心をこめて拝む。

ペットのお墓について

亡くなったペットは自宅や自治体で処理するほかに、専門業者にまかせることもできます。最近は人間といっしょに埋葬できるお墓も登場しました。

ペットの埋葬方法

●自宅や自治体で処理

亡くなったペットの埋葬《まいそう》には、いくつかの方法があります。

もっともシンプルなのは、自宅の庭などにそのまま埋葬する方法です。かつてはこの埋葬法が中心でした。個人所有の土地であれば、ペットの死体を埋めることに法的な問題はありません。ただし、ペットの大きさにもよりますが、充分に深い穴を掘って埋葬することが必要です。そうしないと、ほかの動物が掘り返したり、腐敗臭が出て近隣に迷惑をかけることがあるので注意しましょう。

もちろんマンションでは土葬《どそう》は不可能ですし、庭が狭い場合にも困難です。また、都市部では自治体が条例で禁止しているところもあるようです。なお、河川敷や里山などに無断で埋葬してはいけません。「廃棄物の処理及び清掃に関する法律」や「軽犯罪法」で処罰されることがあります。

現在もっとも一般的なのは自治体による引き取りです。ただし、「一般廃棄物」としてゴミと同様に扱われたり、ペット専用の火葬《かそう》炉《ろ》で火葬し、希望者に遺骨を返還してくれるなど――対応は自治体によって異なるので確認しておきましょう。

ペット霊園

●自己責任での利用が求められる

最近は、ペットブームを反映してか、ペットのための霊園や納骨《のうこつ》堂《どう》も増えています。ただし、ペットの死体は「墓埋法《ぼまいほう》」などの法律で定められている遺体ではなく、「一般廃棄物」です。火葬や埋葬についてもまだ法的な規制はありません。なかには地元住民とのトラブルが発生し、その後、ペット霊園の設置について自治体が条例で規制を始めたところもあります。ペット霊園を利用する際には、内容をよく調べたうえで、自己責任で利用しなければなりません。

●ペット霊園の種類

ペットのお墓にもさまざまなスタイルのものがあります。

一般的なのは、ペット専用の霊園です。大きなところでは専用の火葬炉があり、遺骨は通常、骨壺《こつつぼ》に入れ納骨堂に納められます。

最近は、人間の遺骨といっしょにペットの遺骨も納骨できる墓地も登場しています。このタイプのお墓には、同じカロート（納骨《のうこつ》棺《かん》）に人間の遺骨とペットの遺骨をいっしょに入れるものと、カロート内部を区切っているものがあります。

また、霊園内の一部の区画だけをそのようなお墓にしているところもあります。

飼い犬が死亡した場合の届け出

犬を飼う場合には「狂犬病予防法」により、必ず市区町村に届け出をしなければなりません。

届け出た犬には鑑札《かんさつ》（注射済票）が交付されます。飼い犬が死亡した場合にも同様に市区町村に届け出をして、鑑札を返却します。

ペットの葬儀の種類

土葬	個人所有の土地内なら問題はない。ただし十分に深い穴を掘って埋葬すること
個別火葬（一任）	スタッフが個別に（一匹ずつ）火葬して、遺骨は納骨堂に納骨するか、飼い主に返還する。
個別火葬（立ち合い）	飼い主立ち会いのもと、個別に（一匹ずつ）火葬して、遺骨は納骨堂に納骨するか、飼い主に返還する。
合同火葬	ほかのペットといっしょに火葬し、合同納骨堂に納骨する。
自治体へ依頼	通常は「一般廃棄物」＝ゴミとして処理される。

※参照 URL：ペットのお墓　http://pet-ohaka.jp/

ペット専用墓苑・墓石の価格例（価格：円）

	Aタイプ	Bタイプ	Cタイプ	Dタイプ
幅×奥行（㎝）	39.0×45.5	31.0×68.5	45.0×68.5	52.0×68.5
墓地使用料	90,000	96,000	115,000	135,000
石塔（白）	140,000～170,000	152,000～182,000	177,000～207,000	223,000～253,000
石塔（ピンク）	150,000～180,000	162,000～192,000	203,000～233,000	233,000～263,000
石塔（マホガニー）	160,000～190,000	172,000～202,000	213,000～243,000	243,000～273,000
石塔（黒）	180,000～230,000	192,000～242,000	233,000～283,000	263,000～313,000
年間管理費	20,000	22,000	27,000	30,000

※消費税は含まれません。　データ協力／ペットメモリアルパーク南多摩

仏壇の基礎知識

仏壇は「小さなお寺」のようなもの。中心には本尊を置き、位牌はかたわらに置かせていただくのです。本尊は宗派によって異なります。

意味と一般的な構成

●仏壇の意味

仏壇には「位牌《いはい》」が納められているため、先祖を祀《まつ》るためのものと思われがちですが、実はそうではありません。仏壇は家庭における「小さなお寺」。したがって主役はあくまでも「本尊《ほんぞん》」で、位牌はかたわらに置かせていただくのです。

なお、仏壇に位牌を祀るのは、亡くなった人はすべて仏になる（成仏《じょうぶつ》する）という仏教の考え方によるものです。

●仏壇の配置

仏壇の中心にあり、本尊を安置する場所を「須弥壇《しゅみだん》」といい、ここは聖域とされています。須弥壇は、仏教の世界の中心にそびえ立ち、仏様が住むという須弥山《しゅみせん》を表しています。

本尊は、菩提寺《ぼだいじ》の宗派に合わせて選びます。姿のある仏像か掛軸のどちらかを祀るのが一般的で、掛軸には仏の描かれた絵像や名号《みょうごう》（「南無阿彌陀佛《なむあみだぶつ》」の文字）などがあります。

仏壇には本尊のほか、両脇仏《りょうわきほとけ》、位牌、過去帳《かこちょう》（先祖の仏名《ぶつみょう》、命日《めいにち》、俗名《ぞくみょう》などが書かれている）、供物《くもつ》のための仏具、読経《どきょう》や礼拝《らいはい》のための仏具が置かれます。

仏壇の歴史

日本書紀によれば、仏壇の歴史は天武《てんむ》天皇の時代まで遡《さかのぼ》るそうです。鎌倉時代には庶民の階級にまで広がり、江戸時代に入ると幕府のキリシタン禁制によって檀家《だんか》制度が誕生し、各家に仏壇が安置されるようになりました。現在も、多くの家に仏壇がありますが、宗教的な祭壇というよりも、先祖を祀るという意味合いが強いようです。

一般的な仏壇の構成

仏壇は、家の中にもうけたお寺です。ご本尊はそれぞれの宗派の考え方をあらわしていて、中に飾るものは宗派によって異なります。

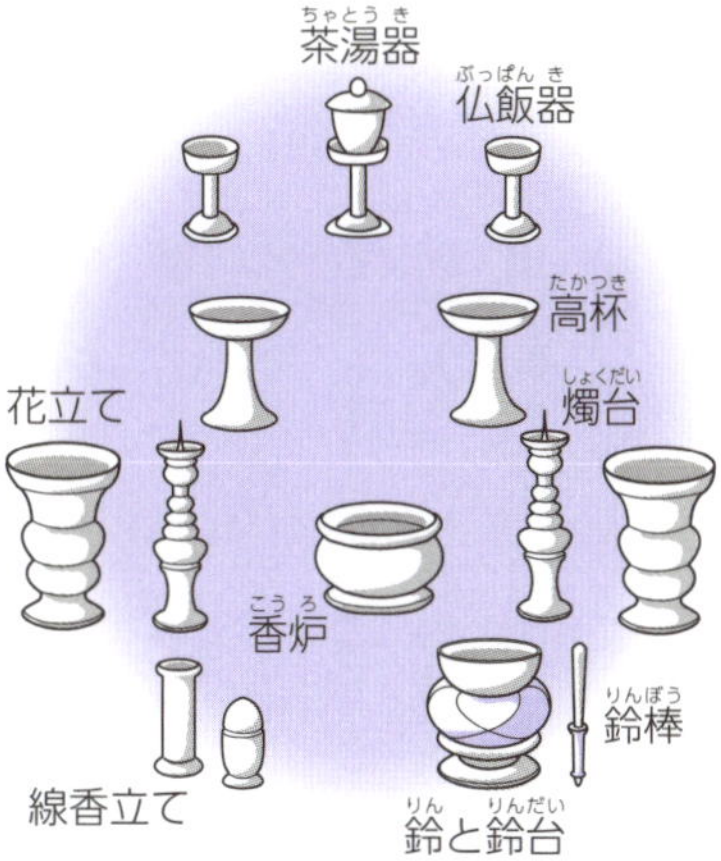

仏具のなかで、香炉、花立て、燭台は宗派に関係なく重要です。飾り方は地域や宗派によって異なるので注意しましょう。

主な宗派の本尊と両脇仏

宗　派	ご本尊	両脇仏（向かって右）	両脇仏（向かって左）
真《しん》言《ごん》宗《しゅう》	大日如来《だいにちにょらい》	弘法大師《こうぼうだいし》	不動明王《ふどうみょうおう》
曹《そう》洞《とう》宗《しゅう》	釈迦如来《しゃかにょらい》	承陽大師《しょうようだいし》	常済大師《じょうさいだいし》
臨《りん》済《ざい》宗《しゅう》	釈迦如来《しゃかにょらい》	文殊菩薩《もんじゅぼさつ》	普賢菩薩《ふげんぼさつ》
日《にち》蓮《れん》宗《しゅう》	大曼荼羅《だいまんだら》	大黒天《だいこくてん》	鬼子母神《きしぼじん》
浄《じょう》土《ど》宗《しゅう》	阿弥陀如来《あみだにょらい》	善導大師《ぜんどうだいし》	法然上人《ほうねんしょうにん》
天《てん》台《だい》宗《しゅう》	阿弥陀如来《あみだにょらい》	智者大師《ちしゃだいし》	伝教大師《でんぎょうだいし》
浄土真宗《じょうどしんしゅう》（本願寺派《ほんがんじは》）	阿弥陀如来《あみだにょらい》	親鸞聖人《しんらんしょうにん》	蓮如上人《れんにょしょうにん》
浄土真宗（大谷派《おおたには》）	阿弥陀如来《あみだにょらい》	十字名号《じゅうじみょうごう》	九字名号《くじみょうごう》

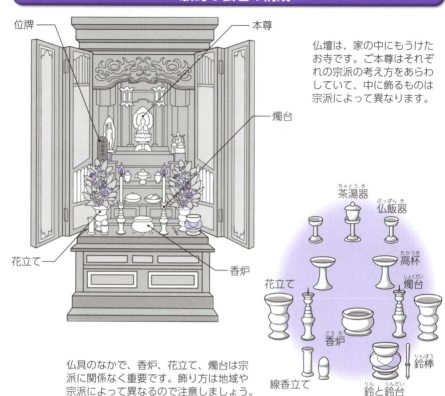

仏壇の種類と安置の仕方

仏壇は、大きさと材質・仕上げによっていくつかの種類があり、価格はまちまちです。できるだけ落ち着いて礼拝できる場所に安置しましょう。

仏壇の種類と特徴

●安置場所と材質等で分類

仏壇は、まず材質や仕上げによって「塗《ぬ》り仏壇（金《きん》仏壇）」と「唐木《からき》仏壇」に分けられます。

塗り仏壇は杉、松、檜《ひのき》などを材料に、漆《うるし》を重ね塗りし、金箔《きんぱく》を施して、荘厳《そうごん》華麗に仕上げられています。関西、東海、北陸、九州地方で多く見られるようです。

唐木仏壇は、黒檀《こくたん》、紫檀《したん》、鉄刀木《たがやさん》、桑、欅《けやき》、桜など、重くて耐久性のある木材を使い、木目を生かして美しく格調高く仕上げたものです。

関東、東北、四国地方でよく見られます。

さらに、仏壇を安置する場所やスペースに合わせて、大きく分けて３つのタイプがあります。

居間や仏間《ぶつま》にじかに安置するのが「重ね型（台つき型）」。タンスの上などの限られたスペースに安置する小型の「上置き型」。地袋《じぶくろ》*つきの仏間に安置する「地袋型」。

もっとも一般的な重ね型には、仏間の大きさに合わせて、半間仏間《はんげんぶつま》用（間口が約91㎝）と一間《いっけん》仏間用（間口が約１８２㎝）があります。

●価格は数万から数百万まで

価格は、大きさや材質などによって、数万円のものから数百万円のものまでありますが、20万～50万円くらいのものが一般的のようです。

仏間とは

仏壇を安置するスペースが「仏間」で、床の間と並べてつくられるのが一般的です。広さによって、一間仏間（間口が約182㎝）と半間仏間（91㎝）の２種類があり、仏壇もその寸法に合わせてつくられています。地方によって多少、異なることもあるようです。

*「地袋」…床面に設けられる戸棚。

仏壇の安置

●落ち着いて礼拝できる場所に

仏壇を安置する場所・向きについては諸説があります。

◆南面北座説／南向きに置く説です。直射日光が当たらず、風通しがよく湿気が防げるといいます。

◆本山中心説／仏壇に向かって正《せい》座合掌《ざがっしょう》したときに、宗派の本山の方向を向くように置くというもの。方角はまちまちになります。

◆西方浄土説／仏壇を東に向けて安置します。こうすると、拝むたびに極楽浄土《ごくらくじょうど》があるとされる西の方角に向かって礼拝《＊らいはい》できます。

住宅事情によっては難しいケースもありますが、家族が集まりやすく、落ち着いて礼拝ができる場所であれば、あまりこだわらなくてもいいようです。ただし、直射日光と湿気には気をつけましょう。また、神棚《かみだな》がある場合には、神棚と向かい合わない位置に置きます。

もうひとつ気をつけたいのが、本尊《ほんぞん》の高さです。座って礼拝する場合には本尊が目線の高さよりもやや上にくるようにします。立って礼拝する場合には、胸の高さより上になるようにします。

＊「礼拝」…仏壇に向かっておがむこと。

仏壇の安置の例

〈地袋型〉

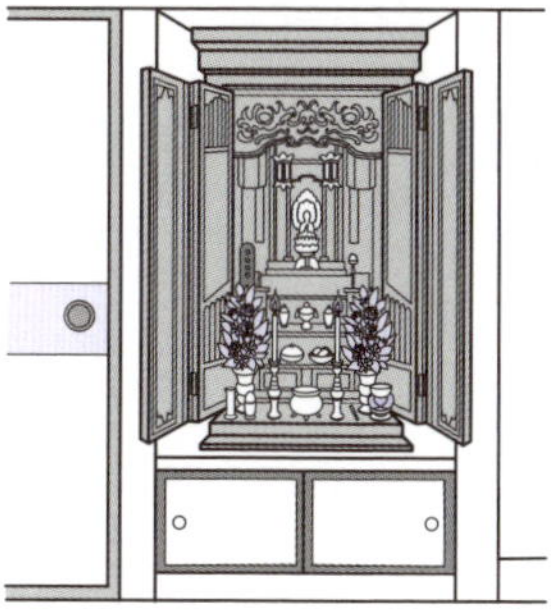

地袋つきの仏間に安置するタイプ。

〈重ね型〉

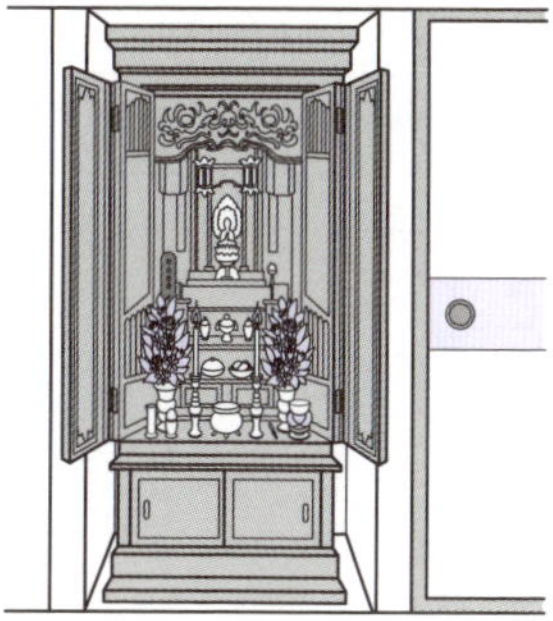

居間や仏間にじかに安置するタイプ。

〈上置き型〉

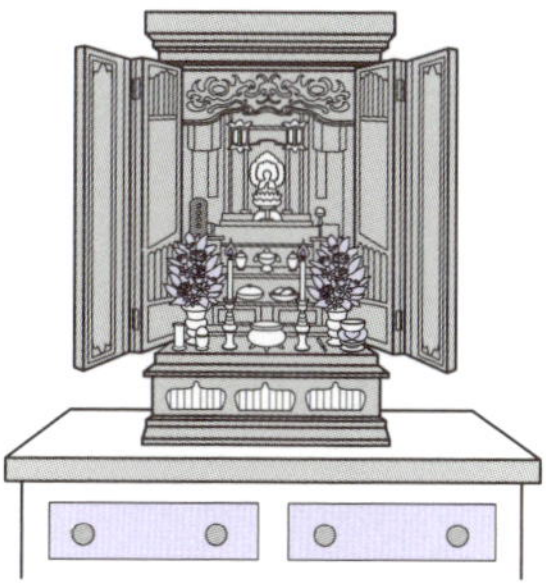

小型でタンスの上などに安置するタイプ。

仏壇の購入

新しい仏のために購入するなら四十九日の法要までに用意し、開眼法要を行います。選ぶときには寸法を間違えないように気をつけましょう。

仏壇の購入時期

●四十九日の法要までに

新しい仏のために仏壇を購入する場合には、四十九日《しじゅうくにち》の忌明《きあ》けの法要《ほうよう》までに用意するのが望ましいですが、特別な決まりがあるわけではありません。四十九日に間に合わなければお彼岸《ひがん》やお盆《ぼん》、家の建て替えなどに合わせて購入することも多いようです。

誰も亡くなっていないのに仏壇を買うと不幸を呼ぶなどという人もいますが、まったくの迷信ですので、心配する必要はありません。

仏壇の選び方

●重要なのは寸法と予算

仏壇を安置する場所を決めたら、その場所の間口、奥行き、高さを正確に測ってメモしておきます。また、仏壇は観音開きで両側に扉が開くので、そのスペースも念頭に入れておきましょう。

次に予算です。仏壇を購入すれば必ず仏具も必要ですから、それらを合わせた総予算をあらかじめ決めておきましょう。

最近は仏壇と仏具がセットになっていることも多いようですが、本尊《ほんぞん》や飾り方が宗派に合っているか、仏壇に見合っているか、不足はないかなどを確認することが大切。事前に菩提寺《ぼだいじ》に相談するのもよいでしょう。

新しく仏壇を購入したら

●開眼法要を営む

新しい仏壇を購入したときは、菩提寺に「開眼法要《かいげんほうよう》」をお願いします。「入魂法要《にゅうこんほうよう》」、「御魂入《みたまい》れ」とも呼ばれ、本尊や位牌《いはい》が「尊《そん》像《ぞう》」に生まれ変わるための大切な儀式です。

この際、仏壇に対しては本尊を

安置する清浄な場所にするための清めの儀式を行います。

なお、仏壇を買い換えた場合、古い仏壇はお寺か仏具店に供養《くよう》してもらってから処分をしましょう。

四十九日の忌明けまでは白木《しらき》の位牌《いはい》（仮位牌）を飾っておきますが、開眼法要のときまでには、漆《うるし》塗《ぬ》りか唐木《からき》の本位牌を用意しておかなければなりません。本位牌は仏具店で購入し、戒名《かいみょう》を入れてもらいます。この際、不要になった白木の位牌は、忌明け後に菩提寺に納めます。

仏壇・仏具の購入予算

仏壇・仏具を購入するときは、最初に仏壇を決め、それに合わせて仏具をひとつずつ選んでいくのが一般的です。しかし、あまり高価な仏壇を選んでしまうと予算をオーバーしてしまうことがあるため、仏壇本体を総予算の7割くらいに設定しておくといいようです。

開眼法要の謝礼

菩提寺に開眼法要をお願いしたときには謝礼を包みます。*奉書紙《ほうしょがみ》に包むか白封筒に入れ、水引《みずひき》をかけるときは、お祝い事なので紅白蝶結びにします。

表書きは「御礼」や「開眼法要御礼」とするといいでしょう。四十九日の法要とあわせて行うときには「お布施《ふせ》」でもかまいません。金額は年忌《ねんき》法要と同額程度（3万円か5万円）が一般的なようです。

なお、開眼法要に出席してくれた方々には「開眼供養」の表書きにして引き物を差し上げます。お菓子やクッキーがよいでしょう。

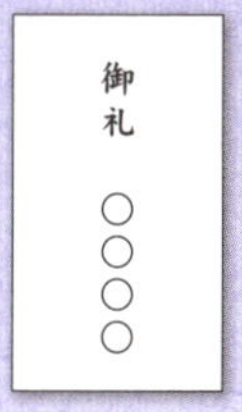

仏具の種類と意味

仏壇にはさまざまな仏具が必要ですが、宗派を問わず欠くことができないのが三具足《みつぐそく》です。

◆**香炉《こうろ》**／線香や抹香《まっこう》を焚《た》くための道具です。宗派によって焚き方が異なります。

◆**花立て**／生花や常花《じょうか》（金蓮華《きんれんか》）を飾るための道具です。花はあまり丈が高くならないようにします。

◆**燭台**／ろうそくを立てる道具です。ろうそくは法要の種類によって色や長さが変わります。

※中央に香炉を置き、向かって右側に燭台、左側に花立てを配置します。

*「奉書紙」…江戸時代の公文書に用いられた上質の和紙。

仏壇の参り方と手入れ

お供えの基本は「五供」です。礼拝は毎日朝食前と夕食後に行います。手入れは日ごろからまめに行い、年に何度かは本格的に掃除をします。

仏壇の供物、供花

●五供を大切にする

仏壇へのお供えは、菓子や果物ばかりではありません。線香や花も「お供え」といいます。宗派によって多少の違いはありますが、「香《こう》」、「花《か》」、「灯燭《とうしょく》（灯明《とうみょう》）」、「浄水《じょう すい》」、「飲食《おんじき》」の五つを「五供《ごくう》」といい、これがお供えの基本です。

◆香／線香のことです。焼香《しょうこう》に使う「抹香《まっこう》」でもいいのですが、抹香には種火が必要。毎日の礼拝《らいはい》では手軽な線香を使います。線香を焚《た》くと、仏の慈悲の心がすべての人々に差別なく行き渡るように、香が部屋中に行き渡ります。

◆花／供花《くげ》はできるだけ新鮮な生花を飾るようにしましょう。

◆灯燭／仏壇を照らす明かりとして、ろうそくが欠かせません。ろうそくに火をつけるときは、ライターではなくマッチでつけ、燃え

線香の供え方

線香はろうそくの火でつけます。炎は息で吹き消さずに、手であおいで消しましょう。

本数や供え方は宗派によって異なりますが、１本～３本が一般的です。相手の宗派や作法がわからない場合は、自分の宗派の作法で供えてもかまいません。

正しい鈴の打ち方

鈴《りん》の音が長く響くほど邪念《じゃねん》を取り払うといわれています。きれいに響かせるためには、鈴棒《りんぼう》を立てて横から打つようにします。棒を横にして上から縁を打ってもあまりよく響きません。

かすは香炉《こうろ》ではなくカス入れに。礼拝がすんだら手であおいでろうそくの火を消します。

◆**浄水**／本来は清浄な場所から汲み上げた水を供えるのですが、水道水で代用します。お茶を供える場合は一番茶を供えます。

◆**飲食**／自分たちの食べている主食を供えます。朝と夜、炊きたてのご飯を自分たちが食べる前に仏《ぶっ》飯器《ぱんき》に盛って供えます。

礼拝の基本

●毎日、朝晩おがむ

仏壇に向かっておがむことを「礼拝」といいます。礼拝は毎日、できれば朝食前と夕食後に、家族そろって行うのが正式な作法です。

礼拝は以下のように行います。

❶仏壇の前にきちんと正座をし、数珠があれば手にかけて、軽く一礼します。

❸数珠をかけて合掌し、できれば読経しましょう。読経が終わったら鈴を2回、鳴らします（読経しない場合には2度目の鈴は必要ありません）。

❷ろうそくに火をともし、その火で線香に火をつけて香炉に立てます。鈴を2回、打って鳴らし、合掌します。

❹最後にろうそくの火を手であおいで消し、軽く一礼して終わります。朝の礼拝後は、二重扉の仏壇は内扉だけを閉めます。夜の礼拝後には、外側の扉も閉めます。

仏壇の手入れ

●日ごろの手入れと本格的な掃除

仏壇や仏具は日ごろからきれいにしておきたいものです。ホコリをかぶっていたり、供花《くげ》が枯れていることなどのないように、毎日簡単にからぶき程度の掃除はするようにしましょう。

本格的に掃除をするときは、本尊《ほんぞん》に合掌《がっしょう》し、礼拝《らいはい》してから行います。仏壇の手入れのポイントをまとめてみました。

〈手入れのポイント〉

◆全体

仏具を取り出し、羽根ぼうきなどでゴミやホコリを払います。

◆本尊・掛け軸

羽根ぼうきや筆先などでホコリを払います。傷をつけないようにやさしく扱いましょう。

◆仏具類

やわらかい布でからぶきをします。仏飯器《ぶっぱんき》、茶湯器《ちゃとうき》、花立てなどは、内側までていねいに洗い、水気を完全に拭き取ります。金属製品は、金属用の研磨《けんま》剤で磨いたあと、やわらかい布でふきあげます。

◆漆塗《うるしぬ》りの部分

ガーゼなどのやわらかい布で、やさしくからぶきをします。かたい布を使ったり、力を入れて強くふくと傷がつきます。

◆金箔《きんぱく》

仏壇や仏具の金箔は、絶対にこすってはいけません。毛ばたきを使って軽くはらう程度にしておきます。また、手で直接さわると指紋や脂がつくので気をつけましょう。

唐木《からき》仏壇：木目を生かしたつくりで、タンスの上にも置ける上置きタイプ。

写真協力／メモリアルアートの大野屋

念入りな掃除はいつ行う？

日ごろからホコリなどに気をつけていれば、本格的な掃除は年に数回で十分です。故人の命《めい》日《にち》、お彼岸《ひがん》、お盆《ぼん》、年末などを迎える前に行うのがいいのではないでしょうか。大切な日を、きれいになった仏壇で、気持ちよく迎えることができます。

仏式以外の祭壇

神道では先祖を神棚ではなく、御霊舎に祀ります。キリスト教では特別な祭壇はありません。無宗教の場合には家庭祭壇があります。

●神式の先祖祀り

●神棚ではなく御霊舎に

神道では、先祖は御霊舎《みたまや》に祀《まつ》ります。あくまでも神棚《かみだな》は、天照大《あまてらすおお》神《かみ》や氏神《うじがみ》を祀るものなので、必ず別にします。その際、神棚は大人が見上げるくらいの高さですが、御霊舎はそれよりも一段低い位置、上半身くらいの高さになるように置きます。

御霊舎は五十日祭《ごじゅうにちさい》までに用意し、お祓《はら》いをしてもらいましょう。五十日祭の忌明《きあ》けに行う「合祀《ごうし》祭《さい》」という祭儀のときに、霊璽《れいじ》を御霊舎に移して安置します。御霊舎には、霊璽のほか、神鏡《しんきょう》や、水《すい》器《き》、土器《どき》、灯明具《とうみょうぐ》、御神酒徳利《おみきどくり》、榊立《さかきだ》てなどの神具も納めます。

●神式の礼拝

顔と手を清め、口をすすいだあと神饌《しんせん》（洗米、水、塩）を供えます。そして、軽くお辞儀をしてから二礼（2回深く礼をする）し、できれば「祓詞奏上《はらえことばそうじょう》」、「神棚拝詞《かみだなはいし》」、「祖霊拝詞《それいはいし》」を述べ、二礼、二拍手（柏手《かしわで》を2回打つ）し、一礼をして最後に軽く頭を下げて終わります。祓詞奏上などができない場合には、「二礼二拍手一礼」だけでもかまいません。

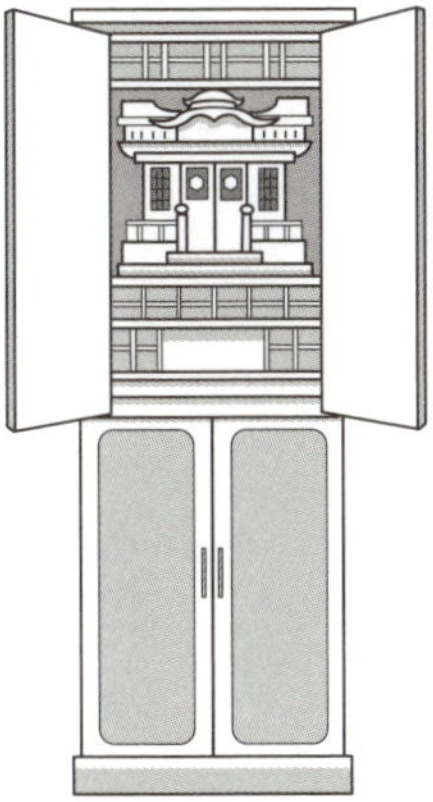

〈神道の御霊舎〉
神道で使用する、先祖を祀る家庭用の祭壇。

〈霊璽〉
神道で使用する、仏式の位牌にあたるもの。

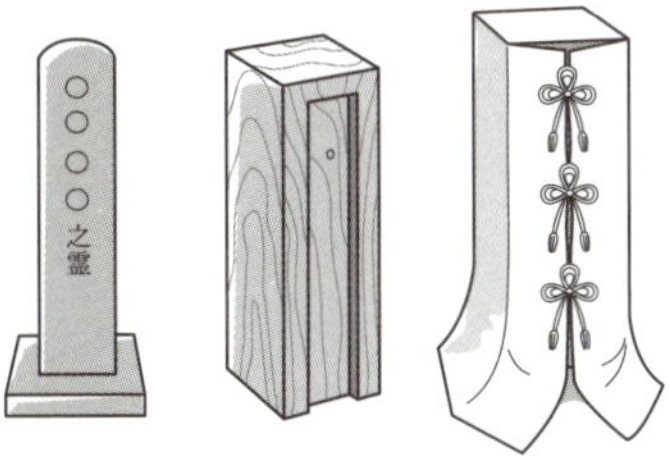

キリスト教・無宗教の祭壇

●遺影と生花を飾るのが一般的

キリスト教では、祈りの場として教会があるので、家庭に仏壇のようなものを設けることはほとんどありませんが、故人への語りかけの場として棚の上などに故人の写真を飾り、花を供えたりすることはあるようです。

また、カトリックでは最近、家庭用の祭壇を設けることもあり、タンスの上などにも置けるコンパクトな祭壇が販売されています。

特定の宗教を持たない場合には、机や棚に遺影《いえい》と生花を飾るのが一般的なスタイルですが、最近では宗教色のまったくない、飾り棚のような家庭祭壇が売られています。

カトリックの家庭祭壇

タンスの上や低めの家具の上に置ける
コンパクトなタイプ。
写真協力／サンパウロ

宗教色を持たない家庭祭壇

モダンなデザインのオープンタイプ。
写真協力／八木研

第5章

弔問と会葬者の心得とマナー

●**訃報を受けたら**

訃報を受けた際の対応／故人との対面／香典のマナー／供物・供花を贈る／弔辞のマナー／弔問の服装のマナー／通夜・告別式での作法

●**会葬する際のマナー**

葬儀・告別式に出席する／社葬に参列するときのマナー／訃報を後で知ったときの対応／神式・キリスト教式の参列のマナー／葬儀後のマナー／故人を偲ぶお別れ会に参加する／法要に参列する際のマナー

訃報を受けた際の対応

訃報を受けたら、近親者や特に親しかった友人などはすぐに駆けつけます。葬儀では多くの人手が必要です。駆けつける際には最低限のマナーを守りましょう。

危篤・臨終の知らせ

近親者はただちに駆けつける

危篤《きとく》や臨終《りんじゅう》の知らせを受けたら、とにかくすぐに駆けつけることを考えます。危篤や臨終の知らせには「できれば最期《さいご》を看取《みと》ってほしい。死に目に会ってもらいたい」という本人や家族の強い願いが込められているからです。通常は身内や親戚が中心になりますが、ごく親しい友人や知人が呼ばれることもあります。

自分が近親者である場合には、何をさしおいても駆けつけるようにしましょう。もしものときには、実務面でも精神面でも、家族の支えにならなければいけません。

遠隔地に住んでいる場合には、2～3日は泊まれるように準備をしてから駆けつけましょう。家に残る家族には、万一の場合の連絡などを託します。また、自分の仕事についても、不在の間の影響を最低限におさえられるように準備をしておきます。

臨終に間に合ったときは、家族とともに心を込めて見送ります。残念ながら間に合わなかったときには、悲しみに打ちひしがれている家族にきちんとお悔やみを述べ、手助けを申し出ます。葬祭では、近親者は遺族にとって何よりも心強い存在。積極的に手伝いましょう。

弔問に駆けつける

近親者は率先して手伝いを

自宅で行うにせよ、斎場《さいじょう》で行うにせよ、葬儀にはとにかく多くの人手が必要です。関係者への連絡、通夜や葬儀の手配、僧侶との打ち合わせ、家の内外の片付けなど、早急にすべきことがたくさんあります。また、訃報《ふほう》を聞いて弔問《ちょうもん》に駆けつけてくる人への対応や、役所への届け出もしなければなりません。

こうしたことは近親者が率先して手伝わなければなりません。ことに、不幸があまりにも突然だった場合や、遺族がみな若くて葬祭に慣れた人がいない場合など、遺族はどうしてよいかがわからずに困り果ててしまいます。

ただし、遺族の依頼を受けて仕切っている人がいる場合、あるいは故人や遺族とそれほどまでに親しくないような場合には、葬儀の進行に関わる重要なことには、あまり立ち入らないように気をつけましょう。

お悔やみの言葉

お悔やみに必要以上の言葉はいりません。「このたびはご愁傷《しゅうしょう》様です」、「ご愁傷様です。心よりお悔やみ申し上げます」と、心を込めて言うことで十分に気持ちは伝わります。死亡原因などを細かく聞くことは厳禁です。

また、クリスチャンの方へのお悔やみとしては「安らかなご永眠《えいみん》（お眠り）をお祈り申し上げます」などが一般的です。なお、葬儀で使用すべきではない“忌み言葉”はP220を参照してください。

近親者の服装の注意点

近親者として駆けつけるときには、手伝うことを想定して動きやすい服装で出かけ、女性はエプロンなども持参するといいでしょう。また、喪服《もふく》を用意する場合には、遺族に気づかれないようにすること。喪服だけ後から送るという方法もあります。

近親者としては当然、派手な服装は控えます（P208参照）。

弔問に行けない場合

●代理人を立てることも可能

臨終《りんじゅう》の知らせを受けても、本人が病気であったり、高齢である場合など、どうしても弔問《ちょうもん》に行けないことがあります。このような場合には、「代理人」を立てることができます。代理人になるのは、本人の妻や長男・長女など、原則として家族に限られます。代理人が故人と面識がないことは特に問題ではありません。

代理人として弔問した場合には、「自分が代理人であること」と「本人が弔問に来られなかった理由」を遺族側に説明しましょう。

●電話・弔電でお悔やみを述べる

代理人を立てずに電話でお悔や

みを述べることもできます。ただし、遺族の方々は通夜《つや》や葬儀の準備で立て込んでいることが多いので、わざわざ電話口まで呼び出さずに、電話に出た人に弔意《ちょうい》を伝えるようにしましょう。電話ではなく弔電《ちょうでん》にしたほうがよい場合は、弔電だけではなくお悔やみの手紙を出します。

●本人が不在の場合

臨終の知らせを受けるべき人が、仕事の都合などで不在のこともあります。このようなケースでは、電話を受けた人はすみやかに本人に連絡をとります。

連絡を受けた本人は、できる限り都合をつけて駆けつけるように努力しますが、どうしてもかなわない場合には、代理人を立てることにします。

こんな時どうする？

訃報を受けて駆けつける際の服装は？

近親者でなくとも、訃報を受けたときにはできるだけ早く駆けつけたいものです。通夜《つや》前にかけつけるときには、平服でかまいません。喪服だと、かえって不幸を予測していたとも受け取られかねません。ただし、色づかいやデザイン、柄などが派手すぎない服装を心がけます。

会社から直行する場合には、着替えができないかもしれませんが、最低限、アクセサリー類ははずします。指輪も結婚指輪以外のものははずします。お化粧もできるだけ薄めに直してから訪問するようにしましょう。

慶事が控えているときは？

身内の結婚式や出産などの慶事《けいじ》が間近に控えているときには、弔問を遠慮するのが礼儀です。弔電を打つかお悔やみの電話をかけ、弔問にうかがえないことをていねいに詫びます。ただし、理由を事細かに説明する必要はありません。

知人の慶事と重なったケースでは、時間の調整がつく場合には両方に出席してもかまいません。どちらか一方を選ばなければならないときには、弔事を優先させるべきでしょう。葬儀はその人にとって最後の儀式だからです。

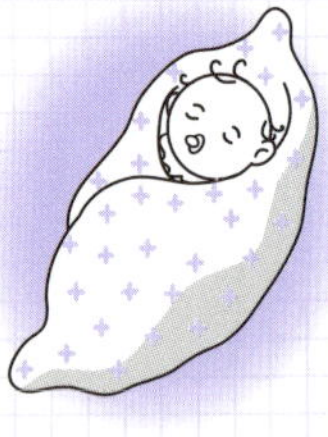

故人との対面

弔問の際に遺族から故人との対面を勧められたときには、心を込めてお別れを言いましょう。無理に話しかけたりせずに、無言でかまいません。

対面のマナー

対面は自分から求めないのが礼儀

弔問の際に、遺族から「ぜひ故人とお別れをしてやってください」と対面を勧められることがあります。このような場合には「ありがとうございます。お別れをさせていただきます」と言って対面をしましょう。対面の際は、無理に故人や遺族に声をかける必要はありません。

なお、対面は自分から求めないのが礼儀です。また、取り乱しそうな場合には丁重に断りましょう。

故人と対面する際のマナー

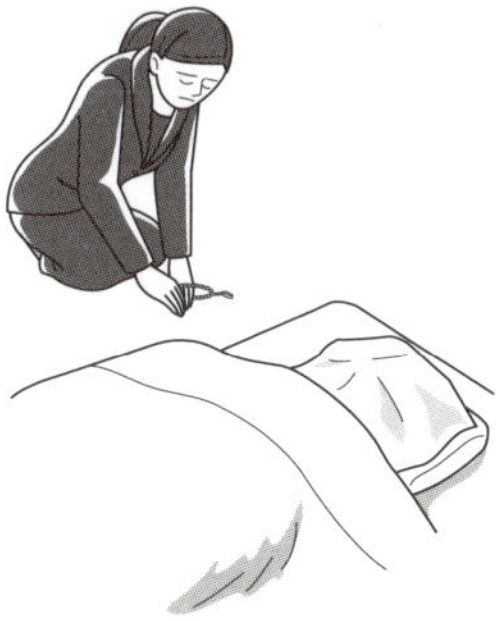

❶ 故人の枕元に正座し、軽く両手をついて一礼する。

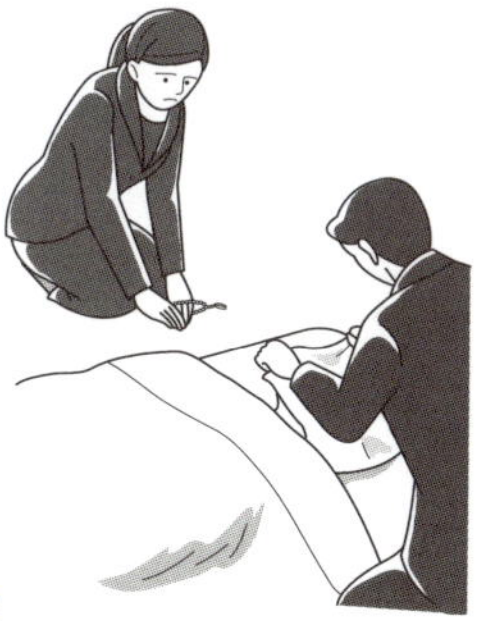

❷ 遺族が白布を上げてくれるまで、そのままの姿勢で待つ。

❸ 故人に深く一礼し、合掌して冥福を祈る。

❹ 遺族に一礼し、遺族にいたわりの言葉をひと言述べる。

香典の知識と持参のマナー

香典は通夜か葬儀のときに持参するのが一般的。あまりに早すぎるのはマナー違反です。不祝儀袋の種類や金額、包み方にも注意しましょう。

香典を持参する時期

●通夜か葬儀のときに持参する

香典《こうでん》を持参する時期に特別な決まりはありませんが、最初の弔問《ちょうもん》のときに持参するのが一般的です。

ただし、訃報《ふほう》を受けてすぐ、通《つ》夜《や》の前に駆けつけるときには香典は持参しないのが礼儀です。遺族の側でまだ死亡を受け入れる気持ちが整っていないのが普通ですから、かえってあわてさせることになってしまいます。また、あまりに早すぎるのは亡くなることを予測して準備していたようで、遺族の気持ちを害することにもなりかねません。

香典は、通夜にうかがうときにはそのときに、通夜に参列することができないときには葬儀か告別式のときに持参するのがマナーです。

●参列できなければ郵送を

遠隔地に住んでいるなどの理由で、どうしても通夜や葬儀に参列できそうもない場合には、香典を郵送しても失礼には当たりません。

郵送する際には、まず現金を不《ぶ》祝儀袋《しゅうぎぶくろ》に入れてから現金書留用の封筒に入れて送ります。そして、葬儀に参列できない事情やお詫びの言葉、お悔やみの言葉を書いた手紙を添えましょう（Ｐ３０９参照）。

香典の包み方の作法

●不祝儀袋は宗派に合わせる

香典は、半紙や奉書紙*《ほうしょがみ》などで包み、黒白か双銀の水引《みずひき》を結び切りでかけるのが正式な作法ですが、最近では市販の不祝儀袋（香典袋）を使用するのが一般的です。

不祝儀袋にはいくつかの種類があります。双銀や黒白の水引は、仏式、神式、キリスト教式のいず

＊「奉書紙」…江戸時代の公文書に用いられた上質の和紙。

れにも使えます。

また、神式では白一色の水引が使われることがあります。なお、蓮《はす》の花が印刷されたものは仏式以外には使えません。また、百合《ゆり》の花や十字架が印刷されたものはキリスト教式専用です。喪家《そうか》（故人の家）の宗教に合わせて、気をつけて選びましょう。また、表書きにも注意しましょう（P216参照）。

●香典の金額の目安とは？

香典の金額は、弔問客と故人の生前の関係の深さ、喪家の格式、葬儀の規模、そして弔問客の経済力や社会的な地位などによって、それぞれ異なります。同じような年齢でも、故人の近親者や親戚であれば、一般の人よりも金額が多くなります（P213参照）。

香典とは？

「香典」は、故人の霊に手向《たむ》ける「香《こう》」のかわりの金品です。かつては弔問客が香を持参し、それを霊前で焚《た》くことによって供養《くよう》していたのです。

現在では香を持参することはなく、その代わりにお香料として現金を包むようになったのです。

香典には使い古したお札を

香典には使い古したお札を入れるのがマナーといわれています。新札だと、あらかじめ亡くなることを予測して準備していたという印象を与えるためです。新札を使う場合には一度折ってから入れるといいでしょう。なお、お金を入れ忘れていないか、袋に書いた金額と違っていないか、家を出る前に確認しましょう。

香典の包み方

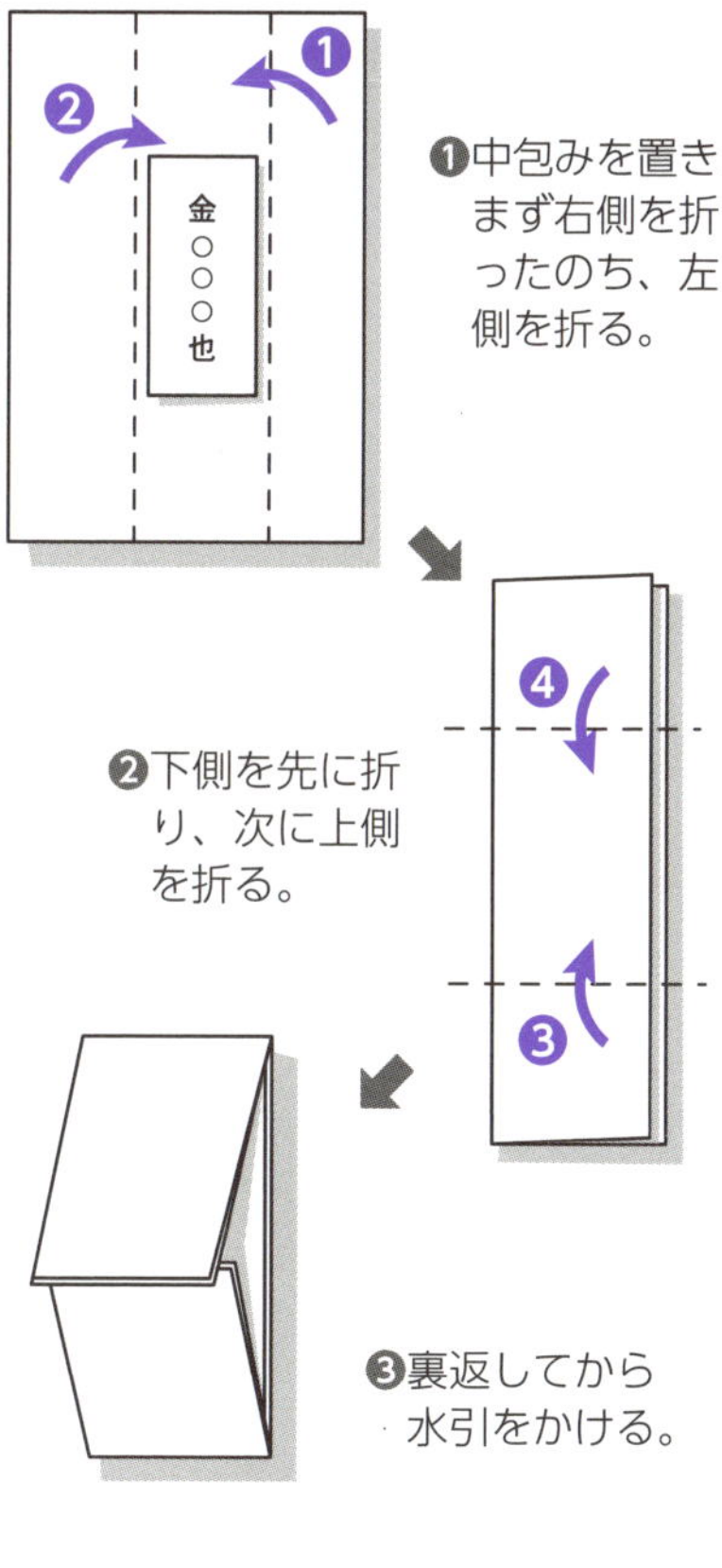

❶中包みを置き、まず右側を折ったのち、左側を折る。

❷下側を先に折り、次に上側を折る。

❸裏返してから水引をかける。

香典の渡し方

●袱紗に包んで持参する

不祝儀袋をむき出しのまま持参するのは失礼になります。できれば紺、グレー、紫などの地味な色の袱紗《ふくさ》に包んで持参しましょう。もし袱紗がない場合には小さな風呂敷かハンカチでもかまいません。必ず包んで持参するようにします。

通夜《つや》や葬儀などでは、受付で渡します。袱紗から取り出した香典を名前が相手から読めるように向けて差し出し、「どうぞ、御霊前にお供えください」と言って渡すようにします。

なお、祭壇に供える場合には、名前が手前側から読めるような向きで供えます。

袱紗の包み方・渡し方

香典を持参するときには、紺やグレー、紫色などの袱紗《ふくさ》に包むのが正式です。受付で渡すときには、表側を上にして開き、表書きの名前を相手側に向けて差し出します。

❶

つめを左側にして不祝儀袋を中央右寄りに置く。

❷

右側を折る。

❸

下側を折る。

❹

上側を折る。

❺

左側を折り、端を裏にまわす。

❻

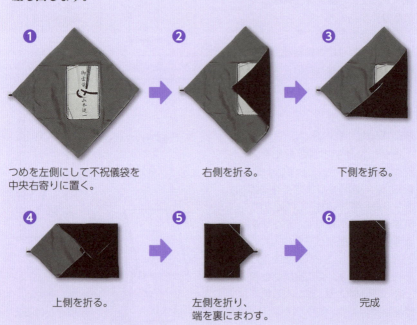

完成

香典を包んだ相手と金額

香典の金額は、故人との親しさの程度、故人や贈る人の社会的地位などによって異なります。また、土地の慣習によっても違うので、掲載してある金額はあくまでも目安と考えてください。

複数回答：333名

最多回答額

贈った相手	最多額(円)	平均額(円)	3千～5千円未満	1万円未満	3万円未満	5万円未満	5万円以上
他の親戚	3万未満	21,010	6	41	109	59	18
友人・知人	1万未満	9,004	33	106	40	6	5
職場関係	1万未満	7,774	57	67	22	3	4
ご近所	1万未満	9,479	26	46	14	5	3
きょうだい	5万未満	44,375	0	0	8	10	14
先生	1～3万未満	7,077	3	5	5	0	0
親・実家	5万以上	56,667	0	0	1	1	10
その他	3万未満	14,250	0	3	7	1	1
祖父母	1万未満	10,000	0	2	5	0	0
甥・姪	5万未満	44,167	0	1	0	2	3

『月刊消費者』2009年12月号 no.604をもとに作成

肉親・親戚関係は5万円前後、友人・知人は1万円が最多

金額を見てみると、親・実家は5万7000円、きょうだい、甥・姪には4万4000円と5万円前後が多い。友人・知人は1万円が多く、職場関係は5000円～1万円が多い。

不祝儀袋の基礎知識

お通夜《つや》や葬儀で香典《こうでん》を渡すときには不祝儀袋《ぶしゅうぎぶくろ》を使います。不祝儀袋の種類や水引《みずひき》、表書きは、宗教によって決まりがあるので注意が必要です。

葬儀（香典）

仏式

水引……………黒白または双銀の結び切り
表書き…………御霊前・御香典など
金額の目安……3千～1万円
贈る時期………通夜または葬儀の際に持参

※浄土真宗では、表書きを「御仏前」などとします。

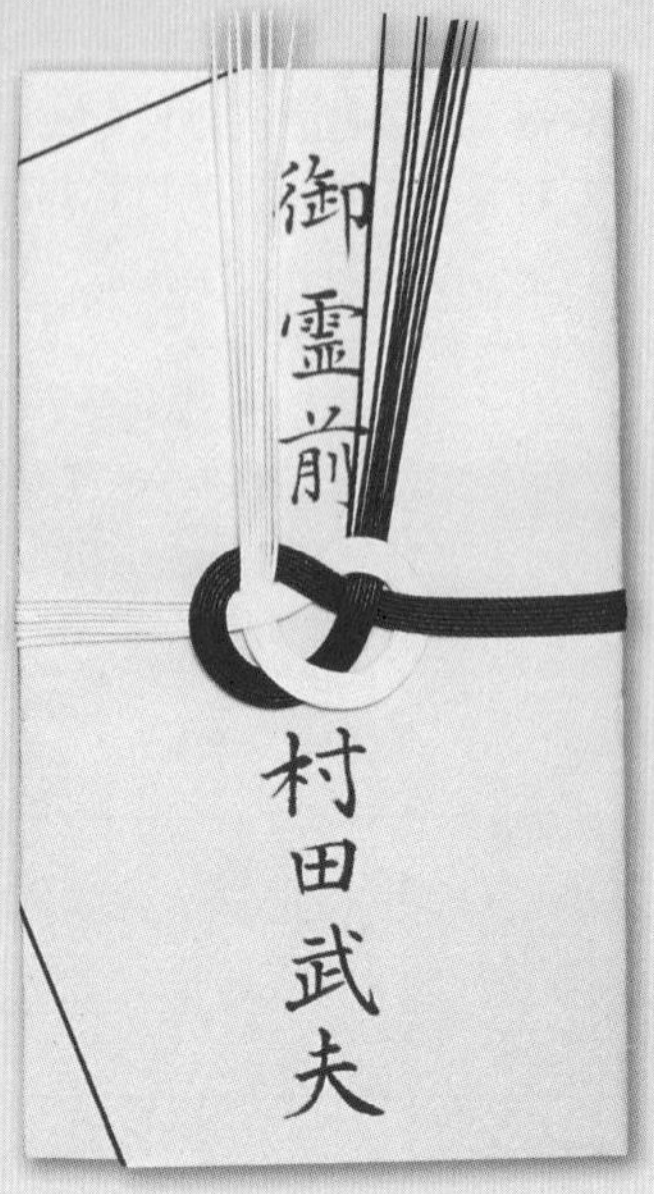

神式

水引……………黒白、白一色、双銀の結び切り
表書き…………御玉串料・御霊前など
金額の目安……3千～1万円
贈る時期………通夜または葬儀の際に持参

キリスト教式

水引……………花、十字架のついた専用の袋
表書き…………お花料・御花料・御ミサ料など
金額の目安……3千～1万円
贈る時期………通夜または葬儀の際に持参

※「御ミサ料」の表書きは、カトリックのみで使用します。

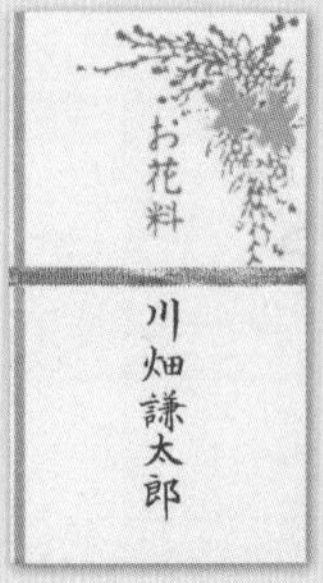

関西式

水引……………黄白の結び切り
表書き…………御霊前・御香典など
金額の目安……3千～1万円
贈る時期………通夜または葬儀の際に持参

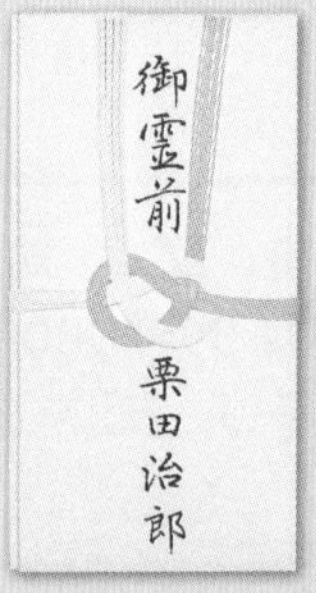

香典返し

水引……………黒白または黄白の結び切り
表書き…………志など
金額の目安……お茶などの品物（消耗品）
贈る時期………四十九日の忌明けごろ

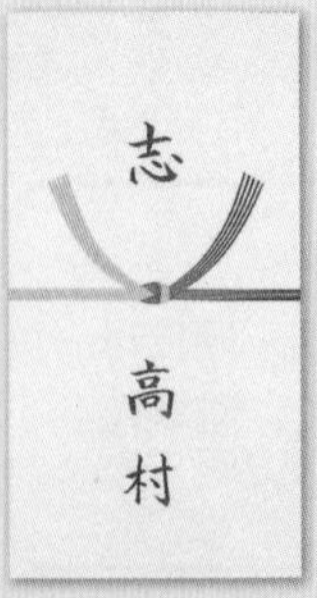

追悼儀礼（法要）

仏式

水引……黒白、白一色、双銀の結び切り
表書き……御仏前・御供物料など
金額の目安…5千～3万円
贈る時期……寺や会場で施主に渡す

神式

水引……黒白または、双銀の結び切り
表書き……御玉串料・御榊代・御神前など
金額の目安…5千～3万円
贈る時期……会場で施主に渡す

キリスト教式

水引……花、十字架のついた専用の袋
表書き……お花料・御花料など
金額の目安…5千～3万円
贈る時期……会場で施主に渡す

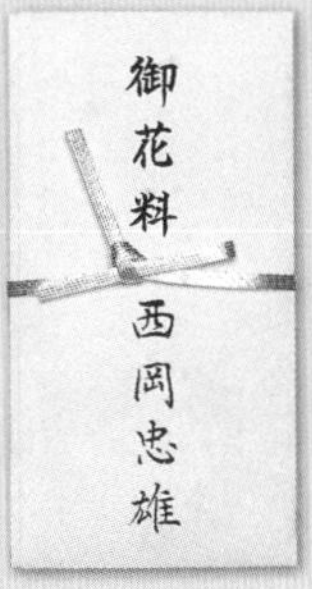

僧侶へのお礼

水引……なし
表書き……御布施、御法礼
金額の目安…寺院の規定などに従う
贈る時期……読経後

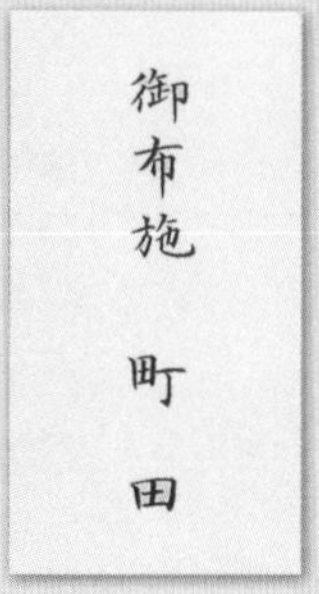

僧侶への交通費

水引……なし
表書き……御車代
金額の目安…葬儀社などと相談を
贈る時期……法要当日

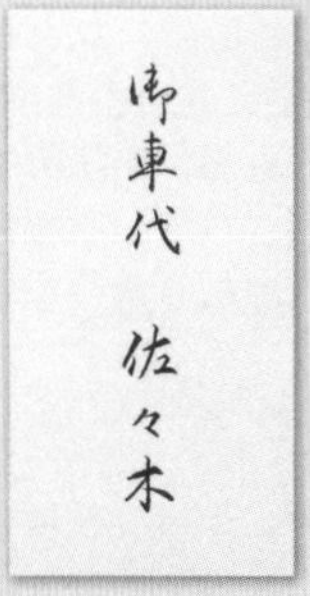

世話役へのお礼

水引……黒白の結び切り
表書き……御礼・お礼・謝礼など
金額の目安…葬儀社などと相談を

連名で贈る場合

連名で贈る場合、氏名を書くのは3名までで、右端に目上の人の名前を書きます。3名を超える場合には「○○課一同」と書き、全員の住所・氏名を別紙に書いて中包みに入れます。

表書きの基本とマナー

不祝儀袋の種類

香典《こうでん》は、半紙《はんし》や奉書紙《*ほうしょがみ》などで中包みと上包みをし、白一色の水引《みずひき》を結び切りにかけるのが正式な方法ですが、最近では市販の不祝儀袋《ぶしゅうぎぶくろ》を使うのが一般的です。蓮の花が印刷された不祝儀袋は、仏式にしか使用できませんので気をつけましょう。百合や十字架の絵が入っているものはキリスト教式です。

また、水引や紙の種類は中に入れる香典の金額にふさわしいものを選びます。

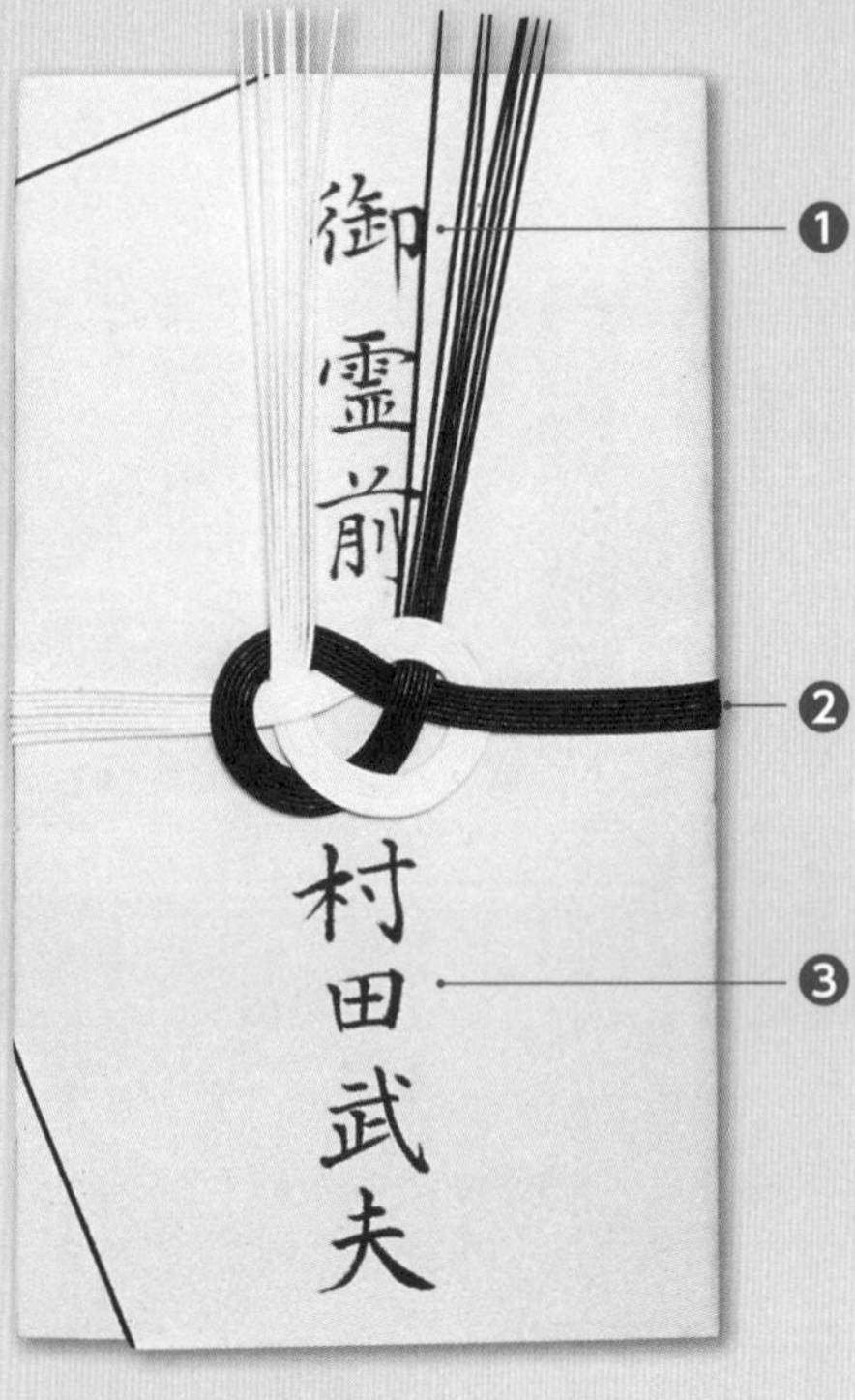

❶表書き（上書き）

表書きは、相手の宗教に準じます。「御霊前」は、各宗教に共通して用いられます。ただし、浄土真宗では使用できません（「御仏前」などとします）。また、法要にも「御霊前」は用いられません。なお、市販のものでは表書きが印刷されている場合がありますので、注意して選びましょう。

❷水引

結び切りが一般的。キリスト教では水引のない専用袋を用いることもあります。

❸表書き（姓名）

水引よりも少し下の中央に氏名を書きます。薄墨で書くしきたりがありますが、筆ペンを利用する場合などには通常の濃さでも失礼にあたりません。

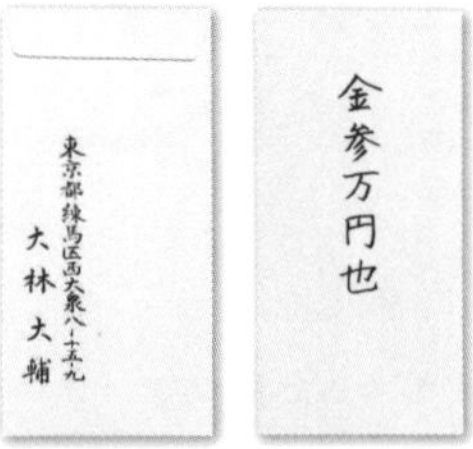

中包みの書き方

表面の中央に大きめに金額を書く。裏面の左下に表面より小さめに住所・氏名を書く。市販の袋で、氏名欄などが印刷されている場合は、それに従う。

＊「奉書紙」…江戸時代の公文書に用いられた上質の和紙。

供花・供物を贈る

最近は、供花や供物を喪主側で辞退するケースも多くなりました。宗派によってはしきたりがあるので、必ず喪家の意向を確かめるようにしましょう。

手配と贈り方のマナー

●注意すること

近親者や故人と親しい友人などが、葬儀の際に供花《くげ》や供物《くもつ》を贈るときには注意が必要です。

供花には生花と造花と花環《はなわ》があります。とくに花環は飾るのに広いスペースが必要ですから、必ず喪家《そうか》に問い合わせてから手配するようにします。また、贈る場合にも宗派によるしきたりや故人の好みなどもありますので、喪家に相談するべきでしょう。

供花の手配は、生花であれば花屋さんに注文することもできますが、花環は葬儀社に依頼するのが一般的です。注文はなるべく早めにし、葬儀の前日には必ず届くようにしておきます。

供物は、宗教によって贈ってはいけないものがあるので注意が必要です。持参してもいいのですが、しきたりなどがわからないときには、葬儀社に依頼するのが無難です。その際も、飾り付けの都合を考えて、早めに注文しましょう。

死亡通知などに「勝手ながら供物・供花はご辞退申し上げます」と書かれている場合には、喪家の意向を尊重しなければなりません。

宗教による供物のマナー（贈ってはいけないもの）

宗教によっては、供物として贈ってはいけないものがあります。

- **仏式**／海の幸、お酒（精進落としをするため）
- **神式**／線香、ろうそく（香《こう》を焚《た》かないため）
- **キリスト教**／造花（供物は生花のみ）

※カトリックでは、教会での供花が許されない場合があるため、花は自宅に届ける。

弔辞のマナー

弔辞を依頼されるということは名誉なことでもあります。固辞せずに引き受けるのがマナーです。個人と遺族を思いやり、心を込めて読み上げましょう。

弔辞を依頼されたら

●固辞せずに快く引き受ける

遺族は、故人のことをもっともよく知っている人に弔辞《ちょうじ》をお願いします。ぜひともこの人にお願いしたいと思って依頼するのです。ですから、弔辞を頼まれたときには決して固辞せずに快く引き受けるようにしましょう。

●必ず原稿を用意

弔辞を引き受けたら、話す内容を考えます。「その場で思いついたことを自分の言葉で話せばいい」と考える人もいるかもしれませんが、これはマナー違反。弔辞は葬儀後も喪家《そうか》（故人の家）に保存されるので、しっかりと内容を考えて原稿を作成しましょう。また、長くなったり、途中でつまったりしないように、必ず原稿を用意します。

弔辞を読むのは1～3人の場合が多いのですが、どのくらいの長さにしたらよいのかを、世話役と打ち合わせます。ひとり3分間くらいが一般的ですので、400字詰めの原稿用紙で2～3枚を目安にしましょう。原稿ができあがったら、事前に時間を計りながら読んでみることも大切です。

また、世話役から、内容が重複しないようにお願いされることも

弔辞のしきたり

弔辞は正式には巻紙《まきがみ》に薄墨《うすずみ》で書いて奉書紙《ほうしょがみ》*に包みます。本来は毛筆で書くべきですが、筆が使えない場合にはペンなどでもかまわないでしょう。便箋《びんせん》に万年筆で書いたものを奉書紙で包むこともあります。最近は、ワープロで作成したものを白い封筒に入れるというケースも見受けられます。代筆してもらうくらいなら、ヘタでも自分で書きたいという気持ちも大切です。

*「奉書紙」…江戸時代の公文書に用いられた上質の和紙。

あるので、そのときは指示に従いましょう。3分間で収まらなければ、どこか削るところがないか、考えましょう。

弔辞の書き方

●自分の言葉で心を込めて

弔辞は、故人の冥福《めいふく》を祈るとともに、遺族の悲しみを慰《なぐさ》めるものです。故人への気持ちを込めながらも、あまり感傷的になりすぎないように気をつけましょう。

もちろん、いたずらに美辞麗句《びじれいく》や常套句《じょうとうく》を並べたてただけの形式的な文章にならないようにします。かしこまって無理に難しい言葉を使わずに、ふだん話しているような口語体を使い、自分の言葉で書きましょう。

弔辞を書く際のポイント

❶あいさつ・呼びかけ

最初に、故人に対する呼びかけを行います。

「慎んで○○君の御霊前《ごれいぜん》に申し上げます。○○君、僕が友人を代表してこのようなお別れの言葉を申し述べなければならないのは、この上ない悲しみであります……」

❷訃報への驚きと悲しみ

死を知った経緯や、驚きを率直に語ります。

「一昨日、君の突然の訃報《ふほう》を受けて、僕は心の支えばかりか生きる意味さえも失ってしまったかのようで……」

❸生前のエピソード

故人の人柄が偲《しの》ばれるようなエピソードや功績などをなるべく具体的に紹介します。失敗談を紹介する場合には、最後にはプラスに転じるような展開にします。

「実にスポーツマンらしいさわやかな人柄で、誰からも好かれ……」

「君の独創力は比べるものがなく、○○を発明し、わが社の発展に大きく貢献した功績は……」

❹遺族へのお悔やみと励まし

遺族に対してお悔やみを述べ、励ましの言葉をかけます。

「ご遺族の方々のお嘆きを察するとお慰めの言葉もありません。特にご高齢のご母堂《ぼどう》様のご胸中はいかばかりか……」

❺誓い・別れの言葉

故人に感謝の気持ちを告げ、冥《めい》福《ふく》を祈ります。別れを呼びかけて結びとします。

「君の遺志をしっかりと受け継ぎ、立派に生きていくことをここに誓います。○○君、いよいよお別れだ。さようなら。ありがとう」

弔辞の読み方

語りかけるようにゆっくりと

司会者に名前を呼ばれたら祭壇の前に進み、遺族と遺影《いえい》に一礼し、弔辞《ちょうじ》を開き、落ち着いて読み上げます。

最初に「弔辞」と言ってから、故人に語りかけるよう、遺族や参列者にも聞こえるように、ゆっくり、はっきりと読み上げます。スピーチに自信のある人でも、事前に一度、誰かに聞いてもらうかテープに録音して聞き直してみるといいでしょう。耳で聞いてわかりやすい言葉や発音しやすい言葉を選ぶことも必要かもしれません。

読み終えたら祭壇へ

うまく話すコツは、低く静かに、ゆっくりと一語一語かみしめるように話すこと。早口にならないように注意します。感情を表そうとしてわざとらしく盛り上げる必要はありません。心を込めて、ていねいに読むことが大切です。

途中で涙がこみ上げてきてしまったときには、いったん言葉を切って、息を大きく吸い込みます。

読み終えたら弔辞を元のように包み直し、祭壇に置いて戻ります。

節度を持った表現で

弔辞は遺族や参列者を悲しませるのが目的ではありません。哀悼《あいとう》の情を表現しようとするあまり、必要以上に悲しませるような話は避けましょう。死亡原因となった事故や病気についてはあまり詳しく述べないのがマナーです。

忌み言葉にも注意を

冠婚葬祭にはあまり使わないほうがいい「忌《い》み言葉」があります。葬儀では、「くれぐれも」や「重ね重ね」などの重ね言葉が忌み言葉とされています。不用意に使うことは避けたほうがいいでしょう。

- **直接的な表現は言いかえる**

死ぬ、死去、死亡➡逝去、永眠、急逝、世を去る、他界、帰らぬ人となる
ご存命中➡ご生前、お元気なころ
悲しみ➡傷心、痛恨、断腸、悲哀、哀惜、哀愁
自殺・急死など➡突然のご不幸、急なことで

- **重ね言葉（不幸が重ならないように）**

重ね重ね／重々／再三／くれぐれも／いよいよ／たびたび／かえすがえすも

- **繰り返しを連想させる言葉（不幸が再び来ないように）**

再び／再々／続く／引き続き／追いかける／次に／また／やがて

- **宗教に関するもの**

・**仏教**…浮かばれない／迷う（浄土に行けないので）
・**神道、キリスト教式**…冥福／供養／成仏／往生／冥土（仏教用語）

- **その他**

四／九（縁起の悪い数字）

弔辞の読み方

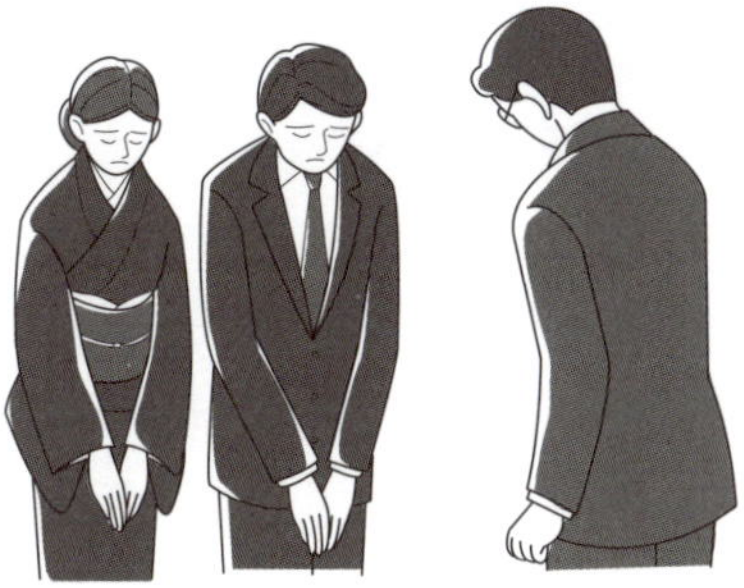

❶
弔辞を左手に持つかポケットに入れ、遺族に一礼してから霊前に進む。

❷
まず遺影に一礼し、次に左手に持った弔辞の上包みを右手で開く。

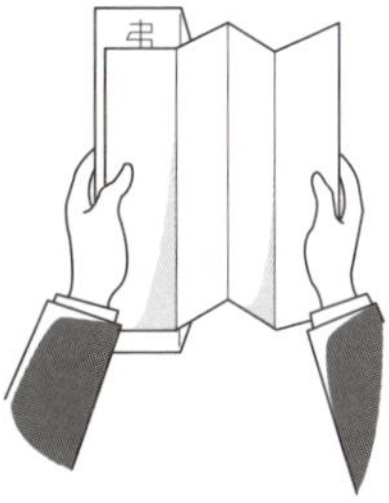

❸
上包みは弔辞の下に重ねて左手で持ち、右手で弔辞を開き、胸の高さに捧げ持って読む。

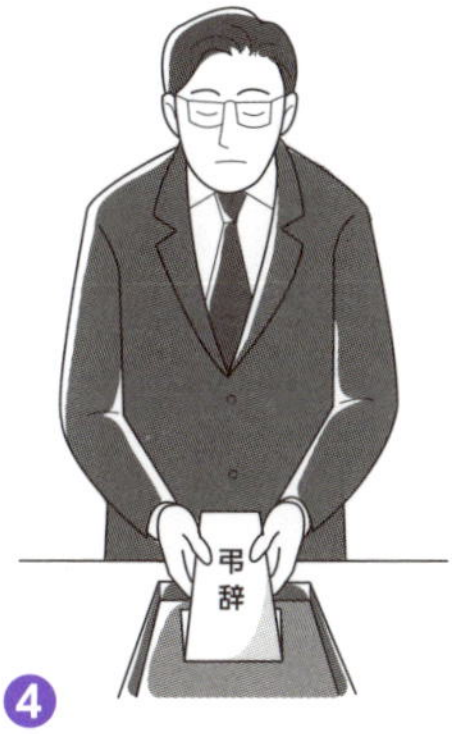

❹
読み終えたら包み直し、表書きを祭壇に向けて両手で供える。

❺
祭壇に一礼して席に戻る。

弔辞の包み方

❶
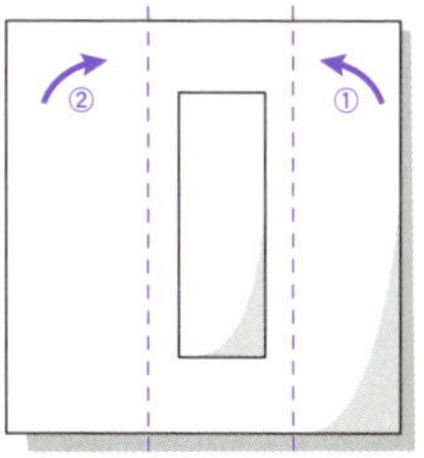

弔辞は中央のやや右寄りに置く。

❷
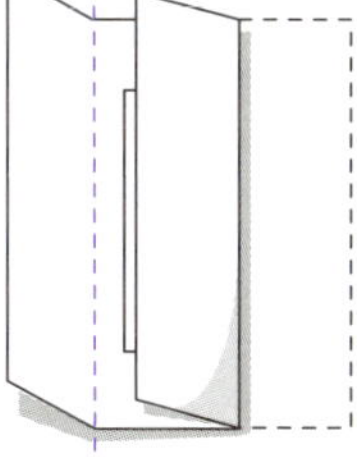

右を先に折り、次に左を折り重ねる。

❸
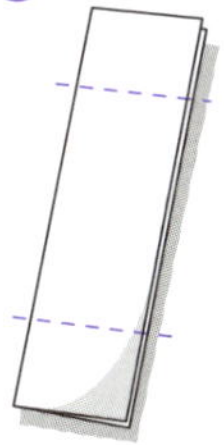

上下を裏側に折る。

❹

表書きは「弔辞」とする。

弔問の服装のマナー

通夜は平服でもかまいませんが、葬儀は準礼装・略礼装が一般的です。持ち物や靴、女性の化粧やアクセサリーにも地味な装いを心がけましょう。

弔問の装い

●通夜前（危篤・臨終の知らせ）

訃報《ふほう》を受けて急いで駆けつける場合には、平服《へいふく》でかまいません。ただし、タンクトップや膝《ひざ》の破れたジーンズなど、場にそぐわないラフすぎるファッションの場合は、着替えてから駆けつけたほうがいいでしょう。

●通夜

通夜《つや》は、本来は突然うかがうものですから、平服でかまいません。最近は、正式に招かれた場合には礼服《れいふく》を着用することが多くなっています。勤務先から直行する場合は、男性であれば地味なスーツとネクタイでかまいません。わざわざ黒ネクタイを購入する必要もないでしょう。女性も地味めのスーツやワンピースなら、そのままで大丈夫です。ただし、アクセサリー類は結婚指輪を除き、すべてはずし、化粧も控えめにします。

●葬儀・告別式

葬儀・告別式では弔問客《ちょうもんきゃく》は略礼装が一般的ですが、平服でもかまいません（P19参照）。

男性の略礼装はブラックスーツに黒のネクタイ、略礼装ならダークスーツに黒ネクタイとなります。

女性の準礼装は黒無地のフォーマルドレス、略礼装は地味な色のスーツやワンピースです。夏ならブラウスとスカートでもかまいません。

女性の装いはここに注意!!

靴

基本は黒ですが、エナメルや光沢のあるもの、派手な留め金がついた靴は避けましょう。つま先やかかとが見えるサンダルやミュールは不向き。革製のプレーンなパンプスがベストです。また、ストッキングは夏でも黒のタイプを着用します。

アクセサリー類

派手なアクセサリーなどはもってのほかですが、指輪も結婚指輪以外はずします。結婚指輪でも石がついている場合は、石を裏側に回して隠すようにしましょう。パールの一連ネックレスと時計はつけてもかまわないことになっています。

バッグ

素材は布がベストですが、牛革や合皮ならかまいません。留め金は銀もしくは黒で、なるべく目立たないものを選びます。ブランド物でもかまわないのですが、大きなロゴやブランド名がデザインされているものは避けましょう。

化粧

大人の女性なら身だしなみ程度のナチュラルメークにします。濃い色の口紅やアイラインなどは避けます。マニキュアは肌色に近い薄い色ならかまわないでしょう。

女性の喪服（洋装）

一般会葬者として葬儀や告別式に参列するとき、特に若い人は、正式礼装ではなく略礼装でかまいません。通夜では、正式礼装はかえって失礼になることもあります。

男性の喪服（洋装・ブラックスーツ）

ブラックスーツは本来略礼装ですが、礼装として通用するくらい広く着用されています。最近では、一般の会葬者もブラックスーツを着用するケースがほとんどです。

※喪服のマナーはP16～19でも紹介しています。

通夜・告別式での作法

仏式、神式、キリスト教式それぞれに焼香、玉串奉奠、献花の作法があります。
通夜・告別式の前に、最低限の作法を覚えておきましょう。

焼香の作法

●宗派によって異なる

仏教では、通夜《つや》や葬儀をはじめ、さまざまな法要《ほうよう》の際には必ず焼香をします。焼香には、自らを清め、仏や霊に対して敬虔《けいけん》な心を捧げるという意味があります。

焼香には「座礼《ざれい》による焼香」、「立礼《りつれい》による焼香」、「回《まわ》し焼香」などがあり、宗派によっては多少、回数や作法が異なる場合があります。あまり神経質になる必要はありませんが、最低限の作法は覚えておきたいものです。

座礼による焼香の作法

❶ 周囲に会釈してから霊前に進む。

❷ 座布団の手前で正座し、遺族に一礼する。

❸ 祭壇に向かって一礼し合掌《がっしょう》する。

❹ 立ち上がらずに、膝を交互につきながら祭壇まで進む。

❺ 正座をして焼香する。
※焼香の回数は1～3回が一般的

❻ 焼香がすんだら合掌し、遺族に一礼してから席に戻る。

立礼による焼香の作法

❶ 周囲に会釈してから霊前に進む。

❷ 霊前の手前で遺族に一礼してから焼香の位置まで進む。

❸ 遺影に向かって一礼し、合掌したのち焼香する。
※回数は1～3回

❹ 焼香がすんだら再び合掌し、そのまま2、3歩下がり席にもどる。

回し焼香の作法

❶ 香炉《こうろ》が回ってきたら正面に置き、軽く会釈する。

❷ 右手の親指、人差し指、中指の3本の指で香をつまみ、目の高さに捧げてから香炉にくべる。
※回数は1～3回

❸ 焼香がすんだら、遺影に向かって再び合掌する。

❹ 両手で香炉を次の人に回す。

数珠の持ち方

数珠《じゅず》はまたの名を念珠《ねんじゅ》ともいいます。仏式では合掌《がっしょう》をするときには数珠を持つのが正式な作法です。ある程度の年齢になったら用意しておきたいものです。

数珠の形状は宗派によって異なりますが、各宗教で共通の略式のタイプが便利です。珠《たま》の大きさ、材質、長さなどが異なるさまざまな種類の数珠があり、価格もいろいろ。自分で持ってみて落ち着いた気持ちになれるものを選ぶといいでしょう。

❶

使わないときには房を下にして左手首にかけておきます。

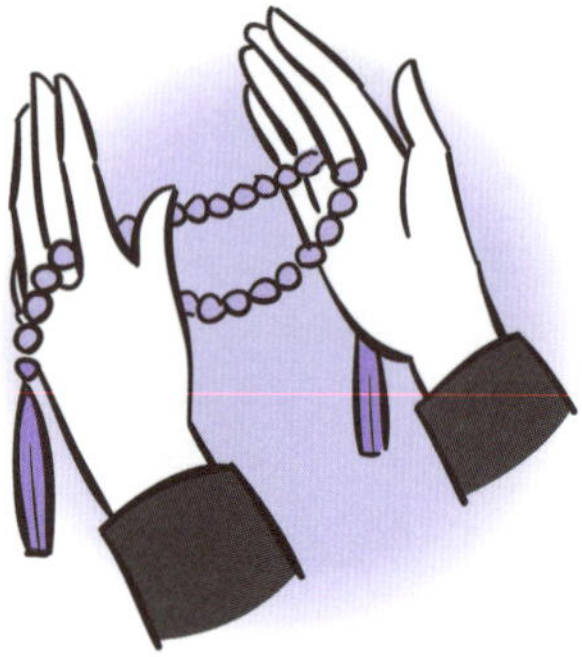

❷

合掌するときには、両手の中指にかけて持ちます。

❸

手と手の間で静かにすりあわせます。

短い数珠の場合

短い数珠は、両手の親指と人差し指の間にかけて合掌します。

神式の通夜・告別式

●手水の儀

「手水《ちょうず》の儀」は神式の通夜《つや》祭や葬儀だけで行われる独特の儀式です。式場に入場する参列者の身を清めるために行います。

手水の儀

❶ ひしゃくで水をくんで、左手、右手の順に水をかけて洗います。
❷ 左手に水を受けてその水で口をすすいだのち、懐紙で手と口をふく。
ひしゃく一杯の水を3度に分けて行います。

●玉串奉奠の作法

神式の通夜祭や葬場祭などでは「玉串奉奠《たまぐしほうてん》」が行われます。これは弔事《ちょうじ》に限らず神事では必ず行われる、神式の基本的な儀式で、仏式の「焼香《しょうこう》」にあたります。

玉串奉奠はほとんどの場合、立《りつ》礼《れい》で行われますが、自宅など畳の部屋で葬儀を行う場合、座礼で行うこともあるようです。

玉串奉奠の作法

❶ まず遺族に会釈し、神官に一礼してから玉串を受けとる。右手は根元近くを上から包むように、左手は葉を下から捧げるように受けとる。

❷ 玉串を目の高さまでおしいただいたあと、根元が手前にくるように回す。

❸ 左手を根元に、右手は葉先の下から添えるようにして左右の手を持ちかえる。

❹ 玉串を右回りに180度回転させ根元を祭壇に向けたあと、前の台（案）の上に置き二礼二拍手（しのび手）する。最後に、神官と遺族に一礼して席にもどる。

キリスト教式の通夜・告別式

●献花の作法

仏式の焼香《しょうこう》や神式の玉串奉奠《たまぐしほうてん》に相当する儀式として、キリスト教の葬儀では献花《けんか》が行われます。もともとキリスト教の葬儀は土葬《どそう》ですから、穴の中に棺《ひつぎ》を降ろしたときに参列者が穴に向けて献花を行うのが本来の形となります。ところが日本では、近年になって日本の習慣に合わせて、仏式の焼香や神式の玉串奉奠にならって独自の作法で行われるようになりました(下図参照)。

献花する花は、菊やカーネーションなど、茎の長い白い花です。献花ののち、カトリック信者は十字を切りますが、そうでない場合には、黙祷《もくとう》や一礼を行います。

献花の作法

❶ 遺族に一礼し、花が右手にくるように両手で受け取る。右の手のひらは上向き、左の手のひらは下向きにする。

❷ 献花台の前で一礼したのち、右手を手前に回して根元を献花台のほうに向ける。

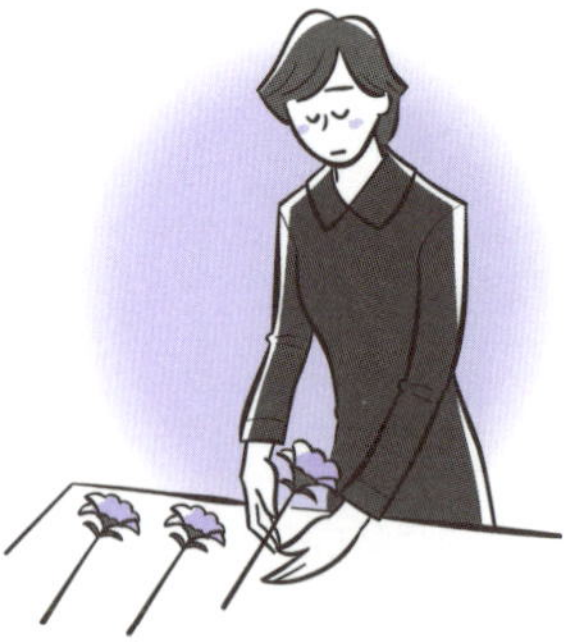

❸ 手のひらが右手・左手とも上向きの状態で献花台に置く。

❹ 黙祷したあと遺族や神父（牧師）に向かって一礼して席にもどる。

通夜に出席する

本来、通夜は親戚やごく親しい人たちのためのものです。出席するかどうか迷ったときには、もう一度、死亡通知を見直してみましょう。

通夜への出欠

●最近の通夜の意味

もともと通夜《つや》は、親戚やごく親しい人たちが集まり、夜通し遺体に付き添い、故人との別れを惜しみ、遺族を慰《なぐさ》めるためのものです。一般の弔問客《ちょうもんきゃく》は通夜には参列せず、葬儀と告別式に参列するのがならわしでした。ところが最近は、通夜にも葬儀や告別式と同じように一般の弔問客が訪れるケースが多くなっています。

●遺族から連絡を受けたら出席を

では、現実問題として、通夜に参列すべきか葬儀・告別式に参列するべきか、迷った場合にはどのようにしたらいいのでしょうか。遺族から葬儀・告別式の日程だけを知らされた場合には、通夜には参列せずに葬儀・告別式に参列します。遺族から通夜の連絡を受けたときには、通夜に出席し、葬儀・告別式にも参列します。

通夜には招かれていないが、事情があって葬儀・告別式には参列できない場合には、通夜に出席します。ただしこの場合には、あらかじめ遺族か世話役に連絡をして、その旨を伝えてから出席するようにしましょう。また、通夜ぶるまいに誘われても遠慮し、早めに引きあげるのがマナーです。

最近は、一般の弔問客が通夜に参列するケースも多い。

通夜の作法

●通夜会場での注意点

通夜に限ったことではありませんが、もちろん遅刻は厳禁。あまり早く到着しても準備が整っていないので、開始時間の10分くらい前に到着するようにしましょう。

受付ではお悔やみを述べて、香《こう》典《でん》を差し出します。祭壇のある部屋に入るときには、先客に一礼してから入室します。あらかじめ席次が決められているときはその通りに、決められていない場合には、先着順に着席しましょう。一般的に、弔問客は祭壇に向かって左側後方の席に座ります。

焼香《しょうこう》は席次の順に行われます。

●通夜ぶるまい

読経《どきょう》などの式次第が終わると、「通夜ぶるまい」が行われます。故人とあまり親しくないような場合には、遠慮してもかまいませんが、遺族などから誘われたときにはできるだけ席に着くようにします。通夜ぶるまいは弔問客に対する謝意であるとともに、故人のための供養でもあるのです。

通夜ぶるまいではお酒をふるまわれることが多いのですが、宴席ではありません。飲み過ぎてハメを外したり、故人とは関係のない仕事の話などをするのはやめましょう。大声を出したり笑い声を出すのも慎《つつし》むべきです。

通夜では、遺族は特定の弔問客に対して応対をしないのが常識。無理に声をかけて呼び寄せたりするのはマナー違反です。翌日の準備もあるので長居は禁物です。

膝《しっ》行《こう》

和室で行われる通夜や葬儀の際、祭壇などに進むときには立ち上がるのではなく、膝行で移動するのがマナーです。正座の姿勢からかかとを上げてつま先立ちをし、膝を交互に運びます。

「半通夜」とは

最近の通夜は午後6時か7時頃に始まり、読経や焼香などが1時間程度、その後に通夜ぶるまいの席がもたれ、遅くとも10時過ぎには終わることが多くなっています。このような通夜を、本来の通夜（親しい者だけが夜通し遺体に付き添う）と区別して「半通夜」といいます。

葬儀・告別式に出席する

現在では葬儀と告別式を続けて行うことが多く、一般弔問客も葬儀から参列します。遅くとも10分前には受付をすませ、出棺まで見送りましょう。

一般の弔問客は告別式に

●どちらに参列すればいい？

最近では通夜《つや》の意味が変わってきているように、葬儀と告別式の役割もだいぶあいまいになってきています。葬儀とは死者の成仏《じょうぶつ》を祈る儀式で、遺族と親族、特に関わりの深かった人だけで営まれるもの。一方、葬儀の後、故人に別れを告げるために行われるのが告別式で、一般の弔問客《ちょうもんきゃく》は告別式に参列します。

かつては、葬儀と告別式はきちんと分離されていましたが、最近は続けて営まれるケースも多くなっています。そのような場合には一般の弔問客も葬儀から参列します。

●会場に着いたら

葬儀・告別式ともに開始予定時間の10分前には受付をすませておきましょう。会場に着いたら、コート、ショール、帽子、大きな荷物などはクロークがある場合には預けておきます。受付では簡単にあいさつをし、通夜に出席していない場合には、このときに香典《こうでん》を差し出し、記帳をします。また、通夜で香典を渡している場合にも記帳はします。

式場では案内に従って席につきます。遺族には直接あいさつをせずに、黙礼にとどめておきましょう。

告別式の作法

●焼香～出棺

一度着席したら、席の移動はせずに、式の最中は静かにして、私語は慎《つつし》みましょう。懐かしい友人や知人、仕事関係者の姿を見つけても、会話は控えたいものです。

焼香《しょうこう》が終わってもすぐには帰らずに、できるだけ出棺《しゅっかん》まで見送りましょう。告別式が終わってから出棺までの間には、遺族と遺体の最後の対面が行われるため、一般参列者は外で待つことになります。真冬の寒いときなどにはコートを羽織っていてもかまいません。ただし、喪主《もしゅ》のあいさつや出棺が行われているときには、コートは脱いで手に持つのが礼儀です。出棺は合掌《がっしょう》して見送ります。

●火葬〜精進落とし

通常は、出棺を見送ったあとにそのまま静かに退出します。ただし、出棺前に遺族から火葬場《かそうば》への同行を依頼されたときにはできるだけ同行しましょう。遺族にとっても故人にとっても特別な存在だと頼られているのですから、同行するのが礼儀です。このような場合には、遺骨迎《いこつむか》えの法要や精進落《しょうじんお》としにも出席しましょう。

受付での作法

❶ コートや手荷物などを預ける

コート、ショールなどを脱ぎ、大きな手荷物があれば預ける。

❷ 香典を預ける

簡単なお悔やみの言葉を述べたあと袱紗から香典を取り出す。袱紗は軽くたたんで手前に置き、「ご霊前にお供えください」と香典を先方に向けて両手でさし出す。

❸ 会葬者名簿に記帳する

会葬者名簿に住所、氏名を記帳する。通夜に参列していた場合には、その旨をひと言述べてから記帳する。

❹ 一礼してから葬儀場へ

記帳をすませたら「お参りさせていただきます」と述べてから一礼し、葬儀場に向かう。

社葬に参列するときのマナー

参列する際の服装や焼香の方法など、基本的なマナーは個人葬と変わりません。香典や供物などについては、葬儀委員会に問い合わせてみましょう。

社葬の通知を受けたら

●故人と同等の役職者が参列

社葬の知らせはあくまでも「通知」であって「招待状」ではありません。社葬の通知を受け取ったときには、参列するべきなのか、参列する必要がないのか、参列するのであれば誰が参列するのか、などを決めなければなりません。

個人的な付き合いのある会社からの通知であれば、付き合いの程度によって本人が判断すればいいでしょう。会社同士の付き合いの場合には、上司あるいはトップの判断を仰ぎます。通知が個人宛にきていたとしても、たまたまその人の名刺があったからということも考えられるので、勝手に判断せずに上司の意見を仰ぐべきでしょう。

参列は、相手の会社の規模とこちらの会社の規模、顧客なのか取引先なのかなどによっても異なりますが、一般的には故人と同じくらいの役職の人間が参列するのが礼儀です。少なくとも、故人よりも下の役職の者が参列するのは失礼にあたります。通常、社葬を行うのは故人がかなりの役職にある場合ですから、それを受けて、こちらも社長クラスが参列するのが一般的です。

? こんな時どうする?

代理人を立てる場合は?

故人と同格の人間がどうしても参列できない場合には、代理人を立てることになります。この場合には、代理人に名刺を持たせることを忘れないようにしましょう。受付で名刺を差し出して、本人が参列できない事情を説明してお詫びをします。後日、忘れずに本人からお悔やみ状を送ります。

社名に恥じないふるまいを

●服装のマナー

社葬といっても基本的なマナーは個人葬と変わりません。ただし、相手の会社の規模や格によっては、参列者もそれなりの地位の人が集まることになります。多くの人が正装をしているのにひとりだけ平《へい》服《ふく》では、会社の体面にも関わりますから注意が必要です。

最近の傾向としては、当事会社以外はモーニングを着ないケースが多くなっているようです。心配な場合には、先方の葬儀委員会に問い合わせたほうがいいでしょう。

●供花や供物のマナー

社葬には、多くの関係者が参列するため、花環《はなわ》や供物の役割は、個人葬よりも重要。会社の「メンツ」がかかっているといえます。

手配は早めに行い、少なくとも葬儀の前日までには届くようにしましょう。特に気をつけたいのは、社名や代表者の名前を正確に伝えることです。間違いのないように、口頭ではなくFAXなどで伝えるようにしましょう。なお、社葬通知に「供花《くげ》・供物は遠慮します」と書かれている場合には、それに従うようにします。

社葬での名刺交換はマナー違反

社葬には会社を代表して参列することになります。それなりの心構えを持ち、代表として恥ずかしくないように振る舞わなければなりません。

式場には顔なじみの仕事関係者がいるケースが多いですが、取引先や顧客などを見つけても、名刺交換をしたり、仕事の打ち合わせなどをするのはマナー違反です。あくまで「葬儀」だということを忘れずに。

社葬の弔電の例

御社社長様のご訃報《ふほう》に接し、ご生前のご功績を偲《しの》び、心からご冥福《めいふく》をお祈りいたします。

会長様のご逝去《せいきょ》に際し、惜別《せきべつ》の急を禁じ得ません。ご功労に敬意を表しますとともに、心からご冥福をお祈りいたします。

社長様のご訃報に、当社社員一同、慎《つつし》んで哀悼《あいとう》の意を表します。ご遺族の皆様ならびに社員ご一同様に、心からお悔やみ申しあげます。

貴社専務の○○○○《フルネーム》氏、ご急逝《きゅうせい》の知らせを受け、心より哀悼の意を表します。

御社○○重役様のご生前の功績をしのび、当社幹部一同、心からご冥福をお祈り申しあげます。

訃報を後で知ったときの対応

まずは電話などでお悔やみの気持ちを伝えます。その上で、遺族の都合に合わせて弔問します。弔問しない場合にはお悔やみ状を送りましょう。

訃報が伝わらなかった場合

●まずは電話でお詫びを

なんらかの理由で訃報《ふほう》が伝わらなかった場合には、知った時点ですみやかに弔意《ちょうい》を表します。ただし、いきなり弔問《ちょうもん》することは避けましょう。葬儀の後で遺族は疲れているかもしれません。また、遺族があえて訃報を広く伝えなかったということもあります。

まずは電話で「亡くなったのをいま知ったこと」を伝え、葬儀に出席できなかったことのお詫びとお悔やみの気持ちを伝えましょう。

その後に、弔問に出向いていいかどうか、遺族の都合と気持ちを確認します。気持ちの押し売りにならないように、くれぐれも気をつけましょう。

●弔問に訪れるときは

弔問には香典《こうでん》と供物《くもつ》を持参します。故人へのお悔やみと、遺族へのねぎらい、そして葬儀に参列できなかったお詫びの気持ちを、心を込めて伝えましょう。

納骨《のうこつ》がすんでいなければ後飾《あとかざ》り壇に線香をあげます。納骨後であれば仏壇や御霊舎《みたまや》にお参りします。遺族が疲れていることもあるので、長居はせずに早めに退去するのがマナーです。

弔問をしない場合には、お悔やみ状を送ります。

お悔やみ状の文面について

お悔やみ状は、「拝啓」などの頭語や時候のあいさつなどを書かずに、主文から始めます。驚きやお悔やみの気持ち、遺族への慰めの言葉などを率直に伝えればいいでしょう。参列できなかった理由は簡潔に記します（P309～311参照）。できるだけ早く出すことが大事です。

神式・キリスト教式の参列のマナー

神式やキリスト教式の葬儀に参列するときには、あまり難しく考えずに喪家側の指示に従います。ただし、最低限のマナーは身につけたいものです。

基本的な心構え

●あまり難しく考えない

日本では仏式の葬儀が9割以上だといわれています。そのため、神式やキリスト教式の葬儀に参列することは、あまりないかもしれません。神式とキリスト教式のどちらも、死亡から火葬までの基本的な流れは仏式とそれほど変わりません（P107・108、116・117参照）。宗教によって儀式の内容などはかなり異なる部分もありますが、あまり難しく考える必要はないでしょう。

●気をつけたいこと

服装などは仏式と同じでかまいません。拝礼の作法や供物《くもつ》のマナーについても、式次第が書かれたものを用意してくれるなど、喪家《そうか》側がなんらかの配慮をしてくれることが一般的です。式場でわからないことがあったら、遠慮せずに係の人にたずねてみましょう。

玉串奉奠《たまぐしほうてん》（P227参照）や献花《けんか》（P228参照）などの作法については、前の人のマネをするという方法もあります。

気をつけなければいけないのは、知ったかぶりをすることです。わからないことは正直にわからないと言いましょう。また、知らないからといって仏式の作法で押し通すのも厳禁です。

宗教による用語の違い

ふだん何気なく使っている「冥福《めいふく》」、「供養《くよう》」、「成仏《じょうぶつ》」、「追善《ついぜん》」などは仏教用語です。神式やキリスト教式の葬儀では使わないように注意しましょう。

「死亡すること」を神道では「帰幽《きゆう》」、「永別《えいべつ》」、「他界《たかい》」といいます。キリスト教ではプロテスタントが「召天」、カトリックの場合は「昇天」などといいます。

神式の葬儀

神式の葬儀の流れ

神式の葬儀で特徴的なのは「手水《ちょうず》の儀《ぎ》」と「玉串奉奠《たまぐしほうてん》」です。いずれも神道ならではの儀式です（作法についてはP227参照）。

神式でも仏式の「香典《こうでん》」に相当するものがあり、表書きは「御玉串料《おんたまぐしりょう》」、「御榊料《おんさかきりょう》」などとします。また、各宗教に共通の「御霊前《ごれいぜん》」を使用してもかまいません（上包みに蓮の模様のないもの）。水引《みずひき》は、黒白、白一色または銀一色の結びきりです（P214参照）。

キリスト教式の葬儀

キリスト教式の葬儀の流れ

今日、日本で行われている多くのキリスト教式の葬儀は、仏式や神式の影響を受け、日本独特のものです。また、「撒水《さんすい》」や「献香《けんこう》」といった、キリスト教ならではの、あまりなじみのない儀式もあります。キリスト教式の葬儀で、実際に参列者が行うのが、仏式の焼香にあたる「献花《けんか》」です（作法についてはP228参照）。

お悔やみのあいさつ

日本では、「ご愁傷様《しゅうしょうさま》」はもっとも一般的なお悔やみの言葉ですが、キリスト教では絶対に使いません。というのは、キリスト教では「死」は終わりではなく、永遠の生への出発だからです。ですから、「本日はお招きいただきましてありがとうございます」といったあいさつで構いません。もちろん、冥福や成仏などの仏教用語は使いません（P220参照）。

こんな時どうする？

聖歌・聖書の唱和は？

キリスト教式の葬儀では、参列者が聖歌や祈りの言葉などを唱和《しょうわ》することがあります。式場（教会）に入る際に、聖歌や祈りの言葉などを印刷したものを渡されている場合には、わかるところだけでも唱和するようにしましょう。

キリスト教での香典は？

キリスト教式では現金を包んで渡すという風習はありませんでした。ただし、葬儀の後に食事のもてなしなどがあることを前提にして、現在では「御花料《おはなりょう》」などとして差し出すケースがあります（P215参照）。

葬儀後のマナー

葬儀から家に帰ってきたときには「お清めの塩」を体にかけます。香典返しや形見分け、年賀欠礼についてもマナーを守るように気をつけましょう。

葬儀が終わったら

●お清めの塩

通夜や葬儀・告別式に参列したときにもらう会葬礼状に、塩の小袋が入っていることがあります。「お清《きよ》めの塩」といって死によって穢《けが》れたからだを清めるために使うものです。

しかし、死を穢れと考えない宗教や宗派、個人もありますので、その場合には使わなくてもマナー違反ではありません。最近は会葬礼状に添えないこともあるようです。

お清めの塩は、自宅なら門を入る前に、マンションなら玄関ドアの前で使います。

葬儀場からそのまま仕事場に出かける場合などは、式場を出るときに足下にまいて踏む方法でもよいでしょう。

お清めの塩は、胸、背中、足元の順にかけてもらう。自分でかける場合は、肩越しにかける。

●香典返しのお礼は不要

一般的には四十九日《しじゅうくにち》がすぎた頃、忌明《きあ》けのあいさつ状とともに香典《こうでん》返《がえ》しの品が送られてきます。このときには礼状は出さないのが礼儀です。とはいえ、黙っているのも失礼ですから「喪中《もちゅう》見舞い」のようなハガキを出すといいでしょう。親しい間柄であれば、近況伺いをかねて電話をしてもいいかもしれません。ただし、いずれの場合も「ありがとうございました」などの礼は不要です。

その他の注意点

形見分け

故人が愛用していた遺品を、生前親しくしていた友人や近親者に贈ることを「形見分け《かたみわ》」といいます。故人の遺言《ゆいごん》で行われることもあれば、遺族の判断で贈られることもあります。もし、遺族から形見分けの申し出があった場合は、素直な気持ちで受け取るべきでしょう。ただし、こちらから形見分けを依頼するのは、ごく親しい間柄でもない限り、遠慮しましょう。

年賀状

家族に不幸があった場合、その翌年の年賀状は出しません。その代わりに12月の初旬までに「年賀《ねんが》欠礼《けつれい》（喪中欠礼）」の知らせを送ります。この知らせを受け取ったときは、こちらからも年賀状は送りません。何かの手違いで年賀欠礼の知らせが届かなくとも、不幸があったことを知っている場合には、年賀状は控えましょう。

喪中とは知らずに年賀状を出してしまった場合には、すみやかに失礼を詫びるあいさつ状を出さなければなりません。成仏などの仏教用語は使いません（P220参照）。

喪中と知らずに年賀状を出してしまったときのあいさつ状（文例）

本日、服喪中とのお知らせをいただき、たいへんに驚いております。心からお悔やみを申し上げます。

御尊父様の御他界を存じ上げず、年賀状を差し上げてしまい、たいへん失礼いたしました。どうぞ、お許しくださいますようお願いいたします。

遅ればせながら、御尊父様のご冥福を心よりお祈り申し上げます。

ご家族の皆様にはさぞご落胆のことでございましょう。お察し申し上げます。

寒さ厳しき折、お体を大切になさいますようお願い申し上げます。

取り急ぎ失礼のお詫びまで。

故人を偲ぶお別れ会に参加する

知人・友人が主催する場合には、家族と相談の上で了解を得て行います。あまり形式ばらずに楽しく見送れる雰囲気づくりを心がけましょう。

お別れ会を主催する

●遺族の了解を得た上で開催を

葬儀を密葬《みっそう》や家族葬など、内輪だけで営んだ場合には、友人・知人には見送る機会がありません。このような場合に行われるのが「お別れ会」や「偲《しの》ぶ会」などです。遺族が主催するケースと友人・知人が主催するケースがあります。

友人・知人が主催する場合には、遺族と連絡をとって、遺族の了解を得た上で開催しましょう。密葬や家族葬を選んだということは、何らかの理由があったと考えられます。たとえば、形式にとらわれない自由なスタイルで見送りたかった、というような場合、お別れ会もそのような遺族の想いに合ったものにするべきです。また、そのお別れ会にどのような人が参加するのかも、遺族にとってはたいへん気になるものです。

お別れ会の参列費用の目安

お別れ会の費用は会場や料理、飲み物の種類などによって異なりますが、1人当たり1万～1万5000円くらいが相場でしょう。会費制で行うことが多く、その際には「香典《こうでん》」は集めません。遺族を招く場合、遺族のぶんの費用は会費として同額をいただいても、あるいは参加者で均等に負担しても、どちらでもいいでしょう。遺族に小さな子どもがいる場合、会費を多めに集めて養育費として渡すというケースもあるようです。

家族主催のお別れ会に招かれたとき

家族が主催するお別れ会に招かれたときには、できる限り出席するようにしましょう。会費制の場合には会費を、特に明記されていない場合には香典を持参します。死亡原因や家族葬にした理由などについては、こちらから質問するのはやめましょう。

お別れ会は、葬儀後2週間～6週間ほどたってから行われるのが一般的です。場合によっては四十九日《しじゅうくにち》や一周忌《いっしゅうき》の日に、法事の後に行うこともあります。時期についても遺族とよく相談する必要があるでしょう。

お別れ会の進行

●案内状の作成

遺族の了解が得られ、開催日が決定したら、幹事は案内状を作成して関係者に郵送します。会場の予約の問題もありますので、1か月前くらいには発送したいものです。場合によっては電話やFAX、Eメールなども利用します。

●故人の思い出を語り合う

故人にゆかりのある人が集まって、思い出話をゆっくりと語り合うことを中心に考えましょう。核になるイベントやコーナーがあると、会がメリハリのあるものになります。参加者全員がひと言ずつ思い出を語る時間を設けるのはもっとも一般的です。故人の写真や映像がある場合には、スライドやビデオ上映の時間を設けたり、故人が生前バンド活動などをしていた場合などは、生演奏も喜ばれるでしょう。

お別れ会の案内状の例

すでにお聞き及びのことかと思いますが、わが「○○同好会」のリーダーの○○○○君が、先月の○月○日に逝去されました。堅苦しいことが何よりも嫌いだった○○君の希望で葬儀は家族葬で行われました。来る○月○日が忌明けになります。

つきましては、この日の法要後に「○○君を送る会」を開催したいと思います。久しぶりに顔を合わせ、○○君の思い出を語り合いましょう。

なお、当日は奥様と愛娘の○○ちゃんもお招きしています。

記

日時／○○○○

場所／○○○○

会費／○○○○

会場の手配の都合がありますので、○月○日までに出欠をお知らせください。

法要に参列する際のマナー

法要に招かれたら、よほどのことがない限り参列するようにします。参列する際の服装やマナーは葬儀に準じたものでいいでしょう。

法要に招かれたら

●すみやかに返事を

四十九日《しじゅうくにち》や一周忌《いっしゅうき》など大きな法《ほう》要《よう》には葬儀などと同じように知人や友人が招かれることがあります。招待を受けたときにはできるだけ出席しましょう。

また、先方には引《ひ》き物《もの》やお斎《とき》*を準備する都合があるので、出欠のいかんにかかわらず、返事はできるだけ早めに出されなければなりません。その際には、返信ハガキにお見舞いの言葉をひと言書き添えましょう。

●欠席する場合

やむを得ない理由で法要に出席できない場合には、返信ハガキにお詫びの言葉と遺族の近況を気遣う言葉を書き添えましょう。できれば電話か手紙でおわびをしたいものです。

●故人が近親者ならば家族で参列

近親者であれば家族全員で出席するのが礼儀です。それほど付き合いがない場合には、夫婦だけか本人のみでもいいでしょう。友人・知人は本人だけで出席します。

先方から連絡がない場合には、法事を内輪だけで営む場合があります。こちらから問い合わせるようなことは避けましょう。

法要への参列

●参列する際の服装

葬儀から日数がたつほどに、着用する服装は変わっていきます。遺族も喪服《もふく》を着用するのは三回忌くらいまでです。

出席者は、四十九日までは葬儀のときと同じ略礼装《りゃくれいそう》でいいでしょう。男性はブラックスーツ、女性は黒や紺、グレーなど地味な色のワンピースやスーツです。「平服でおいでください」と書いてあっ

*「お斎」…仏事の参加者に出す食事。

た場合には、平服に黒ネクタイでもかまいません。

●持参するもの

法要に参列するときには、供物《くもつ》か現金を持参します。式場が狭い場合や、自宅以外で営む場合には荷物になりますから、供物よりも現金のほうがいいかもしれません。式場をにぎやかにしたいというのであれば、供物を持参したほうが

法事招待状の返信（文例）

〈出席する場合〉

このたびは、亡き○○様ご○○忌法要にお招きいただき、ありがとうございます。

あれからもう○○もたったのですね。ついこの間のことのように思われます。ご家族におかれましては折にふれ、○○様のお姿が思い出されることでございましょう。

当日は、何をおきましても必ず出席させていただきます。○○様の思い出話を伺えるのを楽しみにしております。

〈欠席する場合〉

亡き○○様○○忌のご案内を頂戴いたしましてありがとうございます。
○○様には生前、ひとかたならずお世話になっておりました。なにをおきましても参列すべきところ、あいにく出張の予定と重なってしまい、出席がかなわなくなってしまいました。
いずれあらためてお線香など上げさせていただくつもりでございます。

なお、同封のものははなはだ些少《さしょう》ではございますが、御霊前にお供えください。

まずは、右、不参のおわびまで。

喜ばれるでしょう。どちらにしたらいいのか迷ったら、施主《せしゅ》にたずねても失礼にはなりません。

供物は菓子や果物、生花や線香などを持参します。現金は1万～2万円程度が一般的です。

式場でのマナー

●遅刻は厳禁

法要《ほうよう》の会場には、開始時間の10分前には到着するようにします。遅刻は厳禁です。

施主《せしゅ》へのあいさつは「お招きに預かりまして恐縮です」でいいでしょう。その後、祭壇や仏壇の前に座って拝礼《はいれい》し、持参した供物《くもつ》や供物料として金包みを手渡します。寺院で営む場合にも、供物や金包みなどは僧侶に渡さずに、施主に渡します。

●法要の流れ

法要の席次は、基本的には故人との関係の深い人から順に前から座りますが、葬儀のときほど神経質になる必要はないでしょう。

僧侶が入場するときには、正座をして姿勢を正し、軽く頭を下げて迎えます。通常、法要の際の読《ど》経《きょう》は30分から40分ほど。僧侶の合図があったら、施主から順に焼香《しょうこう》します。焼香の作法は葬儀などと同様です（P225参照）。

●お斎のマナー

法要が終わった後にはお斎《とき》という会食の席に移ります。お斎の席次は、法要のときと同様にすればいいでしょう。最上席に僧侶が座る以外はあまり神経質にならなくてもかまいません。施主から指示があればそれに従います。

お斎では、故人の思い出などを語りながら、なごやかな雰囲気づくりを心がけます。お酒がふるまわれることも多いのですが、ハメを外さないように気をつけましょう。引き物が配られたら終了です。

その他の法要

●神道の法要マナー

神道で仏式の法要にあたるものが「霊祭《れいさい》」です。最近は省略されることが多くなりましたが、本来は、葬儀翌日の「翌日祭《よくじつさい》」から、死後10日ごとに行われるものです。中でも、五十日祭《ごじゅうにちさい》は忌明《きあ》けになる重要な霊祭ですので、仏式の四十九日《しじゅうくにち》のように、盛大に行う場合が一般的です。

霊祭に招かれた場合には、なるべく出席するようにしましょう。マナーは、仏式の法要とほとんど変わりませんが、焼香《しょうこう》の代わりに「玉串奉奠《たまぐしほうてん》」を行います（P227参照）。

供物料は、黒白または双銀の水《みず》引《ひき》の不祝儀袋を使います（蓮《はす》の絵柄のないもの）。表書きは「御玉串料」や「御榊料《おんさかきりょう》」、「御神前《ごしんぜん》」が一般的です（P215参照）。

●キリスト教の法要マナー

カトリックでは、死亡した日から3日目、7日目、30日目に「追《つい》悼《とう》ミサ」を行うことが多いようです。これ以外には特に決まりはありませんが、毎年の命日（祥月命日《しょうつきめい》《にち》）にミサを行い、節目となる10年目、20年目に盛大なミサを行うこともあるようです。

プロテスタントでは、死後1か月目の召天記念日《しょうてんきねんび》（亡くなった日）に「記念式」を行います。

いずれの儀式も教会で行います。信者でないために式の内容やマナーがわからない場合には、素直に教えてもらいましょう。

キリスト教では、参列者が生花を持参するほかに供物を贈る習慣はありませんので、お金を包む場合には、表書きを「御花料」とします（P215参照）。

卒塔婆供養をしたいとき

死者を供養するためにお墓に立てる細長い板が「卒塔婆《そとば》」です。卒塔婆供養をしたいときには、前もって施主に申し出ておき、料金を聞いておきます。供物料とは別に、白い封筒に料金を入れて用意しておき、当日に施主に渡します。表書きは「御卒塔婆料」です。卒塔婆は当日までに寺院で用意しておいてくれます。法要の後のお墓参りで、お墓にある塔婆立てに立てます。

新盆《にいぼん》に招かれたら

近親者や故人と特に親しかった友人・知人は、新盆の祭に「盆提灯《ぼんちょうちん》」を贈るならわしがあります。

かつては、白い提灯に先方の家紋を入れて一対で贈っていましたが、これだと新盆でしか使えないため、最近では淡い色調で模様が入った提灯を贈ることが増えています。

盆提灯は仏具店やデパートなどで購入できますが、現金で渡しても失礼にはなりません。そのほうが先方が気に入ったものを買えて喜ばれるかもしれません。

イザというときのQ&A

こんなとき、どうすればいい？

弔問する側が知っておきたい
マナー、喪中の相手へのふるまい、
香典の知識について

Q 通夜《つや》のときに渡した香《こう》典《でん》の金額が、後になって少なすぎると思ったときには？

A もっとも行ってはいけない方法は、葬儀の際に再び香典を持参することです。「不幸が重なる」ということで、たいへんに失礼な行為となります。

このような場合には、初七日《しょなのか》や四十九日《しじゅうくにち》の法要《ほうよう》などのときに供物《くもつ》や供花《くげ》などを贈るといいでしょう。

Q 妊婦は葬儀に参列してはいけないって本当？

A 地方によっては、「縁起が悪い」と考えられる場合があるようです。また、死者の霊が体内に入らないように、おなかに鏡を入れて参列するというところもあるようです。

体調に問題がなければ参列してもかまいませんが、しきたりやならわしを気にする地方や家の場合には、あらかじめ年長者に確認しておいたほうが無難でしょう。

Q 忌中《きちゅう》に他家の葬儀に参列するのはマナー違反ですか？

A 結婚式などの慶事《けいじ》には、出席すべきではないとされていますが、それ以外は問題ありません。つまり、忌中に葬儀に参列するのは、マナー違反とはされません。最近では、結婚式に参列するケースもあるようです。

Q 死亡通知を送るのを忘れてしまった場合、どうしたらいいでしょう？

A 後日、ハガキなどでお知らせしても大丈夫です。混乱している最中のことと、お詫びをしましょう。

Q 取引先の会社の社長が亡くなった場合に、会社あての年賀状は出すべきですか？

A 先方から年賀欠礼状を受け取っていれば年賀状は遠慮します。そうでない場合には、先方の会社の担当者あてには年賀状を出してもかまいません。

Q 喪中《もちゅう》の相手に年賀状は出してはいけませんが、お中元やお歳暮も？

A お中元もお歳暮もお祝いではないので一般にはかまわないとされています。ただし四十九日の忌が明けていないときには遠慮すべきです。その際には忌《き》が明けてから「寒中お見舞い」あるいは「暑中お見舞い」として送ります。短冊をつけるとよいでしょう。

Q お世話になった会社の社長が亡くなり、社葬を行うとのこと。お世話になったので通夜にも顔を出したいのですが…。

A 社葬を行う場合、通常は身内だけで通夜と密葬をすませて後日、社葬をとり行います。一般的には身内以外は通夜へは出席しません。どうしても出席したいと思う場合には、葬儀委員の方などに相談してみてはいかがでしょうか。

Q 法事のときに卒塔婆《そとば》をお願いしたいのですが、その場合、卒塔婆料はどのような袋に入れて渡せばいいのでしょうか。また表書きは？

A 法事出欠の返信ハガキなどに「卒塔婆をお願いしたい」旨を書きましょう。また、卒塔婆料を入れる袋には特に決まりはありません。普通の不祝儀袋《ぶしゅうぎぶくろ》か白い封筒に「卒塔婆料」と書いてお渡しすればいいでしょう。

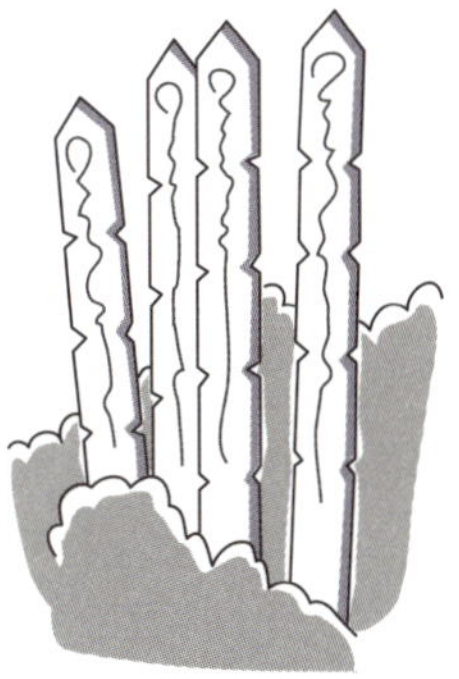

Q **親戚の法事《ほうじ》に出席するのですが、お香典袋《こうでんぶくろ》の表書きは何と書けばいいのでしょうか?**

A 四十九日《しじゅうくにち》の法要以降でしたら「御仏前《ごぶつぜん》」です。

Q **会社の同僚が亡くなったのですが、家族葬だったため、お別れを言うことができませんでした。仲の良かった同僚たちで「お別れ会」を開きたいのですが…**

A 自分たちだけで集まってお酒を飲むようなお別れ会でしたら、何の問題もありません。ご遺族を招く場合には、必ず事前にご遺族に相談しなければなりません。開催が決定してからご遺族に出席をお願いするのは、失礼にあたります。

Q **取引先の会社の社葬に出席することになりました。何か特別なマナーなどはありますか?**

A 社葬では受付で記帳をするときに名刺を差し出しますが、この際、名刺の右肩に「弔《ちょう》」と書くか、名刺の左下を内側に折り曲げて差し出します。上司の代理として参列する場合には、上司の名刺に「弔」と書き、自分の名刺には「代」と書いて差し出します。

Q **妻の父親の七回忌《しちかいき》に夫婦で出席するのですが、妻のお母さんが交通費を出してくれるとのこと。受け取ってもいいのでしょうか?**

A わざわざ来てもらえることに対する感謝の気持ちから、そのように考えられたのでしょう。その気持ちを理解して、好意に甘えてしまっていいのではないでしょうか。お母さんが喜ぶような手みやげを持参するといいでしょう。

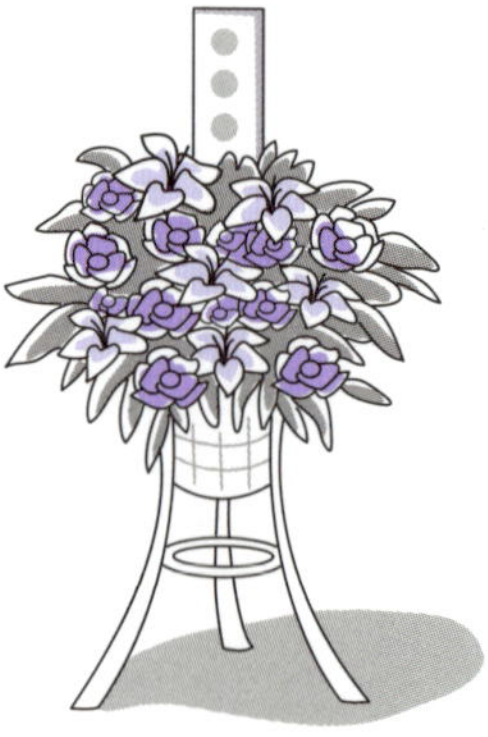

第6章

家族が困らないための終活の基礎知識

●**自分らしい葬儀スタイル**
終末期をどう迎えたいか／尊厳死、献体、臓器提供／葬儀社・お墓を考える／無宗教葬を行う／家族葬／故人を偲ぶ会・お別れ会

●**自分らしい埋葬のスタイル**
新しい埋葬の形／自然葬

●**葬儀費用について**
葬儀費用の現状と問題点／葬儀会社のさまざまな選択／お布施／ペットの葬儀

終末期をどう迎えたいか

自分がどんな最期を迎えたいのか、必要なことはエンディングノートなどに書き記しておきます。
任意後見制度についても知っておきましょう。

終末期のために

●理想的な最期とは？

人間は自分ひとりだけで生まれてこられないように、死ぬときもまた、必ず誰かの世話になるのです。できるだけ自分の理想に近い最期《さいご》を迎えるためには、元気なうちに「どのように老い、どのように死にたいのか」をよく考えておかなければなりません。

また、いずれも、問題が発生したときには本人が判断能力を失っていることが多いため、家族に対してきちんと意思表示をしておくことが大切です。最近では、「エンディングノート」を作り、そこに記載しておく方法が増えています。気をつけなければならないの

元気なうちに考えておきたいこと

- ☐ 認知症《にんちしょう》などで正常な判断能力が失われてしまったときには、財産の管理等を誰に依頼するか。
- ☐ 要介護状態になったときの介護方法はどうするか（居宅か施設かなど）。
- ☐ ガンなどにかかったときに、告知はどうするか。
- ☐ 助かる見込みがないときの延命治療はどの程度行うか。
- ☐ 最期は、「どこ」で「誰」に看取《みと》ってもらいたいか。
- ☐ 献体や臓器提供は行うか。

は、エンディングノートはあくまでも家族へのメッセージ帳のようなもの。法的な拘束力はありませんので、遺産相続についての遺言は別に作成します（P278参照）。

任意後見制度について

●成年後見制度

成年後見制度《せいねんこうけんせいど》は、認知症などによって判断能力が衰えた人について、契約の締結などを代わって行う「後見人」を選任したり、本人が誤って結んだ契約を取り消すことができる制度です。かつては「禁《きん》治産《ちさん》制度」などと呼ばれていましたが、より利用しやすい制度内容に改正されました。

成年後見制度には、すでに判断能力のない人に対する「法定後見制度」のほか、「任意後見制度」があります。

●任意後見制度

「任意後見制度」は、本人の判断力がしっかりとしているうちに、「誰を後見人にするのか」、「どのような権限を与えるのか」などを、自らの意思で決定することができます。

なお、任意後見契約は必ず「公正証書」で作成しなければなりません（左欄参照）。

任意後見人は、家族や信頼できる親族などを選ぶのが一般的ですが、司法書士などの法律関係の専門家や福祉の専門家、あるいは法人でもかまいません。ただし、親族以外の場合には報酬（通常は月額2万～3万円前後）を支払います。

任意後見契約の締結と費用

任意後見契約は法律に則《のっと》った契約書である「公正証書」で締結します。公正証書は公証役場に出向いて公証人の立ち会いのもとで作成します。公証役場は全国約300か所にありますが、公証人に病院や自宅に来てもらうことも可能です。

〈契約に必要な書類等〉

- 本人の戸籍謄本・住民票
- 印鑑登録証明書
- 任意後見受任者の住民票
- 公正証書作成手数料
- 登記費用

※契約にかかる費用は
合計２万円程度

自分の葬儀を準備する

どんなスタイルの葬儀を行うのか、費用はどれくらいでどこから充当するのかなどを詳細に伝えることがポイント。生前予約という方法もあります。

家族に伝える方法

●エンディングノートを作成

形式にとらわれずに自分らしい葬儀を行いたい場合、生きているうちに、自分で葬儀内容を決めてしまうという方法があります。

大切なのは、決めた内容をきちんと記述して、家族などに確実に伝えるということ。ノートでもかまいませんし、パソコンなどで作成したものでもいいでしょう。

最近では、葬儀の方法や終末期のことについて元気なうちに書き込むための「エンディングノート」が市販されているので、こうしたものを利用する方法もあります。

エンディングノートは遺言と違って法的拘束力はありませんが、本人の意志を伝えるのに有効な手段です。

●家族の理解を得る

自分なりの葬儀の案ができたら、家族を交えて相談し、しっかりと理解を得ておくことが大切です。

たとえば、「葬儀は家族だけで行う」という場合には、親戚などにも了解を得ておかなければなりま

パソコンで作成する場合の注意点

「自分の葬儀予定」をパソコンで作成すると、きれいで見やすくはなりますが、注意も必要です。作成したものは、必ずプリントアウトしておきましょう。パソコン内にデータを保存しておいても、イザというときにどこに保存されているのかがわからなければ話になりません。間違えて消去してしまったり、他人に改ざんされるおそれもあります。

せん。「無宗教葬にする」場合にも、檀那寺《だんなでら》に遺骨を埋葬《まいそう》できるかどうかという問題があります。

実際に葬儀を行うのは残された家族なのですから、あとあと面倒なことにならないように、準備は念入りに行いましょう。

葬儀のデザイン

●葬儀のスタイル

まず、どのようなスタイルで葬儀を行うかを決めます。

宗教儀礼としての葬儀を行うなら、どの宗教のどの宗派の方式で行うのか。実家の宗旨《しゅうし》と異なる場合には、特に注意が必要です。「無宗教葬」の場合には、決められた方法がないので、どのような内容で行いたいのかを具体的に決めておく必要があります。

自分でデザインする葬儀のポイント

●喪主《もしゅ》の依頼

配偶者や子どもなど、自分ともっとも血縁関係のつながりが深い人を選ぶのが一般的です。どうしてもお願いしたい人がいれば、知人・友人などから選んでもかまいません。その場合は、本人にも連絡をしておきましょう。

●葬儀の場所

自宅か葬祭場で行うのが一般的でしょう。最近ではお別れ会にホテルを利用するケースもあります。

●祭壇のデザイン

葬儀費用を左右する祭壇もできるだけ自分で選んでおきましょう。

●遺影《いえい》

自分らしさが出ている写真を選びます。大きく引き伸ばしたときに粗くならないように、画質にもこだわることが大切です。遺影用に新しく撮影するのもいいでしょう。

●棺《ひつぎ》に入れたいもの

座右の書や好きな品物など、棺に入れてほしいものを決めます。

●弔辞《ちょうじ》の人選、参列者の人選

葬儀に参列してほしい人、弔辞を述べてもらいたい人などを決めておきます。あとあと問題にならないように人選しましょう。

●音楽

無宗教葬では好きな音楽をかけることができます。

家族だけで葬儀を行う「家族葬」の場合には、親戚や友人・知人、仕事関係の人々への対応をどのようにするのかを明確にします。場合によっては自分で連絡しておかなければなりません。

葬儀社・費用

●葬儀社の選択

葬儀のスタイルが決まったら、依頼する葬儀社についての検討を行います。インターネットで調べたり資料を取り寄せるなどして、自分が望むスタイルの葬儀を行ってくれそうな葬儀社をピックアップします。可能であれば見積もりを取って比較してもいいでしょう。

●葬儀費用の準備

自分でデザインする葬儀ですから、費用も自分で用意しておきたいものです。葬儀費用は200万〜300万円程度が目安といえるでしょう。

現金で用意しておくのは不用心ですが、本人名義の口座は、死後、すぐに凍結されます。引き出しが可能になるのは、遺産分割について遺族全員が合意し「遺産分割協議書」を作成できてからなので、時間がかかります。葬儀費用を用意していても、遺族が引き出せなければ意味がありません。その点、生命保険なら、受取人が単独で手続きをして受け取ることができるので便利です（左コラム参照）。

●生前契約

自分でデザインした葬儀を確実に実行するためには、家族に葬儀内容をしっかり説明しておかなければなりません。また、葬儀社とあらかじめ生前契約や生前予約をしておくという方法もあります。

生前契約にはいくつかの方法がありますので葬儀内容や費用などの契約内容を具体的に話し合うことが大切です。

あらかじめ葬儀社と打ちあわせて、生前契約や生前予約をしておく方法もある。

生前契約について

生前契約のいろいろ

葬儀社との生前契約のケース

民間の葬儀社との生前契約の場合、まず、具体的な葬儀の内容と費用について話し合い、契約書を交わします。その際には必ず、本人の死後の緊急連絡人などを決めておきます。葬儀費用の支払いには、一括前払いのほか、生命保険や信託（左コラム参照）が利用されることが多いようです。契約者が死亡した場合には、契約に基づいた葬儀が営まれます。

NPO法人を利用するケース

NPO法人「日本生前契約等決済機構」*によるサービスを利用するのも方法です。このシステムの特徴は、希望通りの葬儀を行うという「委任契約」を結び、それを「公正証書《こうせいしょうしょ》」にしていることです。法的に保証されているため、確実に実行してもらえます。葬儀にかかる費用は生命保険や信託などを利用します。また、申込金や維持会費などが必要です。

葬儀費用が即時払いされる商品

口座の名義人が亡くなった場合、すぐに口座が凍結され引き出すことができなくなります。葬儀など緊急で必要となるお金を遺族に残すためには、預貯金よりも生命保険がおすすめです。保険会社によっては「保険金即日支払いサービス」を行っているところもあります。信託銀行にも「葬儀費用信託」などの商品があります。

生前予約と生前契約の違いとは？

現在の葬儀業界では、「生前予約」と「生前契約」の内容が混同されることが多いので注意が必要です。一般に「予約」というと「契約」よりも厳格ではないような印象を受けますが、実際には解約する場合に違約金や手数料が必要なことも少なくありません。その業者の使う「予約」という言葉が、どのような内容なのかをきちんと確認することが大切です。

生前契約のチェックポイント

- **解約が可能か**…契約の解約が可能かどうか。可能な場合には手数料や違約金がどうなっているか。
- **見直しが可能か**…契約（葬儀）の内容を変えたいと思ったときに変更が可能かどうか。その際の手数料はいくらかかるか。
- **費用の支払いに問題はないか**…支払いに利用する金融商品は元本が保証されているか。保険会社や信託銀行が破綻した場合の保全システムはどうなっているか。
- **会社自体の信頼性**…契約会社が信頼できるかどうか。会社が破綻したときの補償はどうなっているか。

＊ＮＰＯ法人「日本生前契約等決済機構」りすシステム…☎0120-889-443

尊厳死を望むなら

尊厳死を望む場合には、きちんと意思表示をしておくことが大切です。公正証書や日本尊厳死協会などを利用するのも有効です。

尊厳死について

●本人の意思表示を書面にする

医療の進歩により、かつては救えなかった命が救えるようになりました。しかし、その一方で、過剰な延命治療に対する批判も起こっています。

回復の見込みがなくなったときに、どの程度の延命治療を行うべきか……。これは家族にとっては大きな問題です。１秒でも長く生きてほしいというのは当然の思いでしょうし、早くラクにしてあげたいと思うことも偽らざる気持ちでしょう。

このようなケースに対応するためには、あらかじめ本人が意思表示をしておく以外に有効な手段はありません。意思表示といっても、口頭で伝えただけでは効果は期待できません。きちんと書面にしておかなければならないのです。

●公正証書による宣言

意思表示として「自分は延命治療を望まない」ということを公正証書（Ｐ２８２参照）にしておく方法があります。それを治療に際して医療機関に提示するか、代理人に依頼して医療機関に伝えてもらうことで、自分の意思を伝えることができます。

日本尊厳死協会とは？

●尊厳死の意思表示をサポート

尊厳死《そんげんし》を選択するには、日本尊厳死協会に委託する方法もあります。同協会は１９７６年に設立された民間団体で、自然な死を選ぶ権利を確立する活動をしており、現在では会員数が12万人を超えているそうです（２０１５年４月に一般財団法人化）。

協会に委託するためには、会員になって（入会費がかかります）

「尊厳死の宣言書」(リビング・ウイル)に署名・押印《おういん》します。宣言書は協会が保管し、本人と家族にはコピーが渡されます。必要になったときには、まず、本人か家族が医療機関に宣言書を提示して尊厳死の意思表示をします。医師の理解が得られない場合には、協会が働きかけてくれます。

宣言書に法的な強制力はありませんが、協会によると、提示した際に医師の理解が得られるケースが約96%だということです。(参照URL:日本尊厳死協会 http://www.songenshi-kyokai.com/)

同様な活動を「終末期を考える市民の会(http://www.shumatuki.com/)」でも行っています。

尊厳死を望む場合は、書面にしておく。

人間らしい死を迎える…尊厳死とは?

尊厳死とは、不治の病の末期でまったく助かる見込みがない場合、人工呼吸器や何本ものチューブにつながれていたずらに延命させせられるのではなく、「本人の意思を尊重し、人間らしく自然に死を迎える」ということです。安楽死と混同されがちですが、安楽死は苦痛を訴えている患者に、薬物を投与するなどして積極的に死期を早める行為です。一方尊厳死は、人工的な延命行為を辞退して、静かに死を迎えようとする考え方です。

「尊厳死の宣言書」で宣言する内容

日本尊厳死協会では「尊厳死の宣言書」(リビング・ウイル)を発行しています。この宣言書には、以下のような内容が記されています。

❶私の傷病が、現在の医学では不治の状態であり、すでに死期が迫っていると診断された場合には、ただ単に死期を引き延ばすための延命措置はお断りいたします。

❷ただしこの場合、私の苦痛をやわらげるためには、麻薬などの適切な使用により十分な緩和医療を行ってください。

❸私が回復不能な遷延性意識障害(持続的植物状態)に陥った時は生命維持措置を取りやめてください。(「尊厳死の宣言書」より。一部省略してあります)

● **日本尊厳死協会**

年会費 2000円(夫婦会員は 3000円)
〒113-0033
東京都文京区本郷2-27-8太陽館ビル501
TEL 03-3818-6563　FAX 03-3818-6562
http://www.songenshi-kyokai.com/

献体と臓器提供

**臓器提供や献体は人のためになるとても崇高な行為です。
希望する場合には家族の同意を得た上で、生前に意思表示をしておきましょう。**

献体について

●大学の医学部などへ献体登録

解剖《かいぼう》実習は、医学部や歯学部の大学教育の中でももっとも重要な課程です。解剖実習のために自分の遺体を提供するのが「献体《けんたい》」です。

献体を希望する場合には、まず、大学の医学部・歯学部や献体篤志《とくし》団体などに登録をします。登録は、各団体などから取り寄せた申込書に必要事項を記入し、署名、捺印《なついん》し、郵送すればOK。後日、会員証が送られてきます。

このときに大切なのは「家族の同意」を得るということ。たとえ献体登録をしていても、本人の死後、実際に実行するのは遺族です。遺族の中にひとりでも反対する人がいると、献体は実行できなくなります。本人の崇高《すうこう》な意思を無にしないためにも、必ず家族の同意を得ておくことが大切です。

●葬儀の後に遺体を移送

登録している人が死亡したら、会員証に記載されている連絡先に電話します。遺体は通夜《つや》や葬儀を行った後に大学に移送します。葬儀などは通常と同じように行うことができますが、献体した遺体が遺骨になって返還されるまで、通常は1~2年、長いときには3年以上かかることがあります。

臓器提供について

●臓器提供をするには

以前から腎臓《じんぞう》や角膜《かくまく》の移植は心停止後に行われていましたが、1997年に「臓器移植法」が施行され、脳死状態における、心臓、肝臓、肺など多くの臓器の移植が可能になりました。これにより、以前は救えなかった患者の命が、少しずつ助かるようになってきました。

もちろん、それを支えているのは臓器の提供者です。臓器の提供を希望する場合には、そのことをあらかじめ意思表示しておかなければなりません。その際に利用されるのが「臓器提供意思表示カード」、通称「ドナーカード」です。ドナーカードは、都道府県市区町村役場窓口、保健所、全国の労働局（ハローワーク）、運転免許試験場（センター）、運転免許の更新ができる警察署のほか、コンビニエンスストア、銀行等で入手できます。提供希望者はドナーカードに必要事項を記入して、いつも身に付けておきましょう。カードには健康保険証などに貼るシールタイプのものもあります。

臓器提供を希望している人が脳死や心停止状態になると、家族の同意を得て移植のための手術が行われます。この際に家族が同意しなければ移植は行われません。なお、皮膚や血管などのいわゆる「組織」については、本人が移植の意思を表示していなくても、家族の同意だけで提供できるものもあります（下表参照）。

臓器の摘出は死後すみやかに行われ、その後、遺体はできる限りきれいな状態になって戻ってきます。通夜や葬儀は通常の場合と同じように行えます。

献体篤志団体を探すには？

お住まいの都道府県にある医科大学（大学医学部）か歯科大学（大学歯学部）、または、献体登録を受け付けている献体の会に問い合わせてください。献体篤志団体は、全国に61団体あります。どこにあるのかがわからない場合には、「日本篤志献体協会」に問い合わせを。

●**公益財団法人　日本篤志献体協会**
TEL 03-3345-8498
http://www.kentai.or.jp/

臓器移植法により提供できる臓器・組織

	本人が希望している場合		本人が希望していない場合
条　件	家族の承諾が必要		
死亡判定	脳　死	心停止	
提供できるもの	臓　器		組　織
名　称	心　臓 肝　臓 肺 小　腸 腎　臓 すい臓	腎　臓 すい臓 眼　球 (角膜)	皮　膚 心臓弁 血　管 耳小骨 気　管 骨

葬儀社・お墓を考える

時代の流れとともに、葬儀社や墓地をめぐる環境は大きく様変わりをしようとしています。墓地について、葬儀社について、もう一度考えてみましょう。

葬儀社の選択

●多様化が進む葬儀社

高齢化がますます進み、高齢者をターゲットにした業界は今まで以上に注目を集めるでしょう。

そんな中、葬儀社業界もダイナミックな動きを見せ始め、サービスの多様化が進んでいます。既存の葬儀社は、競争に打ち勝つために料金の明確化や生前予約など独自の路線を打ち出しています。ホームページの開設などはすでに常識ですし、ホテル、石材会社、生花業者など他業種からの参入などにより競争はますます激化していくことでしょう。

では、葬儀社を選ぶ際には、どのような点に気をつければいいのでしょうか。

ひとつは、料金がわかりやすいかどうかです。高いか安いか以前に、わかりやすい料金体系であることが重要です。

2つ目は、説明がていねいかどうかです。こちらの質問や疑問に対して、わかりやすく答えてくれ

葬儀の依頼先を知った理由

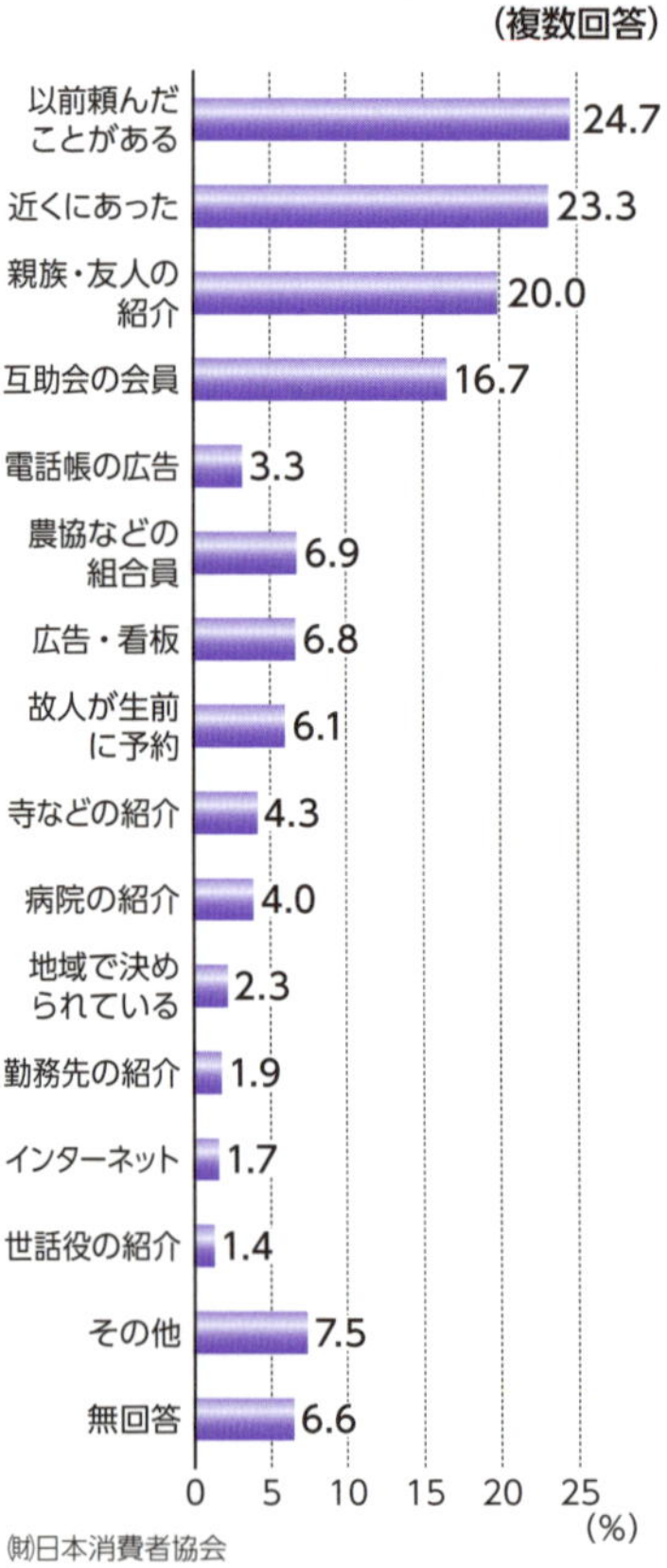

㈶日本消費者協会
「葬儀についてのアンケート調査（2014年）」

るのは業者としては最低限のサービスといえます。

3つ目は人柄です。こちらの希望を聞かずに、意見を押しつけるような業者は避けたほうが無難です。

お墓を考える

自分の入るお墓は?

みなさんには自分が入るお墓がありますか?

親から引き継ぐお墓がある場合には、連絡先、誰が管理しているのか、毎年の管理費などをきちんと調べておく必要があります。さらに、自分の後に引き継ぐ者を誰にするのかを決めておかなければなりません。子どもがいない場合には、自分が引き継がないという選択肢も含めて、親や親戚などと話し合いましょう。

お墓を購入

お墓がない場合には、新しく購入することになります。「どこに」、「どのような」墓を、「いくら」で購入するのか、その墓に入るのは誰なのか、子どもに引き継がせるのか、など、購入するまでに決めなければならないことはたくさんあります。

子どもがいない場合はもちろんですが、子どもがいても墓地探しは自分が元気なうちに始めたほうがいいでしょう。遺骨がなければ申し込みができない公営墓地は別ですが、民営の墓地は生前に購入できます。自宅周辺の墓地が新聞広告を出していることもありますし、最近ではインターネットでも情報収集が可能です。

こんな時どうする?

自分の家の庭に墓を作るには?

できません。墓地にするためには都道府県知事の許可を得なければならないからです。

墓地ではない場所に遺骨を埋《まい》葬《そう》すると「墓埋法《ぼまいほう》」違反になります。

お墓を持たないという選択肢は?

お墓を持たなくても法律的には問題ありません。また、遺骨を仏壇などに置いておくことも問題がありません。最近では、そのように自宅で供養《くよう》するために、遺骨を粉末化して、容器に入れて安置する商品なども販売されています。

無宗教葬を行う

特定の宗教によらない無宗教葬には、メリットとデメリットがあります。周囲の理解や協力が得られれば、すばらしい葬儀にすることも可能です。

無宗教葬とは？

●自由なスタイルの葬儀

特定の宗教・宗派の方式によらない葬儀を「無宗教葬」あるいは「自由葬」などといいます。僧侶による読経《どきょう》や焼香《しょうこう》などの宗教的儀式をまったく行わず、楽器を演奏したり食事をしたりする、文字通り自由なスタイルの葬儀です。もちろん葬儀を無宗教で行うことに、法的な問題などはありません。法律で定められているのは、24時間以内には火葬《かそう》できないこと、死亡届を提出すること、埋葬《まいそう》する場合には墓地に埋葬することだけです。

では、どのような人が無宗教葬を行うのでしょうか。ひとつは、もともと特定の宗教を信仰していないケースです。日本では無信仰でも何となく仏式で行うことが多いもの。しかし、特別に信仰しているわけではないのに、仏式で葬儀を行うことに疑問を感じる人もいるでしょう。また、檀那寺《だんなでら》*があっても、故人の意思で無宗教葬を行うこともあります。あるいは、参列者が非常に多い場合や、遺族の中で宗旨《しゅうし》の対立などの問題がある場合にも、無宗教葬であれば問題が起こりにくくなります。

無宗教葬の問題点

●周囲の同意が得られるか

無宗教葬の最大のデメリットは、周囲の理解を得ることが難しいという点です。私たち日本人には「葬式は仏式で行うものだ」と考える人が少なくありません。

たとえ本人が無宗教葬を営みたくても、家族が反対していれば実現できませんし、親戚や親しい友人などの理解が得られなければ、あとあとしこりを残すことにもなります。

＊「檀那寺」…自家の信仰している寺院。

対策としては、エンディングノートなどに書き残すなどして、本人が生前に意思表示をすることです。遺族に「父の最後の願いですから」と言われれば、親戚も聞く耳を持たないわけにはいきません。法的な拘束力はありませんが、遺言に記すのも有効です。

●菩提寺に埋葬できない

無宗教葬では戒名《かいみょう》が受けられませんから、＊菩提寺《ぼだいじ》の先祖代々の墓に埋葬できないこともあります。どうしても埋葬したければ、菩提寺と相談しなければなりません。また、菩提寺がない場合には、宗教・宗派を問わない公園墓地などを購入すれば問題ありません。

●プランニングが難しい

無宗教葬は慣習や伝統にしばられず自由度が高いだけに、プランニングが難しいもの。故人の意思を尊重した式にするためには、生前に自分の希望をしっかり遺族に伝えておくことが大切です。無宗教葬の経験が豊富な葬儀社に相談するという手もあります。

無宗教葬の進め方

●無宗教葬の準備

無宗教葬を行うには、どのような準備をすればよいのでしょうか。その一例をご紹介します。

無宗教葬のメリット

無宗教葬のメリットには次のようなものがあります。

- **慣習や伝統にしばられずに、故人や遺族の意思が尊重できる。**
- **自分たちでプランニングするので、心を込めて見送れる。**
- **故人の生前の仕事や趣味、人柄に合った葬儀が企画できる。**
- **祭壇などにかける費用を自由に決められる。**
- **遺族や参列者に宗教的な問題があっても、全員が参列できる。**

部分的に宗教葬を取り入れる場合

どうしても親戚などの同意が得られない場合や、先祖代々の墓に埋葬したい場合には、宗教葬と無宗教葬の混合で行うなどの方法もあります。たとえば、通夜《つや》と葬儀は仏式で行い、告別式は無宗教で「お別れ会」などのスタイルで行うのです。逆に、通夜と葬儀を身内だけで自由に行い、告別式を宗旨によって行うという方法もあります。あるいは、戒名だけ受けておき、通夜と葬儀は自由に行い、納骨の際に宗教儀礼を行うという方法も。いずれにしても檀那寺や家族、親戚の同意が必要です。

＊「菩提寺」…その家のお墓のある寺院。

◆**式場**

式場は自宅でも斎場《さいじょう》でもかまいません。「お別れ会」のようなスタイルならホテルでも可能です。楽器を演奏したりする場合には、前もって式場に相談します。

◆**祭壇**

祭壇は最低限必要なアイテムです。通常は葬儀社に依頼して、無宗教形式の祭壇を設けます。心得のある人がいればお願いしてもかまいません。

◆**遺影**

自分らしさが表れるものを選びましょう。ある程度の年齢になったら、遺影のために撮影をしておくのもいいものです。

●プランニングのポイント

無宗教葬にはしきたりがありません。そのぶん、しっかりとしたプランニングをしておかないと、ただダラダラとした、しまりのないものになってしまうので注意が必要です。「故人が好きだった音楽を流す」や「ワインを飲みながら思い出を話す」というだけでは「式」にはなりません。

堅苦しい式次第は必要ありませんが、最低限の「儀式」があったほうがメリハリがつきます。

無宗教葬のプランの一例

◆**遺族、参列者入場**

入場の際には、故人の好きだったCDを流したり、生演奏などもいいでしょう。

◆**開式の辞**

遺族の代表や司会者が開会を告げます。このときに、なぜ無宗教葬を選んだのかについて、簡単に説明しておきます。

◆**故人の略歴**

故人の略歴や趣味などを紹介します。スライドショーなども。

◆**弔辞《ちょうじ》**

友人や知人などから、あいさつをもらいます。子どもや孫が手紙を読むのもいいかもしれません。

◆**献花《けんか》**

遺族、親族、参列者の順で献花を行います。バックには音楽を流したり、生演奏を行います。

◆**喪主《もしゅ》あいさつ**

参列者に対して「故人のわがままをお聞き届けくださいまして、ありがとうございました」などのあいさつを述べる。

◆**閉会の辞**

たとえば、僧侶の読経《どきょう》のかわりとして、家族が故人の思い出話を語ったり、故人の子どもや孫が手紙を読んだりしてもいいでしょう。故人と親しかった数人にお別れの言葉をお願いしたり、故人の生前の姿をスライドやビデオで上映するという方法もあります。

混乱を避け、いい葬儀にするために、司会者は必要です。適任者がいなければ葬儀社に相談しましょう。葬儀後の、出棺《しゅっかん》や火葬《かそう》については、仏式などのケースと同様に行います。

無宗教葬の実例

―故人の愛した音楽をテーマにしたお別れ会―［日比谷花壇によるプロデュース］

「故人らしい葬儀を生前にお世話になった方々と共に送りたい」「皆様方への感謝とお礼を伝えたい」という奥様の強い想いを受け、故人の人柄と人生を象徴する、故人の残した以下の言葉をテーマに、明るくなごやかなホテルでのお別れの会を開催しました。しめやかに密葬をされた後に、ゆったりとホテルでお別れの会を行った例です。

お別れの会のテーマとなった“故人の残した言葉”

苦しい時に歌ってみましょう、
不思議に気が晴れてきます。
楽しい時には一層、楽しくなる事は勿論です。
歌う事は、私達に喜びと希望を与えてくれます。
皆で大きな声をはりあげて
楽しく歌ってください。
きっときっと、あなたに新しい力を
あたえてくれることと思います。

■式次第

お別れの会 開式
献花（献奏）
ガブリエル・フォーレ作曲「レクイエム」
故人略歴
黙祷
献奏
ガブリエル・フォーレ作曲「パヴァーヌ」
追悼の辞
お別れの辞
弔電拝読
会食
喪主挨拶
閉式

◆ご家族の声

主人はいつも「自分のお葬式は無宗教にしてくれ。お墓もいらない」と申しておりましたが、兄弟が多く周囲は昔ながらの風習を重んじていて、型破りなことは非難を浴びるのでは？と不安もありました。闘病生活が長かったので、その間に主人と色々話し合う時間が持てて、心の準備は出来ていました。

当日はピアノが置かれた花祭壇で生前の主人を象徴し、BGMにはクラシックのレクイエムを流しました。ご出席いただいた皆様方から大変好評で、「お葬式というよりも、とても素晴らしいパーティーだった」と喜んでいただけて、とても和やかな雰囲気で見送ることが出来ました。

◆プランナーからの声

故人の愛された音楽をテーマに、花とグリーンで鍵盤をイメージした花祭壇をつくりました。さらにグランドピアノを飾りつけ、荘厳かつ優雅な雰囲気を演出しました。

家族や親しい人に見送られる家族葬

家族葬なら、家族が故人とゆっくり過ごし、存分にお別れをすることができます。ただし、親戚などの同意とあとあとのフォローが必要です。

家族葬とは?

●葬儀スタイルの変遷

葬儀や告別式で、一番悲しんでいるのは、いうまでもなく家族です。ところが近年の葬儀のスタイルでは、家族は十分にお別れをすることができなくなっています。

葬儀や告別式はもともと「宗教儀式」で、すべては伝統や慣習によって進められていきます。また、参列者も大勢いるなど、とても家族がゆっくりとお別れをするような場ではありません。

そのため本来は、家族は通夜《つや》で故人とゆっくり過ごし、存分にお別れをするものでした。ところが最近は、葬儀に参列せずに通夜に訪れる人が多くなっています。葬儀は日中に行われるため、平日であれば仕事を休んで参列しなければならないわけですから、わからなくはありません。

その結果、通夜が葬儀と同じような意味合いの儀式になってしまったのです。弔問客《ちょうもんきゃく》がいては遺族が声をあげて泣くこともできませんし、遺体と向き合って話をするのもためらわれるでしょう。

●身内だけで過ごすには

最近、「自分の葬儀には身内だけで静かに見送ってもらいたい」と考える人たちが増えているようです。このように、家族だけで、あるいはごく親しい友人や知人など少人数だけでこぢんまりと営む葬儀を「家族葬《かぞくそう》」といいます。

同じように小規模で密やかに行われるものに「密葬《みっそう》」がありますが、密葬と家族葬は区別して考えたほうがいいでしょう。密葬の場合は、あらためて本葬を行うのが一般的です。

家族葬の問題点

●周りの同意を得ることが大切

家族がゆっくりと心を込めて故人を見送れることが、家族葬の最大のメリットですが、その反面、デメリットもあります。もっとも大きな問題点は、家族以外の人が見送れないということです。故人のことを大切に思っていたのは家族だけではありませんから、そうした人たちは当然、葬儀に参列して故人とお別れをしたいと思うはずです。

また、親戚のなかには世間体を重んじる人もいるかもしれません。家族葬を行う場合には、メリットとデメリットを十分に理解して、できるだけ多くの人の同意を得て行いたいものです。

高齢者に根強い家族葬への抵抗

親戚や家族が「葬儀くらいはきちんとあげたい」と思うのはごく自然なことです。特に高齢の方や世間体を重んじる人は、「小規模な葬儀しかしないのは、お金を惜しんでいるからだ」と思いがちです。実際にはそうではなくても、世間からそう思われることを敬遠するのでしょう。また、熱心な宗教信者のなかには、家族葬では故人が成仏できないと思っている人もいるようです。

家族葬のメリット・デメリット

メリット

- 家族だけで静かに存分にお別れができる。
- 弔問客や世話役などに気をつかわずにすむ。
- あまり費用をかけずにすむ。

デメリット

- 参列したい人全員が参列することはできない。
- 世間体が悪いなどの理由で、親戚などから理解が得られにくい。
- 香典《こうでん》などの扱いが相手によってバラバラになりやすい。

故人を偲ぶ会・お別れ会

通夜・葬儀を家族葬で行った場合には、友人や知人を招いて「お別れ会」を開催します。
自由なスタイルで故人にお別れをする会が一般的です。

お別れ会について

●家族葬の後に

通夜《つや》や葬儀を身内だけの、いわゆる「家族葬」で行った場合には、故人と親しかった友人や知人を招いて「お別れ会」を開くことがあります。故人にお別れを言うことができなかった人にとっては、とてもうれしいことでしょう。また、お別れ会は一般的に死後2週間から1か月後に行われることが多いのですが、これくらい時間がたっていると遺族の気持ちもある程度は落ち着いていているため、余裕を持って開くことができます。

最近は葬儀と告別式の境目があいまいになってしまったため、あらためて告別式の代わりに行われることもあるようです。

●お別れ会の会場

一般的にお別れ会は喪主《もしゅ》（遺族の代表者）が主催します。通常は無宗教スタイルで行いますから、形式も会場も自由に選ぶことができます。人数が少なければ自宅でもかまいませんが、地域の集会場、レストラン、ホテルの宴会場、寺院の会館、葬祭場など、規模に応じて選べばいいでしょう。故人にゆかりのある場所や友人のお店などでもいいかもしれません。

会費制にすることが多いようですが、そうでない場合は参加者が

会場に合わせたアレンジを

お別れ会の会場が斎場や寺院の会館であれば、祭壇を設けて遺骨を置き、焼香をすることもできます。

ホテルでは祭壇に遺影を飾り、焼香はせずに献花をするのが一般的です。会場に合わせたお別れをしましょう。

できれば、参加者が集まりやすい場所を設定してあげるとよいでしょう。

持参した香典《こうでん》でまかないます。

●お別れ会の内容

お別れ会の内容に決まりはありません。会場の許す範囲で自由に行うことができます。式のどこかに黙祷《もくとう》、焼香《しょうこう》、献花《けんか》、弔辞《ちょうじ》など、故人に対するお別れの儀式の時間を設けるといいでしょう。

それ以外は文字通り、自由。ホテルやレストランであれば会食をメインに、故人のスライドを上映したり、仲間が楽器を演奏したり、演出はさまざまです。できれば誰かに「司会」をお願いし、簡単な「進行」を決めておいたほうが式にメリハリがつきます。

●友人・知人が主催する偲ぶ会

お別れ会は故人の身内が主催しますが、それに対して故人の友人や知人が主催するものを「偲《しの》ぶ会」や「送る会」などと呼びます。

内容は、お別れ会と同じように遺族も参加者もリラックスして故人を偲ぶことができるようなスタイルがいいでしょう。なお、偲ぶ会を開催するときには、遺族の気持ちに配慮して、遺族と相談をしながら進めるようにします。

お別れ会の案内状の例

父○○、平成○年○月○日、○○歳の天寿を全ういたしました。

生前の御厚情に深く感謝申し上げるとともに、謹んで御通知申し上げます。

故人の遺志によりまして、誠に勝手ながら近親者のみで葬儀を営ませていただきました。

つきましては、親しくお付き合いいただきました皆様をお招きして、ささやかながら追悼の会を催したいと存じます。

お忙しいところ恐縮ですが、ご出席いただければ幸いでございます。

遺族代表○○○

記

日時
場所

なお、当日は平服にてご来場くださいますようお願い申し上げます。

自分のお墓を考える

最近では子どもが承継しない「個人墓」や「夫婦墓」が増えています。合葬墓や集合墓にはドーム型やロッカータイプなどユニークなものも。

お墓の種類

●家墓

お墓には「誰の遺骨を埋葬《まいそう》するのか」によっていくつかの種類があります。代表的なものが「家墓《いえばか》」。親から子へ、子から孫へと代々受け継がれていき、一族の遺骨が合《ごう》祀《し》（複数の遺骨を同じ墓に埋葬すること）されます。

家墓がもっとも一般的なお墓で、累代墓《るいだいばか》、代々墓《だいだいばか》、先祖墓《せんぞばか》などともいいます。家墓は、必ず子どもや親族がお墓を承継して守っていかなければなりません。

家墓は長男が承継するのが一般的で、兄弟姉妹が2人以上いる家庭では、長男以外は新しくお墓を建てなければなりません。たとえば新しい家庭を設けた二男が家墓を建てた場合、それを自分の子どもに承継させていくわけです。最近は、生涯独身で過ごす人や子どもをもうけない家庭が多く、家や墓に対する考え方が変化してきました。そのため、家ではなく個人のための「個人墓《こじんばか》」を建てるケースが増えています。夫婦ふたりだけが入る「夫婦墓《ふうふばか》」も個人墓の一種です。

●個人墓・夫婦墓

個人墓や夫婦墓は、本人または夫婦だけが入ることを想定しています。子どものあるなしにかかわ

お墓の承継とは？

お墓を継いで守っていくことを「承継」といいます。

長男が承継するのが一般的ですが、遺言などで長男以外に承継させることもできます。ただし、墓地によっては男子でなければ承継できないところもあるようです。

子どもがいない家では親族が承継する場合もあります。

らず、承継しないことが前提です。誰も継承せず、供養《くよう》もしてくれないのでは寂しいですし、お墓が荒れてしまいます。そのため最近は、個人墓や夫婦墓は永代供養契約を条件にしている墓地が一般的です。

●永代供養墓

継承を考えない墓を「永代供養《えいたいくよう》墓《ばか》」といいます。個人墓のほか合《がっ》葬墓《そうばか》や集合墓《しゅうごうばか》などがそれにあたり、家族ではない複数の遺骨を一緒に埋葬します。

これらの墓は埋葬方法も多様化しています。単独の納骨スペースに、しばらく（五十回忌《ごじゅっかいき》までなど）は個別に遺骨を納め、その後に合葬したり、初めから合葬する方法など。納骨スペースも、大きなドームのような納骨堂からコンピュータ管理のロッカー式のものまでさまざまなスタイルがあります。

●両家墓

一人っ子同士が結婚して、それぞれの親が墓を持っていないときには、新しくふたつの墓が必要になります。これをひとつにしたい場合などは「両家墓《りょうけばか》」とします。また、すでに墓を持っている場合でも、両家の墓を1つにすることが可能です。両家墓にすれば費用が少なくてすみ、管理の手間も半分ですみます。

なお、両家墓には、両家の家名を刻むこともできますし、「先祖代々の墓」として家墓にすることもできます。

？こんな時どうする？

永代供養とは？

永代供養とは、承継者のいない墓の供養や管理を寺院が行ってくれることです。ただし永代《えいたい》といっても「永遠」という意味ではなく、期間が設けられています。三十三回忌《さんじゅうさんかいき》や五十回忌までというところが多く、この期限が過ぎると、他の人の遺骨と一緒に合祀されます。

永代供養の費用は寺院によって異なります。一般的には「1回の法要に対するお布施×年間の法要回数×永代年数」を基準に計算されることが多いようです。

多様化する埋葬スタイル

時代の流れや家族構成の変化に伴って、埋葬の形も変わってきました。決定に際しては「本人の意思」を尊重するケースも増えているようです。

新しい埋葬スタイル

●かわりつつある葬儀と埋葬

人が死んだら、お葬式をあげて火葬後はお墓に埋葬する――。私たち日本人の多くは、葬儀や埋葬に対して、ごく自然にそのように考えるのではないでしょうか。

ところが最近は葬儀観が少しずつ変化してきているようです。埋葬に関しても「お墓」が唯一絶対の場所のように考えられてきましたが、散骨に代表される「自然葬」が注目されています。

また、結婚をしない単身者や子どもを持たない人、身寄りのない人が増えるにつれ、先祖代々お墓を受け継ぐということが難しくなっています。こうした変化の影響で、新しいスタイルのお墓も増えているようです。

●高まる自然葬の人気

「自然葬」とは遺灰（火葬した遺骨を細かく砕いたもの）を海や山にまく（散骨する）こと。遺灰はやがて土に還ることから、人間にとってはきわめて自然な埋葬方法だというのが、その考え方です。

宗教を問わず、継承をする必要がないことから、近年特に、自然葬に関心を持つ人が増えています。自然葬の普及を推進しているNPO法人「葬送の自由をすすめる会」によれば、設立以来、十数年で実際に散骨を行った人はすでに1700人以上に達しているそうです。

●散骨のマナー

散骨には法律的な手続きは必要なく、提出書類も不要です。ただし、マナーは守らなければなりません。散骨を「勝手に海や山に骨を捨てること」と考えていたら大きな間違いです。まして、お墓に埋葬するのに比べてお金がかからないというのは誤解です。

散骨する遺骨は、他人に不快感を与えないように、そしてなるべく早く自然に還すように粉末状にしなければなりません。また、散骨する場所も、海なら漁場などは避けなければなりませんし、山の場合は必ず持ち主に許可をもらう必要があります。個人で勝手にできるものではありません。自然葬を扱う葬儀社も増えていますから相談するといいでしょう。

散骨に関する国の見解

墓地以外に遺骨を埋葬するのは埋葬法違反ですが、現在のところ、散骨を規定する法律も禁止する法律もありません。

法務省も「葬送の一環として節度を守って行われる限り違法とはいえない」という見解を示しています。

自然葬の種類

●海洋葬

自然葬の中でも、もっともポピュラーなのが、海に散骨する「海洋葬」ではないでしょうか。

一般的な海洋葬は、船で他人の迷惑にならない沖合まで出て散骨

自然葬の主な種類

海洋葬（個別散骨）	1組で船をチャーターし、添乗員と同乗して散骨場所で散骨。	15万～40万円程度
海洋葬（合同散骨）	2～3組で船をチャーターし、添乗員と同乗して散骨場所で散骨。	10万～20万円程度
海洋葬（委託散骨）	遺骨を預けて散骨を依頼。	5万～10万円程度
樹木葬	墓地として許可を得ている里山や霊園に、墓石の代わりに樹木を墓標として遺骨を埋葬、供養する。永代供養が基本だが、生前の届出により承継もできる。	1区画30万円～
宇宙葬	遺骨を専用のカプセルに入れて、人工衛星打ち上げ用のロケットで宇宙に打ち上げる。カプセルは衛星とともに地球を何周かし、最後は大気圏に突入して、流れ星のように燃え尽きる。遺族は人工衛星の打ち上げに立ち会うこともできる。	50万円前後～

◆遺骨の粉末化

散骨をする場合は、なるべく早く遺骨が自然に還るよう、遺骨を粉末化しなければなりません。飛び散らないように遺骨を布の袋などに入れて硬いもので叩いて粉砕します（個人ゆかりの文鎮やゴルフクラブなどを使うことが多いようです）。遺骨を粉砕するのに抵抗がある場合には、業者にまかせることもできます。自然葬を扱う葬儀社に問い合わせてみてください。（費用：20,000円前後）

します。船をチャーターするために、個人で行うとなると数十万円も費用がかかってしまいます。最近は海洋葬を取り扱う葬儀社なども増えており、このようなケースでは何人かが合同で行うため、費用も安くすむようです。

なお、個人で行う場合には、場所の選定は慎重に行う必要があります。海水浴場などの人が集まる場所や養殖場などは厳禁です。沖合でも漁場や釣り場になっているところは避けましょう。海上交通のルールを守るとともに、自らの安全にも十分に注意をします。また、花束や大きな花環などを海へ投げ入れるのもマナー違反。細かい花びらなどにしましょう。

●樹木葬

行政の許可をとった霊園や墓地に遺骨を埋葬し、墓石の代わりに花や木などの樹木を植えること。骨壺を使用せず土中に直接埋葬するので遺骨は自然に還りますから自然葬の一種といえます。永代供養が基本なので、継承者がいない人でも安心ということから、近年人気が高まっています。墓石が不要ですので、樹木葬の相場は30万~70万円とかなり格安です。年間管理料が不要な墓地・霊園もあります。

●火葬場でお別れという方法も

葬儀もお墓も不用なら、火葬場で遺骨を拾わず火葬場で処分してもらう、という選択肢もあります。事前にお願いすれば、遺骨を持ち帰らなくてもかまわないという火葬場もあります。思い切った選択ではありますが、故人の意志で収骨をしなくても法律的には何ら問題はありません。

意思を伝える

●エンディングノートや遺言で

本人がいくら希望しても、遺族の協力なしには実現することはできません。本人の意思を伝えるためには、「エンディングノート」などに書き記しておく必要があります。ただし、それだけでは不十分です。残された遺族がノートを開いて初めて「故人が自然葬を希望していた」ことを知ったらどうなるでしょうか。やはり、元気なうちに家族や親戚などに会って、きちんと説明して同意を得ておくことが大切です。遺言に記載するという方法もありますが、遺言で法的に効力がある内容は「財産の処分」など。葬儀の方法については法的な強制力はありません。それでも「自分の強い意志」を伝えるためには有効です。

伝える遺族がない場合は、生前契約をしておくという方法があります。（生前契約について、参照URL：NPOりすシステム http://www.seizenkeiyaku.org/）

●一部だけを散骨する方法も

「散骨」を望み、理解が得られない場合には、次のような方法があります。通夜や葬儀などは普通に仏式などで行い、遺骨の大部分は墓地に納め、一部だけを散骨するのです。遺骨すべてを散骨してしまうと、あとになって遺族が故人を偲ぶ「よりどころ」がなくなってしまうため、この方法をとるケースが多いようです。また、「分骨」は火葬の際でも、納骨の際でも可能です。

●NPOなどに相談

葬儀や埋葬について、個人で情報収集するには限度があります。

葬儀や埋葬に関して同じ考えの人が集まり、実際の散骨などを行う団体もあるので、そうしたところに相談してみるのもいいのではないでしょうか。

遺骨を仏壇に置くことは違法ではない

「墓地、埋葬等に関する法律」では、墓地以外の場所に焼骨（遺体）を埋葬してはいけないと決められています。

ところが「埋葬しなければならない」とはどこにも書かれていません。つまり、遺骨を自宅の仏壇などに置いておくことは法律にはふれないと解釈できるのです。

NPO葬送の自由をすすめる会

同会は、「個人の意思に基づいた自由な葬送を推進しよう」という趣旨のもとに、自然葬の普及に努めている団体です。個人が勝手気ままに散骨するのではなく、きちんとした方法で節度を守って散骨することなどにより、社会的な合意を形成するのが目的です。

同会では、実際の散骨も行います。2010年現在、会員数は１万5000人を超え、散骨回数も1500回を超えました。なお、本人による散骨の生前契約も可能です。また、最近では「０葬」といって、火葬後、遺骨を引き取らない方法も提唱しています。遺骨がなければお墓も不用です。遺族に負担をかけないという意味では究極の葬儀かもしれません。

● NPO葬送の自由をすすめる会
TEL 03-5577-6209 URL http://www.soso-japan.org/

イザというときのQ&A

こんなとき、どうすればいい？

家族葬を行う際のマナー、遺骨の扱い、散骨について

Q 家族葬を行いたいのですが、隣近所へはどのように伝えればいい？

A 斎場などで行う場合には、葬儀が終わってから「個人や家族の希望で家族葬を行いました」と、お詫びとともに伝えればいいでしょう。自宅で行う場合には、棺を運び込んだり僧侶を呼んだりするときに、隣近所に知られてしまいます。あとで知らせるよりは事前に「家族葬ですませること」を伝えるべきでしょう。

Q 遺骨を身近に置いておきたいのですが？

A 遺骨を自宅に置いておくことは違法ではありません。墓地を持たないことも可能です。ただし、子どもや孫がずっとそのまま遺骨を守ってくれるかどうかは別問題。家族の同意を得ておく必要があるでしょう。遺骨の一部だけを分骨して身近に置くこともできます。最近では、遺骨を粉末にして飾るための容器なども市販されています。

Q 自分の家の庭に「散骨」をすることは可能？

A 法律では、墓地以外に埋葬してはいけないと規定されています。ところが、散骨について明確な決まりはありません。一般的には、「節度を持ってふさわしい場所で行うのであれば違法ではない」と解釈されています。

もし自宅の家の庭に「散骨」する場合、もっとも問題となるのは、自分の家の庭がふさわしい場所であるかどうかです。もし、山の中の一軒家であれば他人に迷惑をかけることは少ないでしょうが、住宅街だったりする場合はどうでしょうか？　結局は、常識の範囲で判断するしかありません。

第7章

遺言&遺産相続の基礎知識

●**遺言の基本知識**
遺言の基礎知識／遺言の内容／遺言の種類／遺言書の扱い方／遺言書の書き方

●**遺産相続の基礎知識**
相続の基礎知識／相続の流れ／相続の決定

遺言を書く

遺言によって自分の希望通りに財産を相続させる権利ができ、トラブルを防ぐことも可能です。ただし遺言には法律に定められた決まりがあります。

遺言の目的

●故人の意思で遺産分割する

故人が残した財産を「遺産《いさん》」といいます。遺産は遺族らが相続《そうぞく》をするわけですが、その分割には、①話し合いによる分割 ②法定相《ほうていそう》続《ぞく》による分割 ③「遺言《ゆいごん》」による分割の3つの方法があります。これら3つの方法の中では遺言による分割が優先されます。

では、もし遺言がなければ相続はどうなるのでしょうか。

法定相続人（遺族：P287参照）が話し合って遺産を分割し、それに対して誰も異議を唱えない場合には、その通りに相続することができます。

もし、相続人のうちの誰かが異議を唱え、話し合いによって解決しない場合には、法定相続のしくみに従うか、調停《ちょうてい》や審判《しんぱん》などにゆだねなければなりません。

●遺産トラブル防止に遺言は必要

たとえば相続人が「故人と同居している長男の嫁（長男はすでに他界している）」と「故人の兄弟姉妹（故人とは別居）」というケースでは、法定相続では同居している故人の長男の嫁は1円たりとも相続できません。故人の長男の嫁は法定相続人ではないのです。

もしも故人が、「お嫁さんには世話になったから」という理由などで相続させたい場合には、遺言

遺言の法的効力について

「遺言」は法律上は「いごん」と読みます。遺言にすることで法律的に効力があるのは、子どもの認知、後見人の指定、そして遺産の相続に関する事柄です。「努力して立派な医師になれ」などのような遺言には、もちろん法的な強制力はありません。

を行う以外に、遺産相続に故人の遺志を反映させる有効な手段はありません。

「自分にはどうせたいした財産はないから」と考えるのではなく、財産が多いか少ないかにかかわらず、将来のトラブルを未然に防ぐためにも、遺言は必要な行為なのです。

遺言を書いたほうがいいケース

❶子どもがいないので残された妻に全財産を相続させたい

▼もし、故人に親や兄弟姉妹がいる場合、法定相続では妻だけに全財産を相続させることはできないため。

❷事業や農業などを継がせるために、子どものうちのひとりに財産を集中させたい

▼農地や社屋などが遺産相続で分散してしまうと、家業の継続が困難になるようなケースに有効。

❸特に世話になった子どもに財産を多く与えたい

▼同居して介護をしてくれた二男には、長男よりも遺産を多く与えたいというようなケースに有効。

❹相続権のない親族にも遺産を与えたい

▼子どもの嫁などの相続権のない親族は、法定相続では遺産を相続できないため。

❺内縁の妻や認知していない子どもがいる

▼どちらにも法定相続権はないが、内縁の妻の子は、遺言で認知することができる。

❻特定の団体などに寄贈したい

▼遺言があれば、慈善事業団体や公益事業などに寄贈できる。

遺言には、法律に定められた決まりがある。

遺言の内容

遺言で指示できる主な事柄

遺言《ゆいごん》によって指示できる事柄は民法で定められています。

❶遺産分割方法の指定

たとえば「土地と家屋は長男に、預貯金は二男に」というように、誰にどの遺産《いさん》を相続させるのかを指定することができます。

❷相続分の指定

「長男に遺産総額の3分の2、二男には3分の1を相続させる」というように遺産の総額に対して、誰がどのくらい取得するかを指定することができます。❶の「分割方法の指定」と組み合わせて、具体的に誰にどの遺産のどれくらいの割合を相続させるのかを指定することもできます。

❸特別受益の持ち戻し免除

相続人のうちのある人（たとえば同居の長男）が、故人が生きているうちに家屋の贈与《ぞうよ》を受けていたり、生活費の面倒を見てもらっていた場合、これらを「特別受《とくべつじゅ》

一般危急時遺言

病気などで死期が迫っており、自分では書くことができないときに作成する遺言です。相続に関係のない３人以上の証人が立ち会い、そのうちのひとりが口述筆記します。このときに本人の意識がはっきりとしていなければなりません。筆記した書面に、証人全員が署名・押印《おういん》し、作成日から20日以内に家庭裁判所に提出して確認の請求をします。

遺言書管理信託とは

信託銀行や普通銀行の「遺言書管理信託」などを利用すると、火災や盗難にあったり紛失したりする恐れはなくなります。利用する際には、遺言者が、相続開始通知者、遺言書受取者を指定します。

遺言書管理信託の費用のめやす	
基本手数料	5万～30万円程度
遺言書保管料	5,000～10,000円程度／年
遺言執行報酬	遺産評価額により異なる。100～150万円前後を最低報酬額として設定している場合が多い

※上記金額はあくまで目安です。費用をwebサイトで公開している信託銀行もありますので確認するといいでしょう。

遺言書の検認《けんにん》手続きについて

検認遺言書が正しいものかを確かめるために行われるもので、遺言書の保管者や遺言書を発見した相続人が申し立てを行います。

〈申立先〉 遺言者の最後の住所地の家庭裁判所

〈必要なもの〉 申立書、申立人・相続人の戸籍、遺言書または遺言書の写し（開封されている場合）、手数料

益《えき》」といいます。通常、特別受益分は相続時に、その人がすでに相続したものとして組み入れられます。これを「持ち戻し」といいます。この持ち戻しを、遺言によって免除することができます。

❹遺贈

遺産を法定相続人以外の団体などに寄付することを「遺贈《いぞう》」といいます。慈善事業団体、公益法人、宗教法人などに寄付することで、社会福祉に貢献できるのです。もちろん、相続人たちが自分の世話をしてくれなかったから「腹いせ」に遺贈することもできます。

❺負担付き遺贈

遺贈することと引き替えに、遺産を譲り受ける人に、「残された妻の生活の面倒を見るように」などと依頼することができます。

❻その他

このほかに、相続人の廃除《はいじょ》（相続させたくない人を相続人から排除する）、子どもの認知（生前に認知できなかった子どもを認知して相続させる）、後見人の指定、祭祀《さいし》主催者の指定（お墓などを引き継ぐこと）、遺言執行者の指定と委託（遺言に書かれていることを実行させる）なども遺言することができます。

遺言書の種類

●普通方式と特別方式

遺言は民法に定められた法的な行為で、普通方式に3種類、特別方式に4種類あります。

特別方式は臨終《りんじゅう》間際の「一般《いっぱん》危《き》急時《きゅうじ》遺言」を除けば、かなりまれなケースといえるので、ここでは

遺言の方式

遺言は、民法によって以下の７種類の方式に従わなければ、有効なものと認められません。

普通方式
（通常の遺言）
- ❶自筆証書遺言
- ❷公正証書遺言
- ❸秘密証書遺言

特別方式
（普通方式の遺言が困難な場合のみ認められる。）
- ❹一般危急時遺言（臨終のとき）
- ❺難船《なんせん》危急時遺言（船が遭難したとき）
- ❻一般隔絶地《いっぱんかくぜつち》遺言（伝染病のとき）
- ❼船舶《せんぱく》隔絶地遺言（航海中のとき）

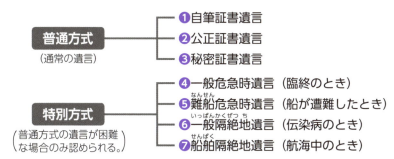

普通方式の３種類の特徴

普通方式には、「自筆証書遺言」、「公正証書遺言」、「秘密証書遺言」の３種類があります。

◆自筆証書遺言

作成方法	本人が自筆で遺言《ゆいごん》内容を書いて（ワープロは不可）、日付、氏名を自署し、押印《おういん》する。
メリット	証人が必要ないので、誰にも知られずに、自分だけでいつでも作成・変更できる。費用がかからない。
デメリット	家庭裁判所の検認《けんにん》の手続きが必要。一般人が作成するので書式の不備などにより、トラブルや無効になる危険性がある。また、利害関係者に偽造、変造、破棄、隠匿《いんとく》される可能性がある。
注意点	本人が遺言に対して全責任を負うことになるため、保管場所に注意が必要。

◆公正証書遺言《こうせいしょうしょ》

作成方法	公証《こうしょう》役場で２人以上の証人（未成年や相続人《そうぞくにん》以外）の立ち会いのもとに、遺言の内容を公証人に口述し、公証人が遺言書を作成。これを遺言者と証人に読み聞かせて、署名・押印させ、公証役場で20年間保管する。
メリット	書式の不備がなく、偽造や紛失の心配がない。家庭裁判所での検認の手続きが不要となる。
デメリット	証人が必要なので、秘密がもれる可能性がある。また、費用と手間がかかる。
注意点	遺言者が公証役場まで出向いていけない場合には、公証人を自宅や病院などに呼ぶこともできる。

◆秘密証書遺言

作成方法	遺言者の自筆、ワープロ、代理人による代筆で作成した遺言に、遺言者が署名・押印の上、封印。これを公証人と２人以上の証人の前に提出して確認を受け、遺言者、証人、公証人が署名・押印して、しかるべき人が保管する。
メリット	自筆やワープロで作成する場合は、公正証書遺言に比べて秘密性が高い。
デメリット	家庭裁判所での検認の手続きが必要。遺言内容の秘密は守られるが、遺言の存在自体は知られてしまう。
注意点	封印するときには、遺言に押印したものと同一の印章を使用する。

普通方式の3種類について詳しく見ていきましょう。

遺言書の扱い方

●遺言書の保管方法

せっかく作成した遺言も、本人の死後に、確実に相続人の手に渡らなければ意味がありません。そのためには、保管場所に注意が必要です。

信頼できる人に預けたり、貸金庫を利用するなど、安全で確実な場所に保管しましょう。信託銀行で遺言の保管サービスを行っているところもあります。近年、普通銀行にも解禁されました。

●遺言書の封印

遺言書は、封印されたものと封印されていないものでは、取り扱い方が異なります。封印されていない遺言は、開封され変造される危険性が高くなります。一方、封印された遺言書は、たとえ相続人全員がそろった場合でも開封できません。そのまま家庭裁判所に提出して「検認手続き」を受けなければならないのです。手続きを怠ると、遺言が無効になるばかりか、罰則もあります。

●遺言書を発見したら

相続人が遺言を発見したら、遺言者の死亡を知った後、すみやかに遺言書を家庭裁判所に提出して「検認手続き」を受けなければなりません（公正証書遺言を除く）。封印のある遺言書は家庭裁判所で相続人等の立ち会いの上、開封しなければなりません。

●遺言の執行

遺言の内容によっては、遺産を引き渡したり、登記したり、相続財産の目録を作成するなど、さまざまな実務がともないます。そのため、遺言の内容を確実に実行するために「遺言執行者《しっこうしゃ》」を選任するのが一般的です。遺族を選任することも可能ですが、無用な争いを防ぐ意味からも、利害関係のない第三者、なかでも行政書士や税理士などの専門家に依頼するのがよいでしょう。

遺言《ゆいごん》によって遺言執行者が指定されていないときや、指定されていてもその人が執行不可能な場合には、家庭裁判所に選任してもらうことができます。こうした場合、弁護士や税理士などが選任されるケースが多いようです。

遺言書の書き方

●自筆証書遺言作成のルール

自筆証書遺言には、最低限の決まりがあり、これを守らないと法的には無効となってしまうので注意が必要です。

❶全文が必ず自筆であること

筆記用具はボールペンでも万年筆でも筆でもかまいませんが、必ず自筆で書きます。ワープロやタイプライター、代筆は無効です。これだけパソコンが普及した時代でも、自筆証書遺言だけは自筆でなければなりません。署名だけが自筆でも無効です。

どうしても自筆で書けない場合には、公正証書《こうせいしょうしょ》遺言、あるいは秘密証書遺言にしなければなりません。書式は、縦書きでも横書きで

自筆証書遺言の例

遺　言　書

○○○○はこの遺言書により左の通り、遺言する。

一　妻、○○○○には左記の不動産を相続させる。

1所在　○○県○○市○○町
地番　○○番
地目　宅地
地積　○○平方メートル

2所在　○○県○○市○○町
家屋番号　○○番
種類　宅居
構造　木造瓦葺《かわらぶき》平屋建
床面積　○○平方メートル

二　長男、○○○○には左記の貯金債権を相続させる。

1　通常郵便貯金
記号　○○○○
番号　○○○○

三　この遺言の遺言執行者として左記の者を指定する。
○○県○○市○○　○○○○

平成○年○月○日

○○県○○市○○　○○○○
○山一郎　印

〈封書の書き方〉

表

遺　言　書

裏

平成○年○月○日
○山一郎　印

もかまいません。また、用紙サイズに関しても、特別な決まりはありません。

❷日付と氏名が自筆で記入してあること

ペンネームなど、本名以外でも遺言者が特定できれば有効とされます。一人一通が原則で、夫婦連名の遺言は無効です。日付がないものも無効です。

❸押印《おういん》されていること

遺言書への押印は、実印《じついん》がベストですが、認印《みとめいん》や拇印《ぼいん》でも有効です。

❹加筆訂正には注意

加筆訂正する必要のある場合には、その場所を指示し、訂正した旨を付記した上で署名・押印します。

? こんな時どうする？

遺言は守らなければいけないの？

遺言は民法の規定で、それだけでは強制力はありません。相続人が無視しようと思えば無視できるのです。そのようなケースで遺言が実行されるためには、不利益を受けた相続人などが訴訟を起こさなければなりません。

遺産の全額を赤の他人に遺贈できるの？

遺言としては有効です。ただし、「遺留分《いりゅう》」といって兄弟姉妹以外の法定相続人には、遺産のうちの一定割合を相続する権利があります（P292参照）。

遺言書が2通以上出てきたら？

遺言はあくまでも遺言者の「最後の意思」が尊重されます。2通以上の遺言書が見つかった場合には、日付がもっとも新しい遺言書の内容が優先されます。

遺言書の内容を変更したいけど…

自筆証書遺言の場合には、作成した後で内容を変更したくなった場合には、何度でも書き直すことができます。すべてを撤回する場合には古いものを破棄して新しく作ります。一部を変更する場合には、その部分のみの訂正も可能です。

遺産相続の手続きとポイント

故人が残した遺産の所有権を故人から相続人に移転し、相続税を納付するのが相続です。相続人の確定、分割協議など、手間のかかることもたくさんあります。

遺産相続の流れ

❶ 遺言書の確認

▼ 自宅、貸金庫、信託銀行等を確認

❷ 相続人の調査・確定

▼ 相続する資格のある人をすべてピックアップ

❸ 相続財産の確認

▼ 〈プラスの財産〉不動産、現金、預貯金、有価証券、その他債権、動産、知的財産権、生命保険、ゴルフ会員権等
〈マイナスの財産〉負債、保証債務、損害賠償債務、未納の税金、買掛金等

❹ 相続の仕方を決める

▼ 相続放棄・限定承認・単純承認のいずれか

❺ 遺産分割協議

合意 ➡ 遺産分割協議書の作成
相続登記、名義変更
相続税の納付

不調 ➡ 遺産分割協議の調停・審判

相続の基礎知識

●相続とは

相続とは、端的に言えば、遺産《いさん》の所有権を被相続人《ひそうぞくにん》から相続人へと移転し、相続税を納付することです。人が死亡した瞬間、その人の所有財産は「遺産」となり、故人は「被相続人」と呼ばれます。そして、遺産を相続する資格のある人は「相続人」となります。

この段階では、まだ遺産は相続人全員の共有財産とみなされます。たとえば、相続人のうちの一人だけの印鑑では、故人の銀行預金すら引き出すことができないのです。

●相続の流れ

相続は被相続人の死亡によって開始されます。相続の放棄や相続税の納付など、期限が決められているものもあるので、すみやかに進めることが大切です。

さまざまな過程を経て、最終的には「遺産分割協議《ぶんかつきょうぎ》」で相続人全員の合意が得られれば、それに基づいて遺産分割協議書が作成されます。相続登記や名義変更が行われ、相続税が納付されてようやく相続が終了するのです。

相続の流れ①

●遺言書《ゆいごんしょ》の確認

遺言書の存在は相続のすべてに優先されるので、まずはその有無を確認します。貸金庫や信託銀行、弁護士に預けている場合もあるので、親がある程度の年齢になったら、遺言書の有無の確認くらいはしておきたいものです。

遺言書が見つかったら、すみやかに家庭裁判所で検認《けんにん》の手続きをします（Ｐ２８０参照）。

●相続人の確認

遺産を相続する資格のある人をすべてピックアップします。内縁の妻がいて子どもを認知していたとか、いつの間にか養子縁組をしていたとか、家族ですら知らない事実が相続で初めて明らかになるケースは、ドラマや小説だけの話ではありません。故人が生まれてから死ぬまでの戸籍謄本《こせきとうほん》を取り寄せて確認しましょう。

民法では遺産を相続する資格のある相続人を「法定相続人《ほうていそうぞくにん》」として、次のように定めています。

●法定相続人

◆配偶者

故人の配偶者は常に相続人になるため、相続では特別扱いです。

配偶者以外の相続人には順位がつけられており、順位が上位の者から順に相続人になります。

◆第1順位　直系卑属《ひぞく》

故人の子。実子《じっし》、養子《ようし》の区別はありません。認知されていれば非《ひ》嫡出子《ちゃくしゅつし》でも実子と同様に相続できます。妊娠中の胎児《たいじ》も同様。子どもが死亡していれば、孫が第1順位になります。

◆第2順位　直系尊属《そんぞく》

故人の親。親が死亡している場合には祖父母が第2順位になります。

◆第3順位　兄弟姉妹

故人の兄弟姉妹。兄弟姉妹が死亡している場合には甥《おい》や姪《めい》が第3順位になります。

相続の流れ②

●相続財産の確認

相続《そうぞく》の対象になる財産は、故人が死亡するときに所有していたすべての財産です。具体的には、土地や建物などの不動産、預貯金や書画骨董《こっとう》、商品や営業権などの事業用財産を含む動産、債権、有価証券、工業所有権（特許権、実用新案権、意匠《いしょう》権、商標権など）、および債務です。このほか、死後に発生する死亡保険金、退職金、年金なども相続財産となります。

ここで気をつけなければならないのは、相続財産はプラスの財産だけではなく、マイナスの財産もあるということです。マイナスの財産には、借金（債務）のほかに買掛金《かいかけきん》（後日払いの取引での未払金）、連帯保証債務、慰謝料《いしゃりょう》などがあります。

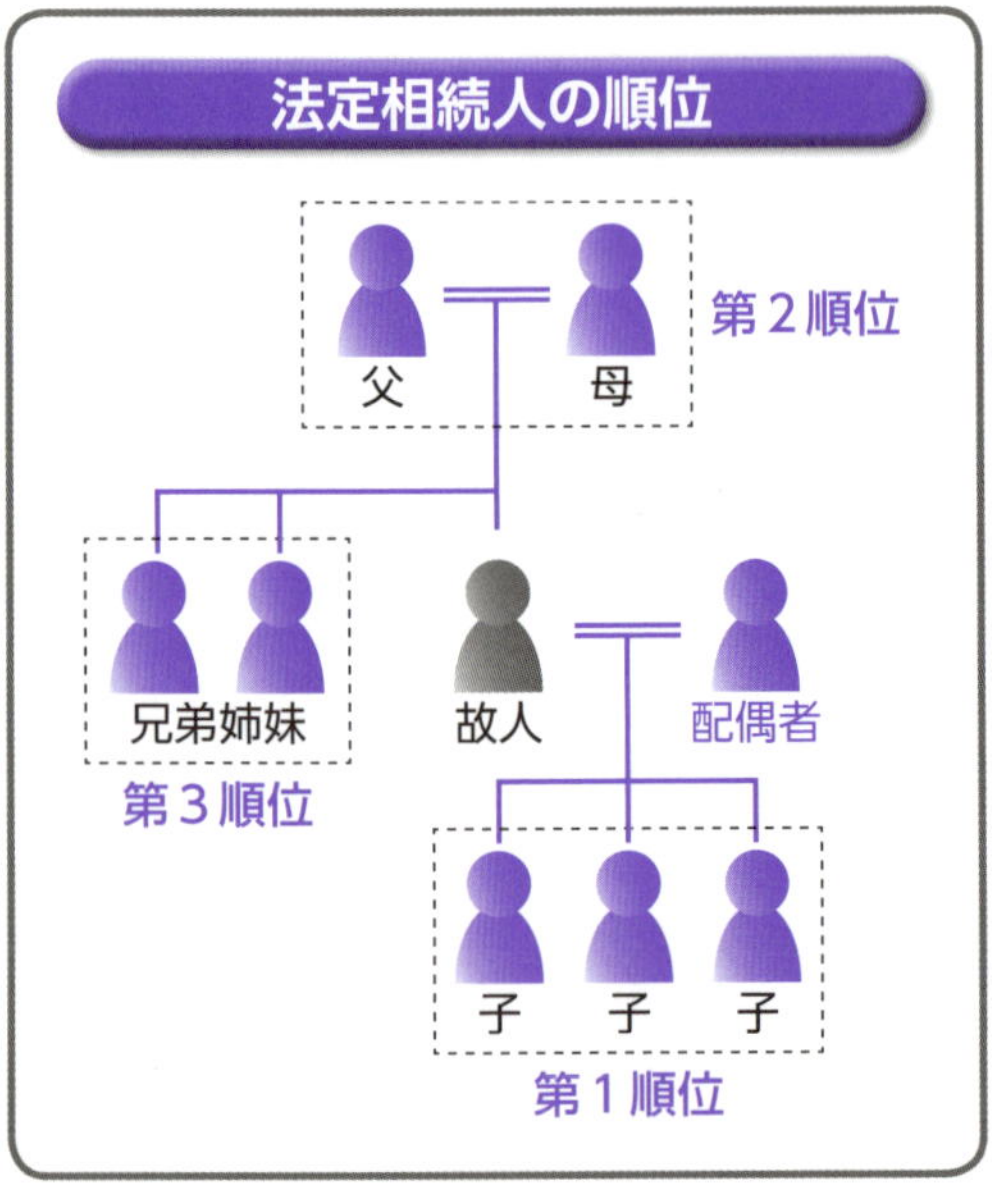

●相続の3つの選択肢

相続には3つの選択肢が用意さ

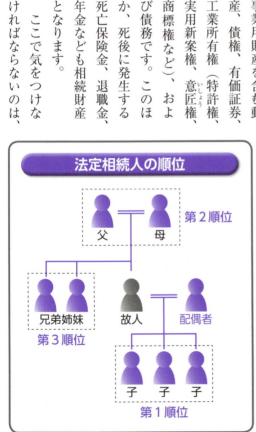

法定相続分による遺産の分割

相続人が何人かいて遺産を分割する場合、その分割割合を遺言によって決める場合と、民法の定める「法定相続分」によって決めるケースがあります。

各相続人の法定相続分は、次のように決められています。

第１順位の相続人　直系卑属《ひぞく》（故人の子）と配偶者が相続人となる場合

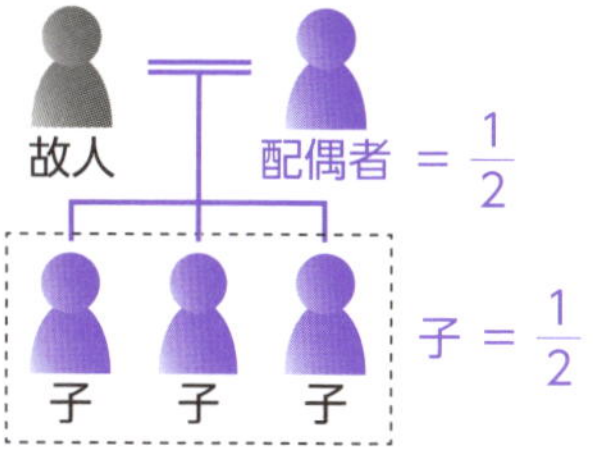

❶子が数人いるときは、子の相続分（遺産の1/2）を平等に分割する。

❷配偶者が故人よりも先に死亡しているときは、子が全遺産を相続する。

❸子の誰かがすでに死亡している場合、その子（孫）が代わりに相続する。

❹非嫡出子と嫡出子は同等に相続する。

第２順位の相続人　直系尊属（故人の親）と配偶者が相続人となる場合（子や孫などの第１順位者がいない）

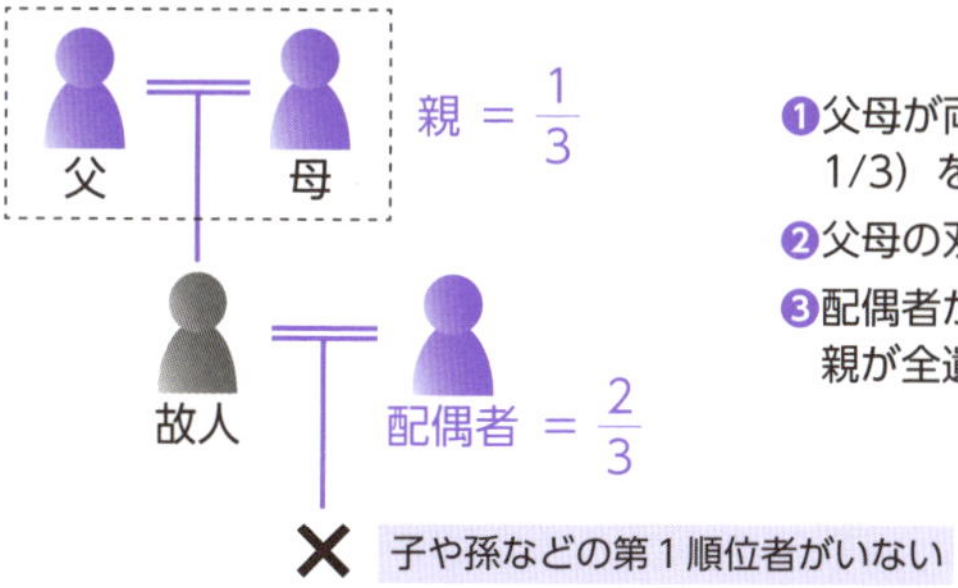

❶父母が両方いるときは、親の相続分（遺産の1/3）を平等に分割する。

❷父母の双方がいなければ、祖父母が相続する。

❸配偶者が故人よりも先に死亡しているときは、親が全遺産を相続する。

第３順位の相続人　兄弟姉妹と配偶者が相続人となる場合（第１順位者、第２順位者ともにいない）

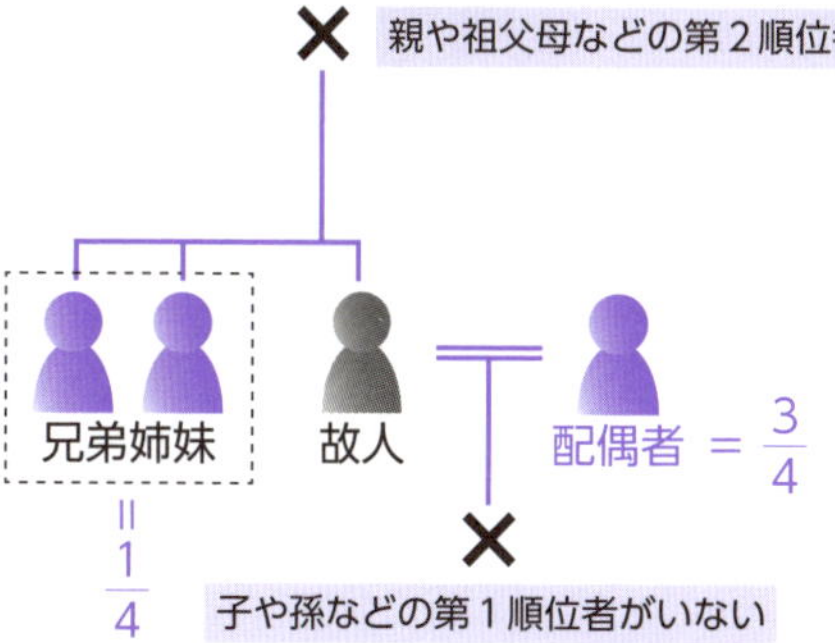

❶兄弟姉妹が数人いるときは、兄弟姉妹の相続分（遺産の1/4）を平等に分割する。

❷配偶者が故人よりも先に死亡しているときは、兄弟姉妹が全遺産を相続する。

❸兄弟姉妹のうち誰かがすでに死亡しているときは、その子（甥・姪）が代わりに相続する。

❹兄弟姉妹およびその子（甥・姪）もいないときは、配偶者が全遺産を相続する。

れています。

❶相続放棄

プラス・マイナスすべての遺産《いさん》の相続を放棄する方法です。マイナスの遺産のほうが多い場合には、相続を放棄することによって負債をかかえずにすみます。また、ほかの相続人とのトラブルを避けたい場合にもこの方法を選びます。

相続放棄は個人単位で行います。つまり、長男が相続を放棄し、二男がすべてを相続することも可能なわけです。なお、相続を放棄したい場合には、相続の開始から3か月以内に家庭裁判所に申し立てます。

❷限定承認

限定承認《げんていしょうにん》とは、相続によって得た遺産の範囲の中でのみ、マイナスの遺産（借金など）を支払うという承認のしかたです。相続人は、全体としてマイナスになった場合でも、もともと持っている自分の財産を持ち出してまで返済をする必要はありません。

限定承認をする場合には、相続人が全員一致の上で、3か月以内に家庭裁判所に申し立てる必要があります。したがって、一人でも反対者がいる場合には、承認が成立しません。

❸単純承認

プラスの遺産もマイナスの遺産も、すべての財産を相続する方法。もっとも基本的な相続のスタイルです。

相続の流れ③

●相続人の確定

遺産相続《いさんそうぞく》する資格を持つ人と相続する財産のリストアップがすんだら、相続人を確定します。相続人が少数の場合は問題ありませんが、人数が多いとやっかいなケースもあります。相続人を確定する主な方法は次の通りです。

◆遺言による確定

遺言《ゆいごん》がある場合には、すべてに優先されるので、これにもとづいて相続人を確定します。

◆本人の意思による確定

長男の嫁が、自分は法定相続人ではないが、故人の介護をずっとしてきたのだから相続する権利があるはずだ、などと主張することもできるわけです。もちろんこれとは反対に、トラブルになるくらいなら相続を放棄するという人がいてもおかしくありません。

◆協議による確定

誰が（何を）相続するのかを話し合いで決めます。

◆**法律による確定**

どうしても話し合いでは決まらない場合には、家庭裁判所の調停《ちょうてい》や審判《しんぱん》にゆだねることになります。

相続の流れ④

●遺産分割協議

相続人が2人以上いる場合には、遺産を分割して相続することになります。遺言で相続割合が指定されていればそれに従います。ただし、遺言には「遺留分《いりゅうぶん》」があり、すべてが遺言通りに相続されるわけではありません。

遺言による指定がない場合には、「遺産分割協議《ぶんかつきょうぎ》」で分割割合を決定します。協議には、相続人全員が参加しなければなりません。一

法定相続人が相続できない場合

次のような場合には、たとえ法定相続人であっても相続から排除されます。

●**相続廃除のケース**

民法の規定で「被相続人（故人）に対して虐待《ぎゃくたい》をしたり、被相続人に重大な侮辱《ぶじょく》を加えたとき、または推定相続人に対して著しい非行があったとき」には、相続人から廃除することができるとされています。被相続人が生きているうちに申し立てるか、遺言によって申し立て、家庭裁判所が決定します。

●**相続欠格のケース**

民法で次のような欠格事由《けっかくじゆう》が規定されています。

- 故意に被相続人やほかの相続人を殺害し、または殺害しようとして刑に処せられた者。
- 被相続人が殺害されたことを知っていながら、告発・告訴しなかった者。
- 詐欺または脅迫により、被相続人に遺言を書かせ、取り消しさせ、変更させたり妨害した者。
- 被相続人の遺言を偽造、変造、破棄、隠匿した者。

遺産分割協議のポイント

遺産分割協議では次のような点が話し合いのポイントになります。

●**財産への寄与分について**

故人の生存中に、財産の維持や増加に寄与した人には、その分、相続財産を多く配分しなければ不公平になります。

●**特別受益分について**

故人の生存中に、家を建ててもらったり、生活費の面倒を見てもらうなどの贈与を受けていた場合、これらを相続の先取りとして計算します。

人でも欠けていると、協議は無効になります。

協議の方法に特別な決まりはありません。和気藹々《わきあいあい》と行われることもあれば骨肉《こつにく》の争《あらそ》いになることもあるでしょう。協議の結果、「遺産は最後まで故人の面倒を見てくれた長男の嫁に全額を相続させる」というように、全員の意見が一致すれば、法律とは異なる結果になることも考えられます。

相続の決定①

●合意できなければ調停・審判へ

相続分割協議《そうぞくぶんかつきょうぎ》でまとまらない場合には、家庭裁判所に「調停《ちょうてい》」の申し立てを行います。調停では裁判官や調停委員の指導を受けながら、再度話し合いを行います。

調停でも話し合いがまとまらない場合には「審判《しんぱん》」が行われます。審判では「裁判《さいばん》」と同じように、裁判官による証拠調べが行われ、相続人や相続財産、分割方法が決定されます。

審判で出された結果に不服がある場合には、2週間以内に高等裁判所に抗告《こうこく》することができます。

●遺産分割協議書の作成

分割協議や調停、審判などで相続が決定したら、「遺産分割協議書」を作成します。協議書がなければ相続ができないということではありませんが、不動産の登記《とうき》手続きや銀行口座の名義変更の際に必要になります。また、トラブルを避けるためにも作成しておいたほうがいいでしょう。

遺産分割協議書に決められた書式はありません。決定した事柄を

遺言の「遺留分」とは？

たとえば遺言で、特定の第三者に遺産全部を与えるように指定している場合、もともと相続人となれるはずだった配偶者や子どもなどの法定相続人の権利が侵害されてしまいます。この場合でも相続人は遺産の一定割合を相続することができます。これが遺留分です。遺留分の割合は次のように決められています。

配偶者や子どもが相続人となる場合……………遺産の２分の１
父母のみが相続人となる場合…………………遺産の３分の１

※兄弟姉妹には遺留分はありません。

記入し、相続人全員が署名・押印《おういん》します。協議書が数枚にわたる場合には、契印《けいいん》（割《わ》り印《いん》）が必要です。

相続の決定②

●相続税の申告と納付

相続が決定したら、相続税を計算して申告《しんこく》・納付《のうふ》を行います。

まず、遺産総額を計算しなければなりません。遺産の中には、土地や家屋など、価格のわかりにくいものがありますが、これらもすべて評価して金額を出さなければなりません。相続税法では、時価で計算することになっており、国税庁の「財産評価基本通達」に規定されています。ただし、一般の人には難しいため、不動産鑑定士、公認会計士や税理士などに依頼するケースも多いようです。

相続税の計算の結果、課税価格の合計額が、基礎控除額（＝非課税枠）を上回った場合、上回った額（＝課税遺産総額）に相続税がかかります。相続税は、故人の住所地の税務署に申告・納税します（相続開始から10か月以内）。基礎控除額内の場合には、納税はもちろんですが、申告も必要ありません。非課税枠である基礎控除額の計算方法は次ページを参照してください。

遺産分割協議書の例

遺　産　分　割　協　議　書

平成○年○月○日に死亡した被相続人 ○○太郎 の相続遺産について、同人の相続人において遺産分割の協議を行った結果、各相続人が次の通り遺産を分割することに合意、決定した。

1．相続人　○○一郎　が相続する財産
　（1）次の土地
　　所在　○○県○○市○○町
　　地番　○番○
　　地目　宅地
　　地積　123.45平方メートル

　（2）次の家屋
　　所在　○○県○○市○○町　○番地○
　　家屋番号　○番○
　　種類　居宅　　構造　木造瓦葺2階建
　　床面積　1階　45.67平方メートル　　2階　34.56平方メートル

　（3）上記居宅内にある家財一式

2．相続人　○○花子　が相続する財産
　（1）○○銀行○○支店 普通口座 口座番号 12345678
　　被相続人名義の普通預金　9,876,543円

上記の通り遺産分割協議が成立したので、その成立を証するため本書2通を作成し、署名・押印の上それぞれその1通ずつを保有する

平成○年○月○日

以上

○○県○○市○○町3丁目2番1号
相続人　○○一郎　←直筆署名　実印
○○県○○市○○町1丁目2番3号
相続人　○○花子　←直筆署名　実印

課税遺産総額の計算方法

相続税の課税対象となる課税遺産総額は、以下のようにして計算します。

❶まず、以下の計算式で非課税枠である「基礎控除額」を算出する

基礎控除額 ＝ 3000万円＋600万円 × 法定相続人の数

❷相続財産から差し引かれる費用を出す

相続財産から差し引かれる費用は以下の通り。

● **非課税財産**

墓地、仏壇・仏具、生命保険の一定額、退職金の一定額には相続税がかかりません。

● **葬式費用**

葬儀にかかった費用は相続財産から差し引くことができます。

● **基礎控除額**

①で求めた額。たとえば配偶者と子どもふたりで相続する場合、

3,000万円＋600万円×３＝4,800万円 が控除になります。

❸次の計算式に当てはめる

遺産総額 － 相続財産から差し引かれる費用 ＝ 課税遺産総額

❹課税遺産総額を法定相続分で分けた金額に、相続税の税率（左ページ下表）をかける

※税率は課税遺産総額の額によって異なる。

相続税を納付期限までに納付できない場合の対処法

相続税の納付期限は相続の開始から10か月以内です。土地の評価額が高価すぎるなどの理由で、期限までに納付できない場合には、次のような方法があります。いずれの場合も申告期限以内に手続きしなければなりません。

● **延納**

納税の期間を延ばし、何年かにわたって分割して納めることができます。ただし利子がかかります。

● **物納**

取得した財産が換金しにくいため、金銭で納めることができない場合は、財産の現物で納めることもできます。

相続税の計算例

妻と子どもふたりが１億円を相続した場合の相続税の計算例を見てみましょう。

Step 1　課税遺産総額を算出する

１億円－[3000万円+600万円×３人]＝5200万円（課税遺産総額）

Step 2　それぞれの相続額を算出する

妻 の 相 続 額：5200万円×法定相続分1/2＝2600万円
子１の相続額：5200万円×法定相続分1/4＝1300万円
子２の相続額：5200万円×法定相続分1/4＝1300万円

Step 3　税率を掛け、控除分を差し引く（注：下表参照）

妻　：2600万円×15%－50万円＝340万円
子１：1300万円×15%－50万円＝145万円
子２：2600万円×15%－50万円＝145万円

Step 4　相続税の総額を相続割合であん分する

相続額の総額＝340万円+145万円+145万円＝630万円

妻が1/2、子１が1/3、子２が1/6　相続する場合、
妻 の 相 続 税 額＝630×1/2＝315万円
子１の相続税額＝630×1/3＝210万円
子２の相続税額＝630×1/6＝105万円

注：相続税率と控除額

法定相続分に応ずる取得金額	税　率	控除額
1,000万円以下	10%	—
3,000万円以下	15%	50万円
5,000万円以下	20%	200万円
1億円以下	30%	700万円
2億円以下	40%	1,700万円
3億円以下	45%	2,700万円
6億円以下	50%	4,200万円
6億円超	55%	7,200万円

※相続税の概算額は、国税庁のwebサイトで自動計算できます。

イザというときのQ&A

こんなとき、どうすればいい？

遺言の書き方、相続権や相続税にまつわるさまざまな疑問、生命保険の受け取りについて

Q 未成年者でも遺言することは可能ですか？

A 未成年者でも、満15歳以上になっていれば遺言をすることは可能です。

Q 印鑑ではなく拇印が押されている遺言でも有効ですか？

A 拇印を押した自筆証書遺言が有効とされた判例があります。ただし、自筆証書遺言に関してです。

Q 20年以上も昔に行方不明になったままの兄弟は、相続人になりますか？

A 相続人の生死が不明のときには、家庭裁判所に「失踪宣告」を申し立て、それが認められると、相続人は死亡したものとみなされます。失踪が認められるケースには2種類があります。「普通失踪」は、蒸発などのケースで7年間生死不明の状態が続くと、死亡とみなされます。もうひとつは「特別失踪」といい、山や海で遭難したりして死体が発見されないケースで、1年間生死不明の状態が続くと、死亡とみなされます。

Q ペットに財産を譲ることはできますか？

A 犬や猫などのペットに財産を遺贈することはできません。ただし、誰かにそのペットの飼育を依頼し、そのための費用を遺贈することは可能です。

Q 籍を入れていない内縁の妻も相続できますか？

A 民法では血族と配偶者に相続権を認めています。したがって内縁の妻には相続権がありません。極端な例ですが、結婚式も披露宴も行い、新婚旅行に行き、旅先で夫が死亡したとします。ところが、婚姻届を帰ってきてから出そうと考えていた場合、この妻は配偶者とは認められないため、相続権はないのです。

Q 録画や録音した遺言は有効ですか？

A 遺族に対するメッセージとしては有効かもしれませんが、法律的には無効です。なぜかというと、ビデオやテープなどは編集などが簡単にできるからです。同様の理由で、フロッピーディスクやハードディスクに保存した遺言も法律的には無効です。

Q 夫が亡くなったときにお腹にいた子どもにも相続権はありますか？

A 民法では「胎児は相続についてはすでに生まれたものとみなす」としています。胎児が生きて生まれてくれれば、そのときから相続開始時にさかのぼって相続が認められるのです。ただし、入籍していない妻の胎児の場合には、認知を受けなければなりません。亡くなった夫が遺言で認知をしていてくれればいいのですが、不慮の死などの場合にはそれも期待できません。そのような場合には、訴訟を起こして認知を求めるしかありません。

Q 土地、建物、預貯金を、3人で分割相続しなければならないのですが…。

A 分割相続にはいくつかの方法があります。ひとつは「現物分割」です。遺産をそのままの形で分割する方法で、土地などは分割して3人で一部ずつ相続します。ふたつ目は「換価分割」。これは、遺産を売却して金銭で分割する方法です。3つ目は「価額賠償」による分割。これは、たとえば誰か一人が土地を相続し、それ以外の相続人に対しては応分の金銭を支払うという方法です。4つ目は「共有分割」。遺産を相続人全員または一部で共有する方法です。

Q 養子の相続権について教えてください。

A まず、養子は実子と同じ扱いを受けますから、子どもとして養親の遺産を相続する権利があります。さらに、実の親との親子関係がなくなるわけではありませんから、実親の相続権もあります。つまり、養親、実親両方の相続権を持つことになります。

Q 夫が交通事故で死亡した場合、その損害賠償金は相続財産になる？

A 夫の苦痛などに対する損害賠償金であれば、相続財産となります。妻が、自分の悲しみに対する慰謝料として請求した賠償金であれば、相続財産にはなりません。

Q 生前贈与をすると相続税を節税できますか？

A 通常、故人から財産をもらえば、贈与税がかかります。ただし年間110万円までは無税です。この制度を利用して、元気なうちから毎年110万円ずつ贈与していけば、相続税を節税できます。また、住宅取得のための贈与の場合、特例として平成27年1月1日から同31年6月30日までは一定額が非課税となります。このほか、「相続時精算課税制度」を利用すれば、2500万円まで非課税になります。

Q 相続放棄をした場合でも、生命保険金を受け取れますか？

A 生命保険をかけていて、その受取人を指定してある場合、その保険金は故人のものではなく、最初から受取人のものと考えられるので、相続財産とはなりません。したがって、仮に保険金の受取人が「相続人」となっていて、相続放棄した場合にも、その相続人は保険金を受け取れることになります。

なお、生命保険の受取金は、相続人1人当たり500万円まで相続税がかかりません。

第8章

葬儀・法要のあいさつ&手紙の実例集

- **遺族のあいさつと手紙文例**
  葬儀・告別式での遺族のあいさつ例／葬儀・法要の手紙文例
- **弔辞のあいさつとお悔やみの手紙文例**
  葬儀・告別式での弔辞のあいさつ例／お悔やみの手紙文例

遺族のあいさつと手紙文例

葬儀・告別式では、喪主または遺族代表が、最後の別れを告げるあいさつを行います。心を込めて、参列者に対してお礼を述べましょう。

葬儀・告別式での遺族のあいさつ例（他の文例は、P83、86、94、100、171参照）

息子（喪主）が亡き父を偲んでのあいさつ

本日は、あいにくの大雨でお足元の悪いなか、父○○○○（フルネーム）の葬儀ならびに告別式にお集まりいただきまして、まことにありがとうございました。

私は故人の長男で○○○○（フルネーム）と申します。遺族、親族一同を代表いたしまして、ひと言ごあいさつを述べさせていただきます。

父が息を引き取りましたのは、○月○日の午後○時○分のことでございました。この春から持病の○○を悪化させて入院しておりました○○病院にて、家族が見守るなか、まるで眠るようにおだやかに逝きました。享年○歳でございました。

本日、このようにして生前親しくおつきあいいただいた皆様方にお会いし、お見送りいただいたことを、故人も大変喜んでいることでございましょう。

母は、○○歳で健在でおりますが、これからは寂しくなることでしょう。今後は私どもが母を支えてまいりますが、変わらぬご好誼《こうぎ》をいただきますよう、お願い申し上げます。

生前、皆様には親しくおつきあいいただき、ご厚誼《こうぎ》、ご厚情《こうじょう》を賜《たまわ》りましたことを、遺族、親族一同、心から御礼申し上げますとともに、今後とも変わらぬご支援ご鞭《べん》撻《たつ》を賜りますよう、お願い申し上げます。

本日はまことにありがとうございました。

言い換え例

◆喪主が高齢や体調をくずしている場合などの自己紹介

私は故人の長男で○○と申します。喪主である母が体調をくずしておりまして、かわりまして私が、遺族、親族一同を代表いたしまして、ひと言ごあいさつを述べさせていただきます。

◆父親が天寿をまっとうした場合

父は、大正、昭和、平成の3つの時代をしっかり生き抜きました。まだまだ長生きをして親孝行のチャンスを与えてほしかったと悔やまれもしますが、2人の孫に囲まれて楽しそうにしていたことがせめてもの慰《なぐさ》めでございます。

◆定年退職していた場合

定年後の父は、在職中の仕事人間ぶりとはうって変わって、趣味の釣りに山登りにと、好きなことをして悠々自適の生活を楽しんでおりました。少々、早すぎたかもしれませんが、悔いのない一生であったのではと思っています。

息子（喪主）が亡き母を偲んでのあいさつ

皆様、本日はお暑い中を母のために葬儀にご参列いただきまして、感激に堪えないところでございます。おかげさまで、つつがなく葬儀を終えることができました。遺族を代表いたしまして、厚く御礼申し上げますとともに、ひと言ごあいさつを述べさせていただきます。

私は、故人の長男、○○でございます。母は長らく心臓病を患っており、入退院を繰り返しておりましたが、一昨日、午前○時○分、○○病院にて、家族に見守られながら、眠るように息をひきとりました。享年六十八歳でした。

母の存命中は、皆さまがたからのひとかたならぬご厚誼・ご厚情を賜り、深く御礼申し上げます。皆さまからのお励ましに本人も私たち家族もどれだけ救われたかわかりません。また、母はにぎやかなことが大好きでしたので、本日このように大勢の方にお集まりいただきまして、とても喜んでいることと存じます。

どうぞ、母亡き後もいままで通りにご厚情を賜りますよう、お願い申し上げます。

本日はまことにありがとうございました。

言い換え例

◆天寿をまっとうした場合

母は、一昨日の夜、突然気分が悪くなって病院で診察を受けましたが、そのまま帰らぬ人となりました。享年八十五歳でございました。天寿をまっとうしたことをわかっていたのか、安らかな最期《さいご》であったのが、せめてもの慰めでございます。

妻が亡き夫を偲んでのあいさつ

故人の妻、○○でございます。本日はお寒いところご多用中にもかかわらず、夫○○○○（フルネーム）の葬儀ならびに告別式にお運びくださいまして、まことにありがとうございました。また、たくさんの方々にご丁寧にお見送りいただきまして、厚く御礼申し上げます。

夫は、昨年の春から体調をくずして入院しておりまして、暮れ頃にはいったん退院できるほどまでに回復していたのですが、先月の終わりに容態が急変し、一昨日、息を引き取りました。享年三十九歳でございました。

皆様からご支援をいただきまして、仕事も順調に軌道に乗った矢先のことで、たいへん残念ではございますが、存分に生き抜いたと信じております。あらためて、生前のご厚情に心より御礼申し上げます。

本日、こうして生前親しくおつきあいいただいた皆様に囲まれ、夫もさぞ喜んでいることでございましょう。

最後に、今後とも私どもに対しまして、変わらぬご厚情を賜りますようお願い申し上げます。

本日はまことにありがとうございました。

言い換え例

◆突然の交通事故で死亡

通勤途中で事故に遭いまして、病院に運び込まれましてからもなんとか命だけは助かりますようにと強く祈っておりましたが、思いがかなわず、一昨日、家族が見守るなか、眠るように息をひきとりました。

◆残された子どもがいる場合

今後は、残された子どもを育て上げることが、私の使命であり、それが主人への何よりの供養になると信じております。今後とも、私ども家族に対しまして、夫の生前と変わらぬおつきあいのほどをお願い申し上げます。

精進落としに際してのあいさつ

◇始まりのあいさつ

本日は夫○○○○（フルネーム）の葬儀に際しまして、皆様方にはまことにお世話になりました。おかげをもちまして、葬儀一切を滞りなく終了することができました。あらためて御礼を申し上げます。

ささやかではございますが酒肴をご用意させていただきましたので、どうかお疲れをほぐしていただければと思っております。どうぞごゆっくりお召し上がりくださいませ。

◇終了のあいさつ

皆様、本日は、まことにありがとうございました。もっとゆっくりしていただきたいところでございますが、皆様もお疲れでございましょう。あまり長いことお引き止めしては申し訳ございませんので、このへんでお開きにさせていただきたいと思います。不行き届きの段は、どうぞ、お許しくださいませ。

今後とも故人の生前と変わらぬご厚誼を賜りますようお願い申し上げます。

本日はまことにありがとうございました。

偲ぶ会に際しての遺族のあいさつ

◇始まりのあいさつ

皆様、本日は父○○のお別れ会（偲ぶ会）にお集まりいただきまして、まことにありがとうございます。私は長男の○○でございます。ひと言、ごあいさつを申し上げさせていただきます。

すでにご存じの方もいらっしゃるかと思いますが、父は二年ほど前から胃がんを患っておりました。一時は快方に向かい、昨年などは好きな釣りにも行けるほど元気になり、私も「さすが、親父」と、その精神力に驚いていたほどだったのです。ところが今年に入りまして、病状は次第に悪化。春に入院してからはみるみるうちに弱ってしまい、ついには帰らぬ人となってしまいました。亡くなりましたのは十二月一日。享年五十六歳でございました。

じつは、父にはがんであることを告げてはおりませんでした。ところが、どこかで自分の病気が不治《ふじ》の病《やまい》であることを察していたのでしょう。ある日、私とふたりきりになったおりに「覚悟はできている」と語り始めたのです。そのときに父は私にふたつの願いを残しました。そのうちのひとつが「葬儀は身内だけでささやかに行うこと」でした。もともと父は肩の凝るような儀式が好きではありませんでした。そのことはお集まりいただいた皆様方のほうが、よくご存じかもしれませんが。

このような理由がございまして、皆様方にはたいへん失礼かと思いましたが、葬儀は身内のみでささやかに行わせていただきました。この場を借りて、失礼をお詫びいたします。

話が長くなってしまいました。本日は、父の会社の皆様のお力添えをいただき、このような場を設けることができました。どうか、父の思い出話などをしていただきながら、ゆっくりとおくつろぎください。

本日は、本当にありがとうございました。

◇終了のあいさつ

皆様、本日はまことにありがとうございました。もっとごゆっくりしていただきたいところではございますが、そろそろお時間のようでございます。以上をもちまして、父のお別れ会を終わらさせていただきます。

ところで、先ほど私は父が亡くなる前にふたつの願いを残したと申し上げました。ひとつは葬儀のこと。もうひとつは、「母を大切にしろ」ということです。父の言いつけ通り、母を大切に守り、頑張ってまいります。

本日は本当にありがとうございました。

(他の文例は、P78、123、126、143、168参照)

弔辞へのお礼状

謹啓　夫○○の葬儀に際しまして、ご丁重なるご弔辞を賜わりましてまことにありがとうございました。

　生前の夫をもっともよくご理解くださっていた貴方様に、心のこもったお別れの言葉を贈っていただきましたことで、夫の最後を飾ることができました。亡き夫も、きっと喜んでくれているに違いありません。私も、貴方様のお言葉に耳を傾けながら、夫の生き方をあらためて見つめることができたような気持ちでございます。これほどまでに深く夫を理解し、支え、励ましてくださる友人を持っていた夫は、幸せな生涯であったと思わずにはいられません。

　これからも、皆様からお寄せいただきましたご厚情と、夫の思い出を大切に生きて参りたいと存じております。今後ともご高配くださりますよう、重ねてお願い申し上げます。

　末筆ながら、ご家族の皆様方のご健康とご多幸をお祈り申し上げます。

敬白

お悔やみ状へのお礼状

拝復　先日はご丁重なお悔やみ状をいただきまして、まことにありがとうございました。

　亡き父の生前に賜りました御厚情には、あらためて深く御礼申し上げます。

　覚悟ができていたとはいえ、現実に父の死を目の前にしてみると、しばらくは受け入れることができずに呆然としておりましたが、皆様方の温かい励ましをいただきまして、少しずつではありますが落ち着きを取り戻してまいりました。

　今後は亡き父のためにも、もちろん自分自身のためにも、力強く生きていくつもりでございます。今後とも変わらずに、ご指導ご鞭撻を賜りますよう、お願い申し上げます。

　末筆ながら、○○様、そしてご家族の皆様のご健康をお祈り申し上げます。

敬具

忌明けのあいさつ状（仏式）

謹啓
先般父○○○○の永眠に際しましては、ご多忙中にもかかわらずご会葬くださり、また過分なるご厚志を賜りましたこと、まことにありがたく厚く御礼申し上げます。

本日○○○○○○○○（戒名）七七日忌にあたり、内々にて法要をすませました。

つきましては供養のしるしまでに心ばかりの品をお届けいたします。なにとぞお納めくださいますようお願い申し上げます。

略儀ながら書中をもって御礼かたがたご挨拶申し上げます。

敬白

忌明けのあいさつ状（キリスト教式）

拝啓
先般、父○○○○（フルネーム）、召天*注の際にはご丁重なるご厚志を賜りまして、まことにありがとうございます。

本日諸式滞りなく相済ませました。つきましては、心ばかりの品をお届けいたします。なにとぞお納めくださいますようお願い申し上げます。

略儀ながら書中をもって御礼かたがたご挨拶申し上げます。

敬白

（*注）プロテスタントは『召天』、カトリックは『昇天』を使う。

忌明けのあいさつ状（神式）

謹啓
先般父○○○○（フルネーム）帰幽の際には、ご丁重なるご弔詞を賜り、また過分なるご芳志のほど、厚く御礼申し上げます。

本日五十日祭にあたり、心ばかりの品をお届けさせていただきました。ご受納くださいますよう、お願い申し上げます。

本来でしたら参上いたしまして御礼申し上げるべきところ、略儀ながら書中をもってご挨拶に代えさせていただきます。

敬具

形見分けのあいさつ状

拝啓
父○○の葬儀に際しましては、ご多用中にもかかわらずひとかたならぬご配慮を賜りまして、まことにありがとうございました。
ようやく気持ちも落ち着きまして、父の遺品を整理して、生前ご厚誼をいただいた方々にお贈りすることにいたしました。
○○様には、父が大切にしておりました鯛釣り用の釣り竿を贈らせていただきます。生前、父といっしょに釣りに行くたびに、自分にもしものことがあったときにはこの竿は必ずご本人様にお渡しするようにと、何度も話しておりました。ご迷惑でなければ、ぜひお納めいただきたく存じます。○○様に使っていただければ天国の父もきっと喜ぶと思います。
まずは、形見分けのお知らせかたがた、ご会葬の御礼を申し上げます。

敬白

偲ぶ会の案内（葬儀を行わなかった場合）

父○○○○（フルネーム）、平成○年○月○日、他界いたしました。享年○○歳でございました。


謹んで御通知申し上げますと同時に、生前のご厚情に対しまして、深く御礼申し上げます。

なお、父のかねてよりの強い遺志によりまして、勝手ながら近親者のみで葬儀を営ませていただきました。重ねて失礼をお詫び申し上げます。

つきましては、生前ご厚誼を賜りました方々にお集まりいただき、感謝の気持ちから心ばかりの粗餐を差し上げたく存じます。ご多用中かとは存じますが、左記により、ご臨席賜りますよう、お願い申し上げます。

なお、誠に勝手ではありますがお供物、ご香典等は固くご辞退申し上げます。

平成○年○月○日
遺族代表○○○○

記

日時　○月○日（○曜日）
　　　午前○時
場所　○○○○
なお、当日は平服にてご来場くださいますよう、お願い申し上げます。

弔辞のあいさつとお悔やみの手紙文例

弔辞は故人に贈るお別れの言葉ですので、依頼された場合には快く引き受けるのが礼儀です。自分の言葉で、故人への哀悼の気持を素直に表しましょう。

葬儀・告別式での弔辞のあいさつ例

（弔辞のマナーについては、P218参照）

友人代表の弔辞

○○君、僕が友人を代表してこのようなお別れの言葉を申し述べなければならないことは、この上もない悲しみであります。君とはついこの間、楽しく語り合ったばかりなのに、いま君は遺影《いえい》となって僕の眼の前にいます。まったく信じることができません。

いまさらながら生前の元気な君を偲《しの》び、こうして別れに涙するほかに術《すべ》がありません。

活動的で明るい君は、学生時代から周りにいるものを楽しい気分にさせてくれました。スポーツマンらしく、さわやかな人柄で、誰からも好かれ、結婚してからも家族を愛し、家族に愛され、みんなからうらやましがられるような幸せな家庭を築きました。仕事でもいつも前向きで、正義感が強く、思いやりがあり、出世よりも仲間を大切にする君を、僕は誇りに思っていました。

いつまでもくよくよしているんじゃないよ。そんな君の声が聞こえてきそうです。君はいつだってそうやって僕を励ましてくれました。だから僕はその気持ちを受け止めて、君の分まで一所懸命に生きていきます。

○○君の奥様、そして長男の○○くん、長女の○○ちゃん。皆様の胸中を察しますと、僕だけが悲しんでいるようで恥ずかしくなります。どうか元気を出してください。

○○君、僕はこれからもずっと君の家族のよき支えとなれるように、精一杯の努力をします。どうぞ君は安心していってください。

そろそろお別れのときです。○○君、さようなら。どうか、ゆっくりと休んでくれ。

職場代表の弔辞

無念にも若くして逝かれた○○君の葬儀にあたり、社員を代表して謹んでその御霊前に追悼《ついとう》の辞を捧げるものであります。君の突然の訃報《ふほう》に際し、大いなる支えを失った悲しみに暮れる者が少なくありません。かく言う私もまた愕然《がくぜん》たる思いにとらわれております。

もはや、○○君の笑顔を見ることはできず、その雄弁を聞くこともできないことを思い、我々は寂寥《せきりょう》を感じ、哀惜《あいせき》の念にたえません。

職場での○○君はエネルギーのかたまりのような男でした。困難には自ら進んで立ち向かい、常にみんなをリードしていく行動力に、これからの社会を引っ張っていくのはこんな男に違いないと、誰もが期待をしていたのです。そんな豪快な一面ばかりではなく、仕事は緻密《ちみつ》でミスをせず、人を思いやる気持ちも持ち合わせている。このような素晴らしい人材を失ったことは、私たちにとって大きな打撃であることはいうまでもありません。

ご遺族の方々の悲嘆はまさに断腸の思いでございましょう。ここに深く哀悼《あいとう》の意を表するものであります。このうえは、どうか力強くお過ごしになられるよう心より祈念いたす次第でございます。
○○君が志し半ばで成し得なかった仕事は、残された我々が引き継ぎ必ずや成功させることをここに誓います。それとともに、ご遺族の皆様には、はなはだ微力ではございますが、できる限りのご支援をさせていただきます。どうか、安らかにお眠りください。

事故死の弔辞

○○さん、今日は悲しいお別れにまいりました。あなたは忽然《こつぜん》とこの世を去られてしまいました。
あなたが亡くなったという悲しい知らせを受けた瞬間、私には何が起こったのかわからずに、言葉もなく立ちすくんでいました。それは、いきなり暗闇につき落とされたような、絶望感でした。

いったいどこにあなたが死ななければならない理由があったのでしょうか。あなたのどこに落ち度があったというのでしょうか。仕事が終わって「じゃ、また明日ね」と、いつもの笑顔で会社を出たあなたが、それからわずか1時間後に天に召されることになるなど、いったい誰が信じられるというのですか。

事故を起こした方を責めても仕方がないことはわかっています。運命を呪ってもあなたが帰ってこないことも十分にわかっているのです。それではいったいこの怒りを、憤《いきどお》りを、どこにぶつければいいのですか。ただ、ただ、残念でなりません。

残されたご家族の皆様をお慰めするどんな言葉もいまは口にすることができません。どうか、お許しください。

それでもお別れを言わなければなりません。一度だけ言います。さようなら。

お悔やみの手紙文例 （お悔やみ状のマナーについては、
P235参照

父を亡くした人への手紙文例

ご尊父様ご逝去の悲報に接しまして、心よりお悔やみ申し上げます。

あまりにも突然のことで、ご一同様のお悲しみ、ご落胆はいかばかりかと拝察申し上げます。

さっそくにもお伺いをしてお焼香させていただくべきところでございますが、なにぶんにも遠隔地ゆえそれもかなわず、不本意ながら書中をもちまして、謹んで哀悼の意を表し、ご尊父様のご冥福をお祈り申し上げる次第でございます。

お力落としとは存じますが、お体を損われることのございませんよう、ご自愛下さいませ。

なお、同封いたしましたのは、ほんの心ばかりのご香料でございます。

ご霊前にお手向けくださるようお願い申し上げます。

母を亡くした人への手紙文例

お母様ご他界の悲報に接し、なんと申し上げればよいのか、お慰めの言葉も見つかりません。かねてよりご療養中とはお聞きしておりましたが、あまりにも急なご訃報に、○○様はじめご家族の皆さまにお悔やみ申し上げますとともに、謹んでお母上様のご冥福をお祈り申し上げます。

お母様には何度もお目にかかりましたが、そのたびにお優しい言葉をかけていただき、もっともっと長生きしていただきたいと思っておりましたが、本当に残念です。

本来であればさっそく参上して御霊前にご挨拶させていただくべきところ、何分にも遠方のため、ご生前のお姿を偲びつつ合掌させていただきます。

なお、まことに些少ではございますが、心ばかりのご香料をご仏前にお供え下さいますようお願い申し上げます。

まずは、失礼ながら書中をもってご冥福をお祈り申し上げます。

夫を亡くした人への手紙文例

ついいましがた、ご主人様ご急逝との悲しい知らせをいただきまして、驚きのあまり、呆然としております。奥様のご心中、察するに忍びず、お慰めの言葉もございません。

昨年のクリスマスにお宅へお邪魔いたしました折り、お子様と遊んでいらっしゃったご主人の笑顔がいまも思い出され、涙がこぼれて仕方がありません。もう二度とお会いできないのかと思うと、胸がつまる思いでございます。

いまは何を申し上げましてもお悲しみを増すばかりでございましょう。何とかお元気をと申し上げても無理なこととはわかっておりながら、それでも、ご悲嘆のあまりお体をこわされませんようにと、ひたすらお祈りすることしかできません。どうぞ、お子様のためにもお心を強くお持ちくださいますように。

とりあえず、書中にてご主人様のご冥福をお祈りいたしますとともに、奥様のご自愛をお願い申し上げます。

妻を亡くした人への手紙文例

奥様ご他界のお知らせを受け取りまして、あまりのことにしばらくは声も出ないほどでした。あのようなお優しい奥様を亡くされました○○様のご胸中いかばかりかと拝察申し上げます。この上は、お力落としのためにご健康を損われますことのございませんよう念じるばかりでございます。どうか元気を出されて、一日も早く仕事に復帰されることを心よりお祈り申し上げます。

あいにく社用で遠方に来ており、すぐにお伺いすることができませんが、取り急ぎ書中をもってお悔やみ申し上げます。

なお、同封いたしました心ばかりのご香典を、ご霊前にお供えいただければ幸いでございます。

子どもを亡くした人への手紙文例

このたびの○○ちゃんの御夭折を知り、申し上げる言葉もございません。あの明るい笑顔を二度と見られないとは、いまだに信じられない思いで呆然としております。

お子様を失ったお悲しみお嘆きは、いかばかりでございましょうか。いまは何を申し上げてお慰めしたらよいか言葉もありません。特に奥様のお悲しみは察するに余りあるものではございませんでしょうか。心よりお悔やみ申し上げます。

いまはただ、○○ちゃんのご冥福をお祈り申し上げるとともに、ご両親がご悲嘆のあまりお体を損なうことのないようにと、お祈りするばかりでございます。どうぞ、私でお役に立つことがありましたら、何なりとお申しつけ下さい。

同封のものにて、○○ちゃんのお好きだったお菓子などをお供えくださいませ。取り急ぎ、書中をもってご冥福をお祈り申し上げます。

郵送する香典の添え状の文例

本日、電報にてご尊父様ご他界のお報らせをいただき、心よりお悔やみ申し上げます。

八十歳のご長寿を全うされての安らかなご最期とうかがいましても、さぞかしお寂しいことと拝察申し上げております。謹んでご尊父様のご冥福をお祈り申し上げます。

すぐにも参上してお悔やみ申し上げるべきところでございますが、なにぶん遠地のことにて、時を改めて、お参りさせていただきたいと思っております。どうかお許しいただきたいと存じます。

なお、僅少ながら御香典を同封致しましたので、ご霊前にお手向け下さいますようお願い申しあげます。

失礼ながら書中にて、心より御冥福をお祈りいたします。

訃報をあとで知ったお悔やみの手紙文例

お父様がお亡くなりになられ、すでに四十九日もすまされたとのお便りをいただき、突然の事ゆえびっくりいたしました。

海外出張中とはいえ、何も知らずにお見舞いにもうかがえず、本当に申しわけない気持ちでいっぱいでございます。遅ればせながら謹んでお悔やみを申し上げます。

お手紙によりますと、お父様はご家族に囲まれて眠るように穏やかな最期を迎えられたとのこと。そのことだけが慰めに思われます。思い返しますと、お父様のご存命中には何度もお酒をご馳走になっては悩み事の相談ばかりして、そのご恩返しも出来ないままになってしまいました。当時を偲びつつご冥福を祈らせていただきます。
○○様におかれましては、さぞかし、お力落としのことと存じます。おつらいでしょうが、ご健康にお気をつけてお過ごし下さいませ。
なお、心ばかりのご香料を同封させていただきましたので、御霊前にお供えいただければ幸いです。

とりあえず、書中をもって略儀ながらお悔やみ申し上げます。

弔電の文例

一般的なもの

- ご逝去の報に接し、心からお悔やみ申しあげます。
- 悲報に接し、悲しみにたえません。心よりご冥福をお祈りいたします。
- 在りし日のお姿を偲び、心からご冥福をお祈りいたします。
- ご生前のご厚情に深く感謝するとともに、故人のご功績を偲び、慎んで哀悼の意を表します。
- ご逝去の知らせを受け、ただただ、驚いております。ご生前のお姿を偲び、心よりご冥福をお祈りいたします。
- ○○様のご逝去を悼み、慎んでお悔やみ申しあげます。

ご尊父様

- ご尊父様のご逝去を悼み、慎んでお悔やみ申しあげます。
- ご尊父様のご逝去の報に接し、慎んでお悔やみ申しあげますとともに、心からご冥福をお祈りいたします。
- ご尊父様のご逝去を、心よりお悔やみ申しあげます。在りし日のお姿を偲びつつ、ご冥福をお祈りいたします。
- ご逝去の報に接し、慎んで哀悼の意を表します。ご尊父様には、幾多のご厚情をうけながら、ご恩返しをすることもできず、痛惜の念もひとしおです。ご冥福をお祈りいたします。

ご母堂様

- ご母堂様のご逝去を悼み、慎んでお悔やみ申しあげます。
- ご母堂様のご逝去の報に接し、慎んでお悔やみ申しあげますとともに、心からご冥福をお祈りいたします。
- ご母堂様のご逝去を悼み、慎んでお悔やみ申しあげます。お慰めの言葉もございません。今はただ、心から、ご冥福をお祈りいたします。
- 悲報に驚いています。あなたのお気持ちを思うと胸が痛みます。心から哀悼の意を表し、お母様のご冥福をお祈りいたします。

企業（社長・会長など）

- 御社社長様のご訃報に接し、ご生前のご功績を偲び、心からご冥福をお祈りいたします。
- 御社社長様の不慮のご逝去の報に接し、御社ご一同様に衷心より哀悼の意を表します。
- 会長様のご逝去に際し、惜別の急を禁じ得ません。ご功労に敬意を表しますとともに、心からご冥福をお祈りいたします。
- 社長様のご訃報に、当社社員一同、慎んで哀悼の意を表します。ご遺族の皆様ならびに社員ご一同様に、心からお悔やみ申しあげます。

さくいん

◆**監　　修**
清水勝美（しみず・かつみ）
冠婚葬祭コンサルタント・儀礼コンサルタント。元伊勢丹「儀式110番」相談員。儀礼文化学会会員。1939年、福島県生まれ。1958年、株式会社伊勢丹入社。立川店総務部長、立川店外商部長、新宿店家庭用品販売部長、儀礼担当部長などを経て、1993年冠婚葬祭についての相談に答える「儀式110番」を立ち上げ、開設。2004年7月退社まで、名物相談員として活躍。
テレビ、ラジオへの出演や新聞掲載も多数。著書には『迷ったときの三択式冠婚葬祭』（草思社）など。監修に『すべてがわかる冠婚葬祭マナー大事典』（永岡書店）がある。

◆**編　　集**　有限会社ヴュー企画（池上直哉）
◆**デザイン**　加藤朝代（編集室クルー）
◆**イラスト**　くわはらますみ・さとうみなこ・高橋なおみ
◆**執筆協力**　池田武史・石井栄子
◆**写真協力**　サンパウロ／祥雲寺別院・知勝院／セキセー株式会社／株式会社東京ソワール／株式会社日比谷花壇／株式会社メモリアルアートの大野屋／株式会社八木研
◆**データ協力**　ペットメモリアルパーク南多摩

葬儀・法要・相続の手続きと
しきたりのすべてがわかる大事典

監修者　清水勝美
発行者　永岡純一
発行所　株式会社永岡書店
〒176-8518　東京都練馬区豊玉上 1-7-14
代表 ☎ 03 (3992) 5155　編集 ☎ 03 (3992) 7191
印刷・製本　クループリンティング

ISBN 978-4-522-43386-7　C2077
乱丁・落丁本はお取り替えいたします。①